JN299489

ビジュアル調査法と社会学的想像力

社会風景をありありと描写する

キャロライン・ノウルズ／ポール・スウィートマン［編］
後藤範章［監訳］

Caroline Knowles and Paul Sweetman eds.
PICTURING THE SOCIAL LANDSCAPE
Visual Methods and the Sociological Imagination

ミネルヴァ書房

PICTURING THE SOCIAL LANDSCAPE
: Visual Methods and the Sociological Imagination
edited by Caroline Knowles and Paul Sweetman

Copyright © 2004 by Caroline Knowles, Paul Sweetman and the contributors
All Rights Reseved.
Authorized translation from English language edition published by
Routledge, a member of TAYLOR & FRANCIS GROUP.
Japanese translation rights arranged with TAYLOR & FRANCIS GROUP
through Japan UNI Agency, Inc., Tokyo.

はしがき

　私たちはビジュアル文化の中で生活し，ビジュアルな証拠は社会調査にとってますます重要になっている。本書では，この分野で世界的に活躍している専門家が，ビジュアル・メソッドを彼ら／彼女ら自身の調査でどのように使っているかを説明し，その強みと限界を審問し，他の調査技法と並行してどのように使われるのかを示す。

　本書の寄稿者は，次のような領域を探究する：

- 自己とアイデンティティ
- 家庭内の空間の視覚化
- 都市風景の視覚化
- 社会変動の視覚化

　本書は，トピックとなる多種多様な論点の検討を通して，異なる文脈で異なる方法を並べて見せる。取り扱っている方法は，写真とビデオ日記，調査対象者によって制作されたイメージの使用，インタビューやフォーカス・グループにおけるきっかけとしてのイメージの使用，ドキュメンタリー写真術，写真目録，ビジュアル・エスノグラフィーを含んでいる。

　その結果，本書はビジュアル・メソッドの使用に関心を持つ学生・学者・調査者にとって欠かすことのできない，胸をわくわくさせる創意に富んだコレクションに仕上がっている。

　編者のキャロライン・ノウルズはサウザンプトン大学の社会学の准教授，ポール・スウィートマンは同大学の社会学の講師である。

【凡　例】

1．判型，段落分けや行間の取り方，文献表示や注記の仕方，使用されているイメージの大きさや索引項目など，原著を可能な限り忠実に再現するように心がけた。
2．原文中の''は「　」で，（　）と［　］はそのまま（　）と［　］で，イタリックはそのままイタリック（斜体）で，書籍・雑誌名は『　』で，論文名は「　」で，訳者が補った部分は〈　〉で，それぞれ表した。また，補足的な説明を要すると思われた概念や事項に関しては，〈訳者補注：＊＊＊〉として適宜文中に入れ込んだ。
3．「執筆者に関する覚書」「謝辞」を除き，本文中に引用や言及されている文献名は，邦訳されているものについては邦訳題名に従い，邦訳のないものについては直訳して示すようにした。引用文についても，邦訳書がある場合は，ルビを付すこと以外は原則としてそれに従った。
4．カタカナ表記は，原則として，Videoをヴィデオではなくビデオとする一般的な用法に準拠した。
5．重要な概念（必ずしも索引項目と一致しない）や微妙なニュアンスを含んでいる語，その他必要と思われた語については，強調および原文の意味を正確に伝えるために，原語の発音のままカタカナルビを付して示した。この場合は，4．に反して，なるべく原音に忠実な表記を基本とした（執筆者に応じて英国英語（ブリティシュ・イングリシュ）と米国英語（アメリカン・イングリシュ）の発音を区別するように努めた）。

〈献　辞〉

ダニエル，ジェイムズ，ジェス，ウィル，そしてソフィーのために
そして，サムとアーノのために

目　　次

はしがき　i
凡　例　ii
献　辞　iii
日本語版への序文　viii
執筆者に関する覚書　x
謝　辞　xiv

序　論（キャロライン・ノウルズ，ポール・スウィートマン）……………1
　　イントロダクション　1
　　ビジュアル・メソッドの系譜　2
　　コレクションの配置　5
　　概念的構成　8
　　ビジュアル・メソッドの利点と限界　19
　　結　論　21

目に見える証拠と取り組む——招待といくつかの実践的なアドバイス
　　（ジョン・グラディ）………………………………………………………27
　　イントロダクション　27
　　社会科学とイメージ・ワーク　29
　　ビジュアルに精通するとは手仕事を学ぶこと　43
　　結　論　47

第Ⅰ部　自己，アイデンティティ，家庭内の空間をありありと描写する
　　　………………………………………………………………………………51
　1　私のビジュアル日記（エリザベス・チャップリン）………………53
　　イントロダクション　53
　　私のビジュアル日記の経歴　55
　　一般的に尋ねられるいくつかの質問　64

目　次

　　　実践上の事柄　66
　　　結　語　69
　2　自分自身を反映する（ルース・ホリデイ）………………………………73
　　　ビデオ日記を反映する　75
　　　スタイルを反映する　77
　　　主体を映像化する　82
　　　自己を書く，他者を書く　83
　　　流用化された自己？　88
　　　流用もしくは拡張？　90
　　　反映を共有する　92
　3　ハウスシェア生活の空間地図——見逃された好機？
　　　（スー・ヒース，エリザベス・クリーバー）………………………………97
　　　想像してみてください——2つの寸描　97
　　　1990年代のシェア生活の調査　100
　　　単なるたくさんのスナップ写真なのか？　106
　　　結　論　115
　4　触れることのできないものを映し出す（トニー・フィンカップ）……119
　　　イントロダクション　119
　　　社会的構築物としてのモノ　119
　　　写真的実践と写真的イメージ　130
　　　要　約　136
　5　水曜日の夜のボウリング——農村の労働者階級文化についての省察
　　　（ダグラス・ハーパー）……………………………………………………139
　　　研　究　140
　　　状況と研究の母集団　144
　　　方　法　146
　　　テーマ　148
　　　結　論　154

第Ⅱ部　都市，社会性，脱工業化をありありと描写する……………169
　6　都市の日常の出来事を調査し記述する——日記写真・日記インタビュー
　　　法へのイントロダクション（アラン・レイサム）……………………171

v

イントロダクション　172
　　　ブレンダ　177
　　　日記と生活経路　181
　　　写真と図解　186
　　　結　論　190

7　眼で聴き取る──都市の出会いの窓としての肖像写真術
　　（レス・バック）……………………………………………… 195
　　　一握の砂　197
　　　レンズの中に話す　200
　　　生活への墓碑銘　206
　　　時間の都市　213

8　アムステルダムとシカゴ──ジェントリフィケーションのマクロな特徴を見る（チャールズ・スーシャール）……………… 217
　　　リンカーン・パークとジェントリフィケーション──ミクロな分析　217
　　　ヨルダーンとの比較分析──マクロ的アプローチの必要性　219
　　　研究の論点　221
　　　写真を用いるドキュメンタリーに基づく分析枠組み　222
　　　クライボーン・コリダーとウェスタン・ハーバー──ビジュアルな比較　224
　　　西部の"ドク"もしくはハーバー地域──写真目録からのサンプル　225
　　　リンカーン・パーク，シカゴ・リバーとクライボーン・コリダー──写真目録からのサンプル　230
　　　考察──ジェントリフィケーションという論点　234
　　　考察──都市のパターンについての写真によるドキュメント化　239
　　　謝　辞　241

9　視覚的なものと言語的なもの──文化変動の探究に関するイメージと議論の相互作用（デヴィッド・バーン，アイダン・ドイル）……… 245
　　　イントロダクション　245
　　　炭鉱イメージの利用可能性　248
　　　方　法　250
　　　写真とグループ　253
　　　イメージ　253
　　　グループ　255

目　次

10　写真を使ったリンダ・ロードの口述史
　　（アナ・マリア・マウアド，アリシア・J・ルーベロール）……… 263
　　規模の経済性　265
　　調査の検討課題を展開するためのイメージの利用　266
　　文章と写真を通して語られた対照の物語　269
　　産業空洞化を視覚化する　274
　　結　論　279

あとがき――証拠としての写真術，説明としての写真
　　（ハワード・S・ベッカー）……………………………………………… 285

監訳者のことば（後藤範章）……………………………………………… 293

索　引　305

日本語版への序文

　私たちは，私たちの本がビジュアル・メソッドによる研究プロジェクトを東京で進める後藤範章教授が中心となって日本語に翻訳し出版されることを，大変光栄に思う。そして，新しい日本語版のためにこうして序文を寄稿できることにも，大きな喜びを感じている。

　この本が2004年に出版されて以来，ビジュアル・メソッドに対する関心はより一層の盛り上がりを見せている。グローバル化されデジタル化された環境下でビジュアル文化の重要性が絶えず高まるのに応じて，本書全体にわたるメッセージと個々の寄稿論文がこれまで以上にタイムリーとなり，この本の輝きは弱まるどころかむしろ強まっているとさえ言える。このことはおそらく，技術と文化の両面で，グローバルなビジュアル文化の最前線にありながら，ビジュアルに関する強固な伝統と場所を持つ日本の文脈において，特によく当てはまるであろう。北斎や広重からマンガやスタジオ・ジブリに至るまで，そして東京の街路景観の記号論から華々しい若者のサブカルチャーまで，日本の文化と社会を理解することに対するビジュアル・メソッドの適用の可能性と範囲はますます拡張していくはずであり，これをいくら評価しても，しすぎることはない。また，より広い文脈において，イメージがめまぐるしいペースで増殖し循環するところでは，急激に変化する環境をよりよく理解させるビジュアル・メソッドの可能性を，社会・文化の理論家，アナリスト，解説者，観客として追求し，私たちがみな，私たち自身をすぐに探し出せるようにすることが火急を要するようになるのである。

　私たちは，この新しい日本語版が，日本の社会学およびそれと同源の学問分野におけるビジュアル・メソッドの利用を促進させること，そして世界中のビジュアルを専門とする学者の間にこのような方法をめぐるより大きな対話と先

進的な評価を促進させることを,強く期待する。

　最後に,私たちは,本書の監訳者と共訳者に対して,また日本語版の出版に導いてくれた原著の寄稿者に対して,いま一度心からの謝意を表したい。

　2012年1月　ロンドンにて

　　ゴールドスミス・カレッジ（ロンドン大学）　キャロライン・ノウルズ
　　　　キングス・カレッジ（ロンドン大学）　ポール・スウィートマン

執筆者に関する覚書

レス・バックは，〈英国〉ロンドンのゴールドスミス・カレッジで社会学と都市研究を教えている。彼の最近の著作には，Michael Bull との共著 *The Auditory Culture Reader*（Berg, 2003）や，Vron Ware との共著 *Out of Whiteness*（University of Chicago Press, 2002）などがある。

ハワード・S・ベッカーは，〈米国〉サンフランシスコで暮らし働いている。彼は，*Outsiders*（Free Press, 1963＝村上直之訳『アウトサイダーズ──ラベリング理論とはなにか』新泉社，[新装版] 1993年），*Tricks of the Trade*（University of Chicago Press, 1998），*Art Worlds*（University of California Press, 1982）の著者である。

デビッド・バーンは，〈英国〉ダラム大学の社会学と社会政策の教授である。彼の主要な研究関心は，社会科学への複雑性理論（コンプレクシティ・スィオリィ）の応用，脱工業転換（トランスフォメイション）の特質と経験を理解することにある。最近の出版物には，*Interpreting Quantitative Data*（Sage, 2002）などがある。

エリザベス・チャップリンは，1973年以来，最初の学生として，後にスタッフの一員として，〈英国〉オープン・ユニバーシティにかかわり続けている。彼女の関心には，ビジュアル文化，写真理論と日記が含まれている。彼女の出版物には，*Sociology and Visual Representation*（Routledge, 1994）などがある。

セドリック・N・チャタレイの写真は，〈米国〉国立芸術基金（NEA），およびイリノイ，メイン，ノース・キャロライナ，そしてサウス・ダコタの各州と人文科学関連の諸機関によって支援されている。

エリザベス・クリーバーは，英国の国立教育研究財団（NFER）の上級研究官である。彼女は，*Young, Free and Single : Twenty-Somethings and Household Change*（Palgrave, 2004）をスー・ヒースと共に著している。

アイダン・ドイルは，〈英国〉ニューカッスル大学土地利用・水資源研究センターの上級研究助手である。彼は，ビジュアルなイメージを通して，そして

生活がいかに変動するのかを描写する人々自身の言葉の記録を通して, イングランド北部における変動の経験を詳細に記録することに長期にわたってかかわっている, 芸術家, 写真家, 社会学者である.

ジョン・グラディは, 〈米国〉マサチューセッツ州ノートンのウィートン・カレッジのハンナ・ゴールドバーグ教授〈訳者補注：1983〜1998年の長きにわたってウィートン・カレッジの学長を務めたハンナ・ゴールドバーグの名前を冠する教授職〉である. 彼は, *Mission Hill and the Miracle of Boston*, *Water and the Dream of the Engineers*, *The Collective : Fifteen Years Later* を含む多数のドキュメンタリー映画を制作している. 彼は, *Visual Sociology* 誌や *Visual Studies* 誌に広範に執筆している.

ダグラス・ハーパーは, 米国〈ペンシルバニア州ピッツバーグにある〉デュケイン大学社会学科の教授であり学科長である. 彼は, *Visual Sociology* 創刊時の編集者であり, 国際ビジュアル社会学会 (IVSA) を創設したメンバーである. 彼は, 写真を特色とする多数の社会学研究を著しているが, 最近の出版物には *Changing Works : Visions of a Lost Agriculture* (University of Chicago Press, 2001) がある. 彼はまた, 本章のためのデータが集められた期間中, なかなか良いボウラー〈5章参照〉でもあった.

スー・ヒースは, 若者の社会学に特別な関心を持つ〈英国〉サウザンプトン大学の社会学の上級講師である. これまでの出版物には, Fiona Devine との共著 *Sociological Research Methods in Context* (Macmillan, 1999) や, エリザベス・クリーバーとの共著 *Young, Free and Single : Twenty-Somethings and Household Change* (Palgrave, 2004) などがある.

ルース・ホリデイは, 〈英国〉リーズ大学ジェンダー学際研究センターの講師である. 彼女は, 労働, 組織, ジェンダー, セクシュアリティと身体, そしてビジュアル・メソッドの分野で成果を発表し, 現在はまがい物文化のポリティクスを探究する本に取り組んでいる.

キャロライン・ノウルズは, 〈英国〉サウザンプトン大学社会科学部の社会学の准教授である. 彼女の関心は, 都市社会学, 人種, エスニシティ, 移民,

そしてグローバル化にある。彼女の出版物には，*Race and Social Analysis* (Sage, 2003), *Bedlam on the Street* (Routledge, 2000), *Family Boudaries : the Invention of Normality and Dangerousness* (Broadview Press, 1996), *Race, Discourse and Labourism* (Routledge, 1990) などがある。

　アラン・レイサムは，〈英国〉サウザンプトン大学の地理学の講師である。彼の研究は，社会性(ソウシャリティ)と都市の公共文化に焦点を合わせている。彼の仕事は，多くの論文集や，*Society and Space*, *Urban Studies*, *Environment and Planning A and Area* のような国際的な雑誌で発表されている。

　アナ・マリア・マウアドは，ブラジルのフルミネンセ連邦大学歴史学科の准教授であり，同大学の口述史とイメージ研究所（http://www.historia.uff.br/labhoi）の研究員である。歴史におけるイメージと口述文書の分析のスペシャリストであり，彼女の英語論文には 'Composite Past: Photography and Family Memories in Brazil (1850-1950)', in Richard Candida Smith (ed.), *Art and the Performance of Memory : Sounds and Gestures of Recollection* (Routledge, 2002) などがある。

　アリシア・J・ルーベロールは，米国のノースカロライナ大学（UNC）チェペルヒル校の南部の口述史プログラムの元次長であり，メイン大学の北部の民俗と口述史アーカイブの元参事である。彼女は，UNCとデューク大学で口述史と人生の回顧について熟考した。彼女は，'*I Was Content and Not Content*' *: The Story of Linda Lord and the Closing of Penobscot Poultry* (SIU Press, 2000) の共著者である。民俗学と口述史のコンサルタントであり，彼女は現在，次の著作である *Trying to Be Good : Lessons from a Penitentiary* を執筆中である。

　チャールズ・スーシャールは，〈米国〉イリノイ州エバンストンにあるノースウェスタン大学で，1972年に社会学の博士号を取得した。イリノイ州シカゴのデポール大学教養・社会科学学部（LAS）の大学院課程の社会学の教授であり，副学部長である。彼は，1990～1994年に国際ビジュアル社会学会の会長を，1994～1998年には *Visual Sociology* 誌の書評編集者を務めた。彼の現在の学問

的な関心は，都市近隣住区の転換とジェントリフィケーションの過程にある。彼はまた，ドキュメンタリー写真とビジュアル社会学の方法論的な応用にも関心を向けている。

ポール・スウィートマンは，〈英国〉サウザンプトン大学の社会学の講師である。彼は，再帰性(リフレクシヴィティ)とハビトゥス，現代の身体改造(コンテンポラリィ・ボディ・モディフィケイション)，流行とサブカルチャー研究に関する論文や章を発表しており，彼の研究関心は全体として，身体，アイデンティティ，流行と消費に集中している。彼は現在，また Routledge から出版される *Fashion and Social Theory* を執筆中である。

トニー・フィンカップは，ニュージーランドのマッセイ大学デザイン・美術・音楽学部の写真部長であり，ニュージーランド職業写真家協会のフェローである。彼の写真の仕事には，公的および私的なコレクションの双方が保持されており，最近賞を授与された Joan Whincup との共著 *Akekeia! Traditional Dance in Kiribati* を含む多数の出版物が含まれている。現在の研究では，彼はキリバスの丸木船の社会的な意義を探究している。

謝　辞

　私たちは，序論の初期のバージョンあるいは最初の企画書に関して，このプロジェクト全体のためにコメントしてくれた，エリザベス・チャップリン，グラハム・クロウ，ダグ・ハーパー，マリ・シャロウ，チャック・スーシャール，ジョン・ワグナーに感謝したい。私たちはまた，ここサウザンプトンで技術的な支援をしてくれたマーチン・エドニー，そしてプロジェクトに成果をもたらす努力を重ねてくれたラウトレッジ（Routledge）の編集・制作チーム並びにすべての執筆者にも謝意を表したい。

　イメージと写真のクレジットは，以下のとおりである。「序論」（キャロライン・ノウルズとポール・スウィートマン）：写真はキャロライン・ノウルズとポール・スウィートマンに帰する。「目に見える証拠と取り組む」（ジョン・グラディ）：図版1と2はビル・オーエン（Bill Owen）の *Suburbia* (Straight Arrow Books, 1973) から，図版3はウィートン・カレッジが刊行した年鑑から，図版4はウィリアム・H・ホワイト（William H. White）の *The City : Rediscovering the Center* (Doubleday, 1988) からのものである。第1章（エリザベス・チャップリン）：図版1──ヨーク大学写真学科によるエリザベス・チャップリンの日記写真の写真の合成物──を除くすべての写真は，エリザベス・チャップリンに帰する。第2章（ルース・ホリデイ）：イメージはルース・ホリデイと協力者に帰する。第3章（スー・ヒースとエリザベス・クリーバー）：写真はスー・ヒースとエリザベス・クリーバーに帰する。第4章（トニー・フィンカップ）：写真はトニー・フィンカップに帰する。第5章（ダグラス・ハーパー）：写真はダグラス・ハーパーに帰する。第6章（アラン・レイサム）：写真は協力者に帰し，図は別の方法で明記されているものを除いてアラン・レイサムに帰する。第7章（レス・バック）：図版1と6の写真はニコラ・エバンス，図版4と7はアントニオ・ジェンコ，図版2と3と5はジェラルド・ミッチェルに帰する。第8章（チャールズ・スーシャール）：写真はチャールズ・スーシャールに帰する。

第9章（デビッド・バーンとアイダン・ドイル）：写真はアイダン・ドイル，図はデビッド・バーンとアイダン・ドイルに帰する。第10章（アナ・マリア・マウアドとアリシア・J・ルーベロール）：写真はセドリック・N・チャタレイに帰する。

序 論

キャロライン・ノウルズ
ポール・スウィートマン

イントロダクション

　近年，ビジュアル調査法(ヴィジュアル・リサーチ・メソドロジィズ)の使用やそれらに付随する解説書におけるのと同様，教科書や授業や会議の場でもビジュアルな表現戦略(プレゼンテイショナル・ストラテジィ)の活用が急速に広がっている。このようなビジュアルな行動計画を駆り立てている要因はいくつもあるが，拡張しつつある安価で容易に使える様々なデジタル技術はその一例である。パワー・ポイントから，静止画像や動画によって作成・操作されるデジタル・イメージに至るまで，ビジュアルな日常的記録(エヴリデイ・ビジュアル・リコード)の作成がこんなにも簡単で利用しやすかったことは過去になかった。目の見える人間が社会世界を視覚的に案内することは，今や社会的存在の根源的な事実として確立されている。ジョン・バージャーの「見ることは言葉に優先し，……周囲の世界における私たちの居場所を定着させる」(Berger 1977:7)という有名な解説は，世界に存在することの視覚化(ヴィジュアライゼイション)と世界における人間存在の組織化(オーガナイゼイション)との根源的な連結(コネクション)を支えるものである。世界に関する私たちの知識は，私たちの感覚(センス)によって形成され，西洋社会における現代的な身体は視覚(ザ・ヴィジュアル)をその他の感覚よりも優先させている (Mellor & Shilling 1997:6)。大衆文化(マス・カルチャァ)が超視覚的(ハイパ・ヴィジュアル)であることは決して偶然ではない。

　社会的存在として確立しつつあるこれらの事実が，社会に関する論評を提供することを職業とする人たちに影響を与えることは驚くべきことではない。社会調査者は，これらの手段が使用可能になって以来，データを収集し記録するのにビジュアルな手法を用いている。だが，1990年代の半ばから，社会調査者

は，特に視覚の重要性に気が付き焦点を置いてきた。方向を変えてきたもの，そして，他の要因とあいまって視覚への増大する関心を支えてきたものは，社会調査が生産される知的な小気候の漸次的変化である。社会調査において再帰的転回と広く喧伝されているもの（Jenks 1995：11）――それが，自叙／伝やヒューマン・インターアクション，エスノグラフィー，パフォーマンス，日常生活，空間への関心に関する社会的な物知りの伝統的および再加工された源を私たちに付与した――は，社会調査者に人々と場所に対して更新された魅力を生産した。特に，人々と場所は，ビジュアル表象を要求する。それは，調査者が言葉以上に見たことを伝達する方法論的手法と格闘しているためである。学問領域としてのカルチュラル・スタディーズの成長は，ビジュアルな行動計画を推し進める知的推進力のもう1つの源になっている。社会世界を視覚化すること，すなわち，私たちが何をどのように見るのかは，社会理論そのもののようである。見ること，社会理論の両者とも，解釈の行為である。すなわち，選択，抽象，および転換である（Jenks 1995：4, 8）。両者とも，社会的に構成されており，文化的に位置づけられている（Jenks 1995：210）。私たちが社会世界を書き表すかありありと描く時，私たちはそれを再公式化している。従って，社会調査におけるビジュアルな戦略の新しい重要さは，新しい理論的・技術的な可能性や，社会生活の骨組みに対し社会の解説者が改めて感じる魅力，私たちが行動する知識のシフトとその断片的枠組み，社会世界の説明を導き出すに際して言葉を超えて到達しようとする決意，に関するものである。しかし，バージャー（Berger 1997：7）が指摘するように，「私たちが見るものと知っているものとの関係は決して安定していない」。本書は，この不安定な見識を背景として作成されている。本書の寄稿者は全員，異なる調査の文脈において，見ることと知ることの力学に取り組んでいる。

ビジュアル・メソッドの系譜

　ビジュアル・メソッドの歴史は，別の場所で網羅的に書かれている。本書で

序論

の意図は、それらを繰り返して詳細に述べることではなく、ただ基本的な概要のいくらかを記述し、どこでその詳細な概要が参照できるのかを示すのみである。ダグラス・ハーパー（Harper 1998）とエリザベス・チャップリン（Chaplin 1994）は、ビジュアル・メソッドの根源について特に広範に述べている。ビジュアル戦略は、その学問領域の文脈の中で発展してきた。社会人類学の発展において重要であるのは、グレゴリー・ベイトソンがマーガレット・ミードと共同でおこなった作品の中での写真(フォトグラフス)とフィルムの一連の画面(フッテージ)である。『バリ島人の性格——写真による分析』（Bateson & Mead 1942）において、バリ島人について言葉を超えた何かを伝えるためにイメージ群がまとめて提示されている。ジョンとマルコム・コリアー（Collier & Collier 1986）は、有形な文化(マテリアル)の一覧表を生産する技術として、またフィールド記述の備忘録(エイド・メモワール)として、人類学における自分たち自身のフィルムの使用について論じている。ティム・アッシュ（Tim Asch）による1950年代のカナダのケイプ・ブレトン島のエスノグラフィーは、その地域における風景や人々、社会関係を記述するためにフィルムと写真を用いた。エスノグラフィーとフォトジャーナリズムは、ビジュアル社会学の生みの親である（Harper 1998を参照）。オーギュスト・コント（Auguste Comte）とルイ・ダゲール（Louis Dagurre）は——それぞれ社会学と写真術(フォタグラフィ)の先駆者(パイオニア)であるが——、共に歴史的状況の産物であった（Harper 1998：24）〈訳者補注；コント（1798〜1857年）が「社会学」という学問名称を初めて用いて社会学の体系を示した『実証哲学講義』第4巻を著したのは、1839年であった。ダゲール（1787〜1851年）によって発明・実用化された世界最初の銀板写真法／レンズつき暗箱型カメラ「ダゲレオタイプ」がフランス学士院で発表され公認されたのも、1839年であった。社会学の誕生と写真術の誕生が、共に同時代を生きたフランス人によって1839年という同じ年にもたらされたのは、決して偶然ではない。社会学と写真術は、その時代と社会が生み落とした"2卵性双生児"だったのである〉。ジェイコブ・リース（Jacob Riis）のようなフォトジャーナリストの社会改革者は、1890年代にニューヨークのスラム街を写真に収めた。社会学者としての訓練も受けていたドキュメンタリー写真家のルイス・ハイン（Lewis Hine）は、第1次世界大戦までの時期、およ

3

び大戦中の時期を通して、児童労働反対のキャンペーンをおこなった。社会学と社会改革とのよく知られた同盟の重要な根源は、ビジュアル戦略の手法にある。『アメリカ社会学雑誌〈AJS〉』の初期（1896〜1916年）の号には、カンザス州の２つの貧しい家族を研究したブラックマー（Blackmar）の1897年の論文「くすぶる放浪者」をはじめ、写真が掲載されていた（Chaplin 1994: 198, 201, 204）。このビジュアル遺産は、後にハワード・ベッカーの「写真術と社会学」（Becker 1974）や『社会を写真で探究する』（Becker 1982）、アーヴィング・ゴッフマンの『ジェンダー広告』（Goffman 1979）、ダグラス・ハーパーの『良い仲間』（Harper 1982）や『実用的な知識』（Harper 1987）といった書物において再加工された。加えて、これらの研究は、「熟練した写真家でもある経験豊富な社会科学者が、ドキュメンタリーの及ぶ範囲と審美的な質の両方を持ち合わせたイメージを生産しようとするとき、これらが──言葉による文字列と組み合わされて──、とても豊かな社会科学理解の１類型を生み出し得る」（Chaplin 1994: 221-222）ことを実証している。ビジュアル社会学の最重要の組織的な基礎──国際ビジュアル社会学会〈IVSA〉──は、1981年に設立され（Chaplin 1994: 222）、レオナード・M・ヘニー（Leonard M. Henny）の編集の下で『国際ビジュアル社会学雑誌〈IJVS〉』を発行した。1986年には、ハーパーにより編集された『ビジュアル社会学』が「ビジュアルに考える思想家」（Chaplin 1994: 222-223）の作品を展示し始め、社会調査でのビジュアル・メソッドの使用は大幅に前進した。

　19世紀に戻って見てみると、写真術がエスノグラフィーと社会改革運動の主張から離れた別の幾つもの方向に進んだことに注意を向けることが重要である。写真が問題ある人々──すなわち、狂人、犯罪者、孤児など──の管理（Tagg 1988参照）や、セレブや欧米の中産階級の成功した生活を記録するのに用いられたことは最もよく知られている（Hamilton & Hargreaves 2001）。ジョン・タッグ（Tagg 1988: 13）は、写真が「真実の政治的に動員されたレトリック」として働くと主張する。すなわち、写真は社会的状況のどんな集合も表象し、それらをいくつものやり方で枠にはめることができる。それらは、配

置される枠組みによって意味が与えられる (Law & Whittaker 1988:161)。政治体制の支持や社会的批判のため、あるいはセレブ崇拝のために配置されれば、それらは際限なく融通無碍となる。ビジュアル戦略の他の重要な貢献は、他の学問基盤(ディシプリナリィ・ベイシズ)および領域横断的空間(クロス・ディシプリナリィ・スペイシズ)から生じた。地理学は常に地図やその他の図を使ってきたし、カルチュラル・スタディーズも、社会・文化理論における「言語論的転回」(リングウィスティック・ターン)と結びつきがあるにもかかわらず、大衆文化(ポピュラァ・カルチャァ)や通俗的な仮想(ポピュラァ・イマジナリー)と密接な関連があるので、ビジュアルな枠の中で発展してきた。ピエール・ブルデューの『写真論——その社会的効用』(Bourdieu 1990) は、人々が、撮影した写真を調べることから社会学的に何を学べるのかを示した。これは、人々が写真を使って何をするのかということに関する最近の調査を促進するところとなった。コミュニティ・スタディーズは、社会学的な言説(ディスコース)を「配置」(プレイス)ないし「固定」(グラウンド)したり、彼らが追求する議論に別の側面を加えたりするための一助としてしばしば写真を用いてきた (Payne 1996:18-20)。その例は、ビル・ウィリアムソンの『階級・文化・コミュニティ』(Williamson 1982) やレイ・パールのシェピー島研究 (Pahl 1984) などである (Crow 2000参照)。しばしばコミュニティ・スタディーズは、彼らのビジュアル・メソッドを注解することなしに、ビジュアル・イメージを無意識の方法で使ってきた。ジョン・バージャーとジャン・モーアは、多くの出版物——『セブンス・マン』(Berger & Mohr 1975)、『もう1つの語り方』(Berger & Mohr 1995) など——の中で、生活世界、人々および場所の社会の骨組みを描写するのに言葉とイメージのパートナシップを発展させてきた。バージャーの『イメージ——視覚とメディア』(Berger 1997) は、ビジュアル・リテラシーに関する重要な書物である。

コレクションの配置

　現代文化のビジュアルな諸相の分析に焦点を当てる多くの出版物（例えば、Evans & Hall 1999; Jenks 1995; Mirzoeff 1999を参照）に加えて、社会調査、文化調査の中でのビジュアル・メソッドの使用に特に着目した、いくつかの教科書が近年出版された。後者のカテゴリーに入る書籍には、マーカス・バンクスの

『社会調査におけるビジュアル・メソッド』（Banks 2001），マイケル・エミッソンとフィリップ・スミスの『ビジュアルを調査する』（Emmison & Smith 2000），サラ・ピンクの『ビジュアル・エスノグラフィーする』（Pink 2001），ジョン・プロッサー編集の『イメージに基礎を置いた調査』（Prosser 1998）がある。これらはいずれも，社会的・文化的調査におけるビジュアル・メソッドへの高まる関心に対して重要な貢献をし，それ自身がその関心を反映している。しかしながら，このような教科書のどれもがそうであるように，それぞれが限界を有している。私たちには「人間の目に観察可能な<ruby>あらゆる対象<rt>オブザーヴァブル</rt></ruby>，人，場所，事件ないし出来事を潜在的に包含するために」，私たちのビジュアル<ruby>資料<rt>マテリアル</rt></ruby>への理解を拡げなければならないというエミッソンとスミスの議論（Emmison & Smith 2000：4）は面白く刺激的である。しかし，彼ら自身が認めているように，――彼らの入門書が意図する範囲は――「そっくりそのまま社会科学の<ruby>主観の問題<rt>サブジェクト・マタァ</rt></ruby>」（Emmison & Smith 2000：19）へとフィールドを拡げる。ビジュアル・メソッドへの入門としてはいくぶん意固地な面もあり，ビジュアル資料に依存しない長所（Emmison & Smith 2000：18）を褒めたたえ，純粋な<ruby>文書による説明<rt>テクスチュアル・アカウンツ</rt></ruby>は，写真や他の形態のビジュアル表象を用いるものよりも，「ビジュアルな社会調査」にとってより有益であると提唱している（Emmison & Smith 2000：10）。

バンクスの『社会調査におけるビジュアル・メソッド』（Banks 2001）とピンクの『ビジュアル・エスノグラフィーする』（Pink 2001）は，人類学的な調査でのビジュアル・メソッドの使用に焦点を当てている。前者は，特定のメソッドをほとんど考慮しておらず，その代わりに時々かなり基本的な領域に迷い込んでしまうビジュアル資料の使用に関するより広範な議論をしている。その議論の何箇所かは，ビジュアル・メソッドから完全に離れている。たとえば，第4章は，テレビジョン・スタディーズに1節を割いている。しかし，その節自体が認めているように，メディア・スタディーズにおいてはテクストからオーディエンスへのシフト以来，デイビット・モーレイのような研究者は，画面で何が起きているかよりも，テレビを見ているときに人々が何をするのかについてより大きな関心を寄せてきた。人類学的なバイアスがあるにもかかわらず，

ピンク（Pink 2000）の本は，たとえこの分野の多くの社会学的な研究と，ピンクが「科学的実在論者〈サイアンティフィク・リアリスト〉」のパラダイムと呼ぶものと同一視する研究に対して少し批判的過ぎであるにせよ，ビジュアル・メソッドに関するおそらく最も有用で理解しやすい入門書である。これには，プロッサーの『イメージに基礎を置いた調査』（Prosser 1998）が含まれる。それは，ビジュアル・メソッドの使用のための有用な導入を提供しているが，コレクションとしては狭くフォーカスされている。第1部と第2部には，多くの優れた背景の素材がある。しかし，第3部――「実際のイメージに基礎を置いた調査」――の中の論文は，数も少ないし，範囲もかなり限定的である。この本の第3部を構成している6つの章のうち，4つの章は教育におけるイメージに基礎を置いた調査について議論している。これらは，専門家志向であり，厳密に特定の主張や論争に焦点を置いている。

　本論文集は，何か違うことをおこなおうという試みである。私たちは，エミッソンとスミス（Emmison & Smith 2000）の包括的なアプローチ〈オール・インクルーシヴ・アプロウチ〉に共感するものであるが，ビジュアル資料の構成物に関する私たちの理解は，描画表象〈ピクトーリアル・リプレゼンテイション〉，特に写真とフィルムないしビデオなどの表象に焦点を合わせている。ただし，写真以外のイラスト，図やグラフなどのより表面的な〈フォーマル〉表象も含む。本書は，特に写真術を重点的に取り扱うが，ビデオ日記の使用を探究するルース・ホリデイの章や，写真と一緒に異なる形態の図表表象を用いるアラン・レイサム，スー・ヒースとエリザベス・クリーバー，デビット・バーンとアイダン・ドイルらの章もある。ヒースとクリーバーの表象では，より慣例的なフィールドノートと共に，本来の場所〈インサイトュー〉での共有された生活空間が再生されている。他方，レイサムは，慣例的な時間的・空間的な図表を更新した版であり，写真撮影と手書きの慣例的な文書を合体させ，情報提供者〈インフォーマント〉の1日の動きの複雑さと行動リズムの変化を強調している。

　エミッソンとスミスが提唱するように，ビジュアル資料の理解にはさらに多くのものが含まれ得るが，包括的なアプローチを採用すれば，ビジュアル資料を他の形態のデータから区別できなくなり，ビジュアル資料の特定の形態への

支配的な焦点を無視してしまうことになるだろう。次に，ビジュアル・メソッドに関しては，私たちはビジュアル資料の使用に言及する。より明確に言えば，データの一形態であれ，さらなるデータを生み出す手段であれ，あるいは「結果」(リゾルツ)を表す手段であれ，私たちは，ビジュアル・メソッドが調査過程(プロセス)の不可欠なパートであり，ビジュアル資料を生み出し利用する調査すること(ドゥーイング・リサーチ)の方法を含むものであると理解する。いくつかの入門的な教科書ではビジュアル社会学の2つの側面が合成されているにもかかわらず，私たちが理解するビジュアル・メソッドは，主として，記号論や内容分析のような分析の形態にまでは拡張しない。それら既に存在するビジュアル資料は，調査の焦点もしくは質問(インクワイアリ)の対象ではあるが，目に見えるものを除いて，調査過程それ自体においては不可欠なパートを占めない。これら2つの領域は密接に関係し合っているけれども，私たちは，ビジュアル文化の社会学を提供することよりも，社会調査におけるビジュアル・メソッドの使用を探究することに関心を寄せている。ビジュアル文化の社会学は，イメージの卓越性に焦点を当てるが，調査の核となる部分としてビジュアル・メソッドを必ずしも利用しないからである。最も重要なことに，本書は調査過程でのビジュアル・イメージの概念的な可能性に関与する点において，他の本とは異なっている。

概念的構成

　概略的に言えば，社会調査においては，ビジュアル・イメージに対する3つの重要な理論的アプローチがある。初期の人類学的なフィールドワークとフォトジャーナリズムの古典的な伝統に代表される実在論者のパラダイムでは，イメージは証拠(エヴィデンス)として――リアリティの表象であり，既存の現象や出来事の率直な記録として――見なされる。しかし，広い意味でのポスト構造主義の観点から言えば，イメージはリアリティを構築(コンストラクト)する役割を担う。イメージは，個人と集団を監視・管理するという中心的な役割を担いつつ，真理の体制(レジーム・オブ・トゥルース)の一部分として働く。この2つ目の観点は，おそらくタッグ（Tagg 1988）の議論で最もうまく例証されている。タッグは，犯罪者，孤児や精神病患者のような，

序論

19世紀において「問題のある」グループの管理・統制のために，写真術がどのような役割を演じたかを論じた。3つ目の重要なパラダイム——記号論もしくは記号学——の観点から見ると，既存のイメージは，テクストとして捉えられる。そのテクストを読み解けば，イメージのより広範な文化的な重要性やイデオロギー的メッセージ，その他のメッセージを発掘でき，メッセージを伝えたり，取り入れたり，続けたりする助けとなる。

　本書は，これらの理論的な枠組みのどれか1つにきちんと適合しているわけではない。本書のいくつかの寄稿は，広い意味で実在論者の枠組みに適合している。他方で，イメージの地位により批判的なものもある。最初から最後までイメージの地位が問題なのではなく，その概念的で分析的な可能性（コンセプチュアル・アンド・アナリティク・ポシビリティズ）が重要なのである。つまり結局のところ，ビジュアル・メソッドが何を成し遂げ得るのかということである。これは，各々の論文も本書全体も，ナイーブな非理論主義（エイシオリティシズム）の1形態を表しているということではない。ある場合にはほとんど暗黙裡であるにせよ，どの章もイメージの地位を主張している。各章が言わんとしているのは，調査の過程でビジュアル資料の利用に集中すれば，イメージの最終的地位に対しては関心が希薄になり，イメージの利用に関心が向く，ということである。本書の編集者として，私たちはイメージ——写真かあるいは別の方法での——が単に対象や既存の現実を提示し直す（リィ・プレゼント）という素朴な実在論を否定する。しかしながら，それと同時に私たちは，実用的な実在論（プラグマティク・リアリズム）——ほとんど疑問視されることなくイメージの地位が受け入れられ，その表象的な（リプレゼンテイショナル・クォリティズ）特質もあるがままに受け入れられる——は，時として適切なスタンスであると考える。事実，本書に収録されている論文の多くにおいて，イメージの理論的地位は最終的に重要ではないのである。調査主題が彼ら自身やその他の写真に関して解説を求める場合，大事なのはイメージの中身を作る（メイク）ことである。

　私たちが本書全体に1つの理論的な視角（スィオリティカル・パスペクティヴ）を適用しないのは，主に2つの理由からである。第1に，編集本として，本書は意図的に可能性の幅を拡張することを目的としているからである。第2に，本書では，私たちは調査過程に

9

おけるビジュアル・メソッドとビジュアル資料に関心を寄せているからである。つまり，ビジュアル・イメージの地位そのものよりも，ビジュアル・メソッドの概念的で分析的な可能性に関心があるのだ。何よりも，本書は実用的なコレクションである。本書が強調するのは，時としてイメージの存在論的(オントロジカル・アンド・イピステモロジカル・ステイタス)認識論的な地位を審問することが重要な場合もあるが，別の場合にはそのような問いは重要ではなく，イメージの理論的な地位はほとんど議論されずに残り得るということである。しかしながら，それは本書が理論的な関与が欠けているということを意味しない。それどころか，ビジュアル・メソッドの分析的で*概念的*な可能性を強調することで，私たちはまたそれらの理論的な可能性，というより理論的な洞察や理解の発展を促す能力を強調する。そして，それこそが本書の編成を支えている。この点で本書は類を見ない。イメージの概念的で分析的な潜在力(ポテンシャル)は，本書を構成するえり抜き(セレクティング)と枠付け(フレイミング)の向こうで，その背景について審問されないままであれば，多くは直に立ちはだかることがない。本書においては，概念と分析——イメージの理論的な潜在力——は，暗示的(インプリシット)というより中心的(セントラル)である。

　これは重要な問いを提起する。理論とは何を意味するのか？　社会風景を描写(ディスクライビング)する課題でさえ，整理と再整理を必要とすると主張する者もいる。これは社会理論ではないのか？　私たちは，描写に埋め込まれた整理と再整理の程度に依存していると考える。アンソニー・ギデンズ（Giddens 1987：19）が社会学に関連して指摘するように，——私たちは文化理論，人文地理学など，社会世界に取り組むその他すべての学問領域を含めることができるけれども——社会に関する論評(ソウシャル・コメンタリー)として私たちが提供すべきものは，必然的に素人の概念(レイ・コンセプツ)や一般的な理解(ポピュラ・アンダスタンディング)に寄生する。もしも記述することによってこれらの形態の再生産を意図するのであれば，私たちの考えでは，それは理論ではない。私たちは，誰もが既に知っていることを，社会理論家に繰り返し言ってもらうことを必要としない。そういうことなら誰でもできる。理論的な理解は，既に知られていることや真実だと思われていることを単に承認すべきではない。社会行為の動作主体(エイジェント)の語彙や理解だけを使用することに限定されてもならない。理論

や分析は，従来知られていなかったことや明白ではないことを明らかにするために，社会知識の一般的な形態の再整理（リアレンジメント）に携わらねばならない。理論は，容易にはっきり見えないものの発掘（アンカヴァリング），あるものと他のものとの連結，私たちが操作するための土台となる前提（アンダァライイング・アサンプションズ），といった，発見（ディスカヴァリィ）を伴わねばならない。

ここでは，ギデンズ（Giddens 1987: vii）の社会理論（ソウシャル）と社会学理論（ソシオロジカル）との間の区別が役に立つ。概念用語として，社会理論は社会学理論よりも包括的であり，本書の論文が用いる関連する学問領域に適応する。社会理論は，「人間の行動や社会制度，その２つの相互の連関（コネクションズ）にかかわるすべての領域の問題点を引き合いに出す」（Giddens 1987: vii, イタリックは引用者）。ゴッフマンは，自己の研究に関連するミクロ心理学の領域，あるいはミクロ分析のマクロ連関という手の込んだ加工（イラボレイション）に迷い込まなかったにもかかわらず，ギデンズ（Giddens 1987: 109-110）が指摘するように，人間の社会生活の研究への体系的（システマティク）なアプローチを発展させた。それは，型にはまった行動やありふれた行動を取りながら内部の仕組み（メカニズムス）を明らかにするという能力において，体系的――それゆえに理論的――であった。この見識の，体系的――それゆえに理論的――な展開は，「ゴッフマンが記述し分析しようと求める……社会生活の日々の形態の挿話的（エピソディク）な連続的特性（コンティニューイティ・キャラクタァリスティク）を映し出す」（Giddens 1987: 110）。私たちが本書で社会理論という用語を使うのは，正にこのゴッフマン的な意味においてである。様々な論文を通して，私たちはビジュアル・メソッドの理論的ないし分析的な能力――ギデンズ（Giddens 1987: 110）が，ゴッフマンの分析に関して言う「敏感な洞察力（デリケイト・インサイツ）」――を探究する。私たちは，普通（ザ・オーディナリィ）や当たり前（ザ・テイクン・フォア・グランティド）の中に隠されている内的な仕組み（イナァ・メカニズムス）を明らかにするビジュアル・イメージの能力に関心を寄せている。私たちは，異なる範囲（スコウプ）と規模（スケイル）のものの間の連関に関心を寄せている。つまり，いかに小さなものがより大きな社会風景に関係しているのかということだ。本書では，イメージは社会世界への接続点（ポイント・オブ・アクセス）であり，そのアーカイブでもある。社会分析は，共通の理解を超え，またその下に潜んで，つながり（コネクションズ）を作る。ビジュアル戦略も同じだ。そして本書は，このことがいかに成し遂げられ得るのかを示すように整えられている。C. ライト・ミルズ

の「社会学的想像力」(Mills 1970) は，本書の概念に関する実用主義を下支え(アンダピニング)する中心的な役割を担っている。

ビジュアル・メソッドは，社会過程の特殊性(パティキュラリティ)を摑み，特殊なものの中にある一般性(ザ・ジェネラル)を描き出し，両者の関係を照らすことにおいて，ミルズが，非専門的な意味での使用を意図していた「社会学的想像力」と呼んだものを発展させることに特によく適している。社会学的想像力は，生活が個人の経験と経歴と共にセットされるより大きな歴史的・社会的場面に連結する (Mills 1970:12)。それは，「最も個人に関係ない遠く離れた転換から，人間自身の最も親密な性質(フィーチャァ)へと視線を変え(シフト)，そしてこの2つの関連性(リレイションズ)を理解する」能力を活性化させる (Mills 1970:14)。社会学的想像力は，特殊なこと，局所的なこと(ザ・ローカル)，個人的なこと(ザ・パーソナル)，普通なこと(ザ・ファミリア)を獲得するビジュアル戦略を通して特によく働く。私たちが前述で主張したように，異なる規模のものの間に繋がりを引き出すことが社会分析である。つまり，「ある境遇での個人的もめごと」を「社会構造の公的問題(パブリク・イシューズ)」の中に位置づけることだ (Mills 1970:14)。ビジュアル戦略は，社会分析の最小の単位——人々，生活，物質(マテリアル)文化の詳細といった——が，より広い社会風景とより大きな過程に関連してどのように働くかを私たちに理解させ，いかに個人的なことが社会的であり，社会個人的なこと(ザ・ソウシャル・パーソナル)なのかを理解する方法を提供する。ビジュアル調査戦略は，ミルズが意図した広い意味において，社会学的想像力を——他と提携して——活性化させる技法のセットから成っている。言い換えれば，ビジュアル技法は，分析を含む方法論のセットであり，研究者を，かなり異なる社会的範囲と規模のものの関連へと向けるのである。

本書に収録された論文は，多様な現場(ア・ヴァラエティ・オブ・フィールズ)と関心領域(エリアズ・オブ・コンサーン)における方法論的な取り決めの基礎として，この概念的な見通し——単一の理論的立場(ポジション)ではない——を共有する。これらは，人々と場所，人々の配置(プレイシング・オブ・ピープル)と場所の植民地化(ピープリング・オブ・プレイス)の交差(インタァセクションズ)といった，人間の作用(エイジェンシィ)のより広い社会的場面との相互作用を理解するための関心を共有する。この枠組みでは，人々は社会的場面，関係や過程の設計者(アーキテクツ)であり，そのことが翻って世界における彼らの生

活や存在を組み立てる。本書の各章は，人々が彼らの生活と密接に関連している社会的な組み立て方(ファブリック)を整える(メイク)方法を理解するための関心を共有する。これらは，社会過程，演技や社会的空間の異なる種類に関心を寄せる。本書の論文はこの概念的な基盤を共有するが，それぞれがそこからかなり異なる方向に進んでいる。それらは，単一の理論的な立場を共有するのではなく，社会学的想像力が働く多様性(ダイヴァーシティ)を示す。それぞれが異なる関心を有しながら，これらは異なる方向に進み，倍率(マァグニフィケイション)と範囲の異なる度合で働く。それらは相互間で，ビジュアル戦略が異なる研究の文脈で達成し得るものを創造的に示す。

　本書は，小さいものからより大きな社会的文脈(ソウシャル・コンテクスツ)の方へ進むように構成されている。ジョン・グラディのビジュアル・メソッドへの「招待(インヴィテイション)」に続いて，第Ⅰ部「自己，アイデンティティ，家庭内の空間(ドメスティケイティド・スペイス)をありありと描写する(ピクチャリング)」の各章は，より小さな規模の過程，空間および場所(プレイシズ)にフォーカスされる。すなわち，社会風景におけるより親密な人目につかない場所である。対照的に，第Ⅱ部「都市(シティ)，社会性(ソウシャリティ)，脱産業化(ポウスト・インダストリアル・チェインジ)をありありと描写する」は，一段階上がって，公共空間(パブリック・スペイシズ)および見かけ上は個人化しがたい問題点(アパレントリィ・イシューズ)と関心にフォーカスされている。すなわち，都市風景(アーバン・ランドスケイプ)のより広い眺望や頂上，谷間および社会変動のより広範な過程である。第Ⅰ部から第Ⅱ部への規模の変化はまた，2つのパートの各章の構成にも反映している。第Ⅰ部では，エリザベス・チャップリンのビジュアル日記の親密さ(インティマシィ)から始まって，ルース・ホリデイ，スー・ヒースとエリザベス・クリーバー，トニー・フィンカップの各章における対象，自己および内側の空間(インティリア・スペイス)への関心，そしてダグラス・ハーパーのボウリング場における私/公空間へと進んでいく。第Ⅱ部では，オークランドのバーとレストランから，ロンドンのブリック・レーンにおける都市の遭遇と，アムステルダムとシカゴのジェントリフィケーションの過程を通って，イングランド北東部の脱工業化した風景と再編成(リストラクチャリング)のグローバルな過程の影響へと進む。

　一方で，本書は規模を基準とする——あるいは，異なった大きさと空間の(マグニテューズ)拡張(マグニフィケイションズ)による——漸進的なシフトによって編成されているが，各論文は

研究の文脈でビジュアル戦略が働く様々な方法を示すべく配列されている。ビジュアル・メソッドは，単独ではほとんど用いられていない。本書の各章の配列は，ビジュアル・メソッドを他の多様な研究方法と一緒に示すように，またビジュアル・メソッドが成し遂げることができる生産活動(アウトプット)の幅を論証するようになっている。最後に本書はまた，2つの比較に基づいた側面を強調させるよう整理されている。1つは学問領域の，もう1つは社会的文脈に関するものである。テクストの表面下には，異なる学問領域の関心とアプローチの間の，異なる方法で類似の論点に取り組む，異なる社会的文脈と場所の間の，一連の対話が存在する。本書は，国際的であり，領域横断的である。

第Ⅰ部「自己，アイデンティティ，家庭内の空間をありありと描写する」は，親密(ザ・インティメイト)さと個人的なこと(ザ・パーソナル)，人々が自己と自叙/伝の場面を越えて到達し他者と関連を持つ，社会的な舞台と社会的カテゴリーに対して関心を寄せる。このセクションは，自己/他者の関連と親密な空間，共有された生活空間の社会的過程に焦点を合わせる。このセクションの執筆者は，一方で衣服や装飾，内装，家庭内の生活のミクロな社会的側面を関連付け，他方で社会的区別の形態の間を関連づける。

エリザベス・チャップリンの「私のビジュアル日記(マイ・ヴィジュアル・ダイアリィ)」は，ビジュアルな自伝的作品の範囲を手際よく示す。この章では，自伝的な主題が，「普通」と「例外的な生活(イクセプショナル・リヴズ)」との間の境界に挑戦する社会活動のアーカイブへの接続点になっている。チャップリンは，私たちの平凡でありふれた自己が，どのように複雑に広範囲の社会問題と社会関係に関連し合っているのかを示す。そして彼女は，研究者たちに社会的理解の旅を自分たち自身の生活から始めるように促す。ルース・ホリデイの「自分自身を反映する(リフレクティング・ザ・セルフ)」では，若い男性と女性たちが，ファッションとスタイルのビデオ・パフォーマンスを通して，クィア・セクシュアル・アイデンティティと自分たち自身を関連づける。親密で同時に非個人的である広範な社会風景との連関づけである。ビデオ日記は，安定性の観念と慣習的な境界に挑戦する方法で，自己とアイデンティティを伝える複雑で重層的なテクストを供給する。

序論

　個人のアイデンティティから，人々と家庭内の生活の親密な空間との間の相互連関へと焦点をわずかにシフトさせ，スー・ヒースとエリザベス・クリーバーの「ハウスシェア生活の空間地図（シェアド・ハウスホウルド・ライフ　マッピング・ザ・スペイシャル）」は，シェアされた英国のシングル世帯の若者におけるイベント，社会関係，個人的空間について論じるためにビジュアル・メソッドの使用から直接の情報を得る。感情の緊密さと隔たりが，空間的・物質的・審美的に表現され，フィールドノートの図表と情報提供者の写真を補助的に用いて，把握されている。

　家庭内の空間の審美的な配列（アレンジメント）は，トニー・フィンカップの「触れることのできないものを映し出す（ジ・インタンジブル　イミジング）」で再び表面化し，個人が自分自身を他者——といっても家庭内の飾りつけの人工物（アーティファクツ）なのだが——と結びつけることを理解する。論文では，審美性（イースタティクス）と様式（スタイル）を貫いて，階級よりもかなり捉えにくい社会的分化（ソウシャル・ディファレンティエイション）の形態との関連づけがなされる。家庭内のモノが，その象徴性（シンボリズム）や意味を通して，つかみどころのないものの撮影可能なアーカイブになるのである。ダグラス・ハーパーの「水曜日の夜のボウリング（ウェンズディ・ナイト・ボウリング）」は，親密な相互作用とニューヨーク州のボウリング場の日常にフォーカスを当て，家庭内化された空間（ドメスティケイティド・スペイス）から，一段階上のレベルであるより公的な形態へと私たちを引き上げる。この点において，この章は本書の2つのセクションを繋ぐ架け橋である。それは，地元のボウリング・チームにかかわることを通して，アイデンティティの解釈と人生や仕事の意味をあれこれ考える男たちを描き出す。ここで私たちは，男たちが他の男たちと繋がり，男性性（マスキュリニティ）の地方化された（ロウカライズド・）実際的な解釈（プラクティカル・ヴァージョン）を構築し再構築し，演じること（パフォーミング）を理解する。

　このセクションでの社会風景は，ニューヨークのボウリング場，南イングランドの居住空間，ニュージーランドの郊外に位置づけられているが，これらは世界に存在することの方法も明らかにしている。こうした社会風景は，それらの骨組み，社会カテゴリー，セクシュアリティ，男性性や社会分化の形態を通して自己をグループ化する集合的な方法（コレクティヴ・ウェイズ），それに人間のつながり（ヒューマン・コネクション）の本質を成す社会関係を明らかにする。従って，このセクションの各章は，自己と他者と，主観性（サブジェクティヴィティ）の意味と社会生活の組み立て方そのものの間の関連に関するもの

である。

　第Ⅱ部「都市，社会性，脱工業化をありありと描写する」を通して規模のシフトが生じ，関与する個々の行為者(インディヴィデュアル・アクターズ)を見失うことなく，より概観的な社会的な関心へと向かう。これらの寄稿論文は，広範な範囲におよび，個人が，都市風景とだけでなく，私たちの生活のすべてに影響を与えている最も重要で普及している発展と繋がる方法に関心を寄せる。脱工業化とグローバル化に伴う重大な再調整(リアラインメント)についてである。

　アラン・レイサムの「都市の日常の出来事を調査し記述する(エヴリデイ・アカウンツ・オブ・ザ・シティ　リサーチング・アンド・ライティング)」は，人々が都市空間を経由するルートの組成として具体的に表現された実践の実例と見なすことができるカフェ，レストランやバーを利用する方法や都市の公共文化の多様な側面をつなぎ合わせることによって，オークランドの日常生活の経験を探究する。レイサムは，応答者の写真が，日常的な社会性と日常生活の複雑な「平凡さ(バナリティズ)」の豊かで多層的な説明を生み出すために，他の形態のデータとどのように結合され得るかを示している。レス・バックの「眼で聴き取る(リスニング・ウィズ・アウァ・アイズ)」は，ロンドンのイースト・エンドでの路上写真のプログラムの文脈において，写真術と都市風景についての重要な問いを提起する。バックと写真家との協働による「アバウト・ザ・ストリート・プロジェクト」では，研究者と写真家，ストリートの骨組みを形作る彼らの生活と，順次レンズにイメージを提供する人たちとの対話のために空間が開かれている。カメラは，通常は承認されない人たちに承認を与えながら，窓としての役目を務める。

　水準を上げ，ジェントリフィケーションの過程を通して都市空間の転換を探究しながら，それは脱工業化の再編を反映するとともに，異なる都市環境とそれらが形作られる政策的文脈との比較を可能とするのであるが，チャールズ・スーシャルの「アムステルダムとシカゴ：ジェントリフィケーションのマクロな特徴を見る(シィーイング・マクロ・キャラクタアリスティクス)」は，グローバルな再調整の特色として，その土地の特殊性のいくつかの要素にフォーカスを当てる。スーシャルの写真の一覧表は，都市社会の転換の骨組みを示すビジュアル・サーベイとマクロな過程のドキュメント化をおこなう。自伝に対して，本書の最初のセクションよりも

序　論

　集合的なアプローチを取りながら，しかしグローバル化の過程の同様なセットを探究しつつ，デビッド・バーンとアイダン・ドイルの「視覚的なもの(ザ・ヴィジュアル)と言語的なもの(ザ・ヴァーバル)」が，イギリスのダラム炭鉱の閉鎖が，人々の風景との関係や社会的・文化的な実践との関係を変えた方法を記録する。多様な写真——本書でも部分的に再生産されているのであるが，それ自体が「6フレームのとてもスローな動画(ムーヴィ)」を作るイメージの連続(シークエンス)を含む——が，異なるグループのメンバーから反応を引き出すのに使われた。アリシア・J・ルーベロールとアナ・マリア・マウアドの「写真によるリンダ・ロードの口述史(テリング・ザ・ストーリィ・オブ・リンダ・ロード)」は，〈米国〉メイン州の鶏処理工場の閉鎖が労働者の1人の生活に与えた影響を捉えるために，セドリック・チャタレイの写真の使用を探求する。リンダ・ロードの自伝を通して，私たちはグローバル化のシフトがどのように個人の生活に影響を及ぼすかを知ることができる。

　本書を通して，研究の対象とする規模が徐々に大きくなっていくにもかかわらず，それぞれの寄稿論文は，特定のものへのフォーカスがいかに一般的なテーマを探究するのに使われ得るかを示す。個人と社会，自伝と歴史，作用と社会構造との間のつながりを描く手段として，どのようにある特定の場所やものにフォーカスすることが可能なのかということである。それぞれの寄稿論文——取り入れられた様々な理論的立場にもかかわらず——が，ミルズが社会学的想像力と呼んだものを論証するのはまさにこの点においてである。そして，本書の論文の順序づけ——親密な場面からグローバル化の過程へのシフト——を，ミクロからマクロな社会的現象あるいは関心へのシフトと見なすべきでないのはまさにこの点においてである。事実，ビジュアル・メソッドが——特に——この区別を問題化(プロブレマタイズ)するのにいかに使用可能であるかを論証すること，そしてグローバルなシフトが，実際の人々に地方規模で影響を与える一方で，最も親密な場面がより広範な過程や出来事にいかに関連しているかを提示することが，本書の意図の1つなのである。

　他の原理も，本書の概念的な編成を通して働いている。メソッドは，それが何を成し遂げることができるかによって評価されるべきである。私たちが知ら

ないことを，メソッドがどのように教えることができるのか？　各章は，方法論的な決定を明らかにする文脈において，作用の形態，風景および社会過程の間の接続回路(インタフェイス)を通して，何を学ぶことができるのかを示している。概念的に順序づけられてはいるが，本書は社会調査の文脈におけるビジュアル方法論の使用に関する書物であり，各寄稿論文の意図は，ビジュアルな資料が特定の調査背景においていかに配置され得るかを示すことである。ビジュアル・メソッドがどのような変種と範囲を有し，調査の文脈においてどのようなことを達成するかは，各章の配列から明らかである。異なる研究者は，異なる仕方でビジュアル・メソッドを用い，異なる組み合わせで他の方法を併用する。ビジュアル・イメージは調査計画において異なる位置を占めているのである。ビジュアル資料が，調査におけるデータの主要な形態または源である場合もあるし，調査段階によってはビジュアル資料を他の形態のデータや研究の方法と一緒に用いる場合もある。イメージが調査中の資料である場合もあるし，他の形態の——ビジュアルでない——資料を生成するために用いられる場合もある。一般的に言って，イメージ作成の技能(スキルズ)に熟達していれば，研究者はその技能を調査中に有効利用している。技術的にそれほど熟達していなければ，自分なりの間に合わせのイメージを使用するか，情報提供者(インフォーマンツ)が作成したイメージを使用するかしている。また，熟練したイメージ作成者と共同作業をする研究者もいる。いずれの場合も，最終的には，社会分析に用いる言葉とイメージとの錬金術となっている。

　本書の比較的な側面は，中心的ではないが，重要でないわけでもない。必然的ながら，異なる関心とアプローチを反映して，学問領域を超えて働く比較がある。しかし，本書は，国家という文脈をも超える対話を強調するよう配列されている。ホリデイのクィア・パフォーマンスが英国の都会の場所で女性性(フェミニティ)と男性性(マスキュリニティ)を再構築するのと同様に，ハーパー論文のボウリング場で作られた労働者階級の男性性は，米国の田舎の場所の特殊性を描く。フィンカップは，ヒースとクリーバーによるシェアされた英国のシングル世帯の特徴である家庭内の風景の対照として，ニュージーランドの美意識と社会的な区別の感覚を提

供する。登場する都市風景は、ロンドン（バック），オークランド（レイサム），シカゴとアムステルダム（スーシャール）であり，そこでは，過去と都市理論家の古典的定式化に対抗して，現在を位置づけている。社会過程に起因する時，米国における産業空洞化は，イングランド北部の石炭採掘の喪失と対比させられ，そしてそうした展開の道筋は，人々の理解や経験という見地と，彼ら／彼女らの日常生活の成り行きの両面で終わりまで演じられる。

ビジュアル・メソッドの利点と限界

　社会・文化調査におけるビジュアル・メソッドの使用の提唱に際して，私たちはこのようなメソッドが常に有用で適応できるとも，それらが限界を有さないとも示唆してはいない。ビジュアル・メソッドには，いくつかの主要な難点がある。特に倫理的にも科学的にも疑わしい過去のプロジェクトとのかかわり，過去および現在の 監 視（サヴェイランス）とのかかわりが問題である。本書へのレス・バックの寄稿が思い起こさせてくれるであろうが，そのような関心は間違って適用されることがあるのだ。より平凡な配慮は，写真を撮られた研究対象に帰する匿名性（アノニミティ）ないし 秘 密 性（コンフィデンシャリティ）の問題，写真術やビデオの使用に伴う機材の費用，普及させることの難しさ——特に動画形態のイメージ——，既に存在するものを利用する場合の著作権の問題点が考えられる。インターネットの使用が，ビジュアル資料の普及に関する問題点をいくらか解決するのに役立った。しかしながら，ビジュアル資料は，書かれた，ないしは言葉による説明を貫いて触知させるか冗長にさせない限り，視力障害のある多くの人たちにはアクセス不可能である。

　社会・文化調査におけるビジュアル資料の使用に対するおそらく最も興味深く，長年続いている異議は，書かれた，ないしは言葉による形態のテクストと比較した場合，ほとんどのビジュアル資料が明白に曖昧であるということに関するものである。批判者は，描画表象のほとんどの形態が持つ内在的に多義的な性質は，そのような資料の分析を主観的なものにすると示唆してきた。そして，特定の伝統の内部において，これは問題であると見なされている。事実，

サラ・ピンク（2001）が指摘しているように，ビジュアル・メソッドに関する既存の書物の多くは，そのような非難を浴びるアプローチを擁護し，そうした致命的な結果を最小限にするため，十分に厳密なメソッドが採用し得る方法を提示すべく努力してきた。関連するさらなる批判は，描画表象は非常に選択的であり，望まれる効果を示すために容易に操作され得るというものである。

　そのような批判は，疑いもなく妥当性を有する一方で，他の形態のデータや調査の他のメソッドが持つ同様の難点を，容易に見落とす傾向がある。書くこともまた内在的に多義的であり，望まれる効果を示すために写真の枠や照明，濃淡を操作するのと同程度に，筆者の主張をサポートする特定の引用文を選ぶことは容易である。事実，出来事の感情的な濃淡を伝える能力において，写真は他の形態の質的データ以上に，潜在的に曖昧では――あるいは誤った方向に導くわけでも――ない。例えば，録音された会話の断片の選択，転写，それに続く再文脈化は，話される言葉のもとの意味を隠したり，拒んだり，ひっくり返すやり方の優先順位を言い張ることに文字通り（リテラル）の意味を認めるので，皮肉やユーモア，あるいは他の言葉による抑揚の痕跡（トレイシズ）をすべてはぎ取ってしまう。他方，写真においては，ほほえみ，笑いや，しかめっ面が残っている。

　ハワード・ベッカーが指摘したように，ビジュアル資料に向けられた通例の批判について考えるとき，「すべての形態の社会科学データはまさしくこれらの問題を持っており，そして……一般的に受け入れられ，幅広く使われている社会学のメソッドのどれもがこの問題をうまく解決していない」（Becker 1998：91）ということを思い出すべきである。このような批判は，現代文化（コンテンポラリィ・カルチャァ）で求められている高度なビジュアル・リテラシーを見落とし，そして，広告のようなビジュアル表象が，いかに曖昧であろうと，「読むことが可能なちらりと見られた行為を表現すること（グリムプスト・アクション・レンダァリング）と同種の表示集，同種の儀礼的な慣用語句（リチュアル），それらは社会状況に参与する私たちのすべての資源であるが，を頼りにし，そして同種の結末を引き出す」（Goffman 1979：84）道筋を見落としているということにも注意すべきである。同様に，それ以上に重要ではなくとも，描画表象の明白な曖昧さ（アパァレント・アンビギューイティ）は，実在論者のパラダイムの下で仕事をし，解釈よりも

真実を求めようとすれば，唯一の本当の難点となるのだ。実のところ，データ収集中であれ，結果を発表する途中であれ，もし複合的な解釈を求めようとすれば，それは明確な強み(ポジティヴ・アドヴァンティジ)として見なされ得る (Pink 2001)。描画表象は——先に言及した見ることや社会理論のように——，他のすべての形態の表象と同様，選択，抽象，転換の周囲に存在する (Jenks 1995 : 4, 8)。

分析的で実践的な装置として，ビジュアル・データは，つながりあい屈折し，社会過程と社会現象の特異性(スペシフィシティ)を捉え，特殊なものの内に一般性を描き，同時に両者間の関係を明らかにし探究する特殊な手法を提供する。ビジュアル・メソッドは，データが入手しやすく(アクセシブル)，調査者と調査対象者の双方によって作られるという点において包括的であるので，ビジュアル・データはまた，コミュニケーションの装置(コミュニカティヴ・ディヴァイシズ)として，とりわけ感情に訴え，感情を喚起し得る。

結 論

本書の編者のそれぞれがビジュアル戦略に辿り着いた経路は，視覚的転回(ヴィジュアル・ターン)への新たな関心とその経路への最終的な解説を示し，また本書の起源に関してもいくつかの手がかりを示す。私たちは共に，視覚的に調査することに新たに確立した関心(ニューリィ・イスタブリッシュ・インタレスト)を抱いている。キャロライン・ノウルズは，解放された精神神経科患者とモントリオールの都市との間の接続回路を調査するにあたっての方法論上の欲求不満から，イメージ——写真家のルドビック・ダバートが撮った——を使い始めた。彼女の方法論的な道具箱(メソドロジカル・トゥール・バァグ)には，ライフ・ストーリー・インタビューを録音したテープ，観察や空間の地図作成と分析が入っていたが，彼女が描写しようとした人々，生活と空間を——審美的にも分析的にも——少しも伝えはしなかった。スープ接待所やホームレスのシェルター，売春宿，インナーシティの下宿屋や様々なストリートのロケーションで撮られたダバートの「統合失調症患者(スキッツォフレニクス)」の写真は，彼女が「コミュニティの精神医学治療(サイキアトリク・ケア)」のタペストリーの中に示したかった声や経験に，新しい生命を吹き込んだ。結果的に生み出された書物に使われたビジュアル・ナラティブ(『街頭の精神病棟』Knowles, 2000) は，人々と場所の言葉のナラティブを明らか

にし，活気づけるのに役立った。この業績は，メイン州ポーランドでのIVSA大会〔コンフレンス〕(2000)へとつながることになり，ノウルズは，2003年にIVSA大会——社会生活のイメージ——をサウザンプトン大学で組織した。写真家としての彼女自身の技能を進展させるのに加えて，ノウルズはこのところ，ダクラス・ハーパー——本書の寄稿者の1人——と一緒に，さらに協働的な仕事にも携わっている（図版1）。それは，香港における英国の「ライフスタイルと出稼ぎ労働者」の経験を探究する，所 有 の 風 景〔ランドスケイプス・オブ・ビロンギング〕〈：香港における英国と東南アジア移民〉プロジェクトのために写真ドキュメンタリーを提供するものである。

ポール・スウィートマンは，本書の寄稿者の1人であるエリザベス・チャップリンの学生として，ヨーク大学でビジュアル・メソッドに初めて触れた。この関心は，現代人の身 体 改 造〔ボディ・モディフィケイション〕に関するその後のPh. D研究の間ずっと展開し，その調査では，タトゥーとピアスのスタジオ，タトゥーの大会やその他関連する場所での参加者および非参加者の観察を含むいくつもの質的方法が利用された（Sweetman 1999a, 1999b, 1999cを参照）。この調査の間に，フィールドノートの1形態として，また学会の論文やその他のプレゼンテーションの挿絵として使うために，彼はたくさんの写真を撮った（図版2）。人々に写真を撮っても構わないかと尋ねることは，潜在的な研究対象者への最初の説明をするための有益な方法であることも判明した。しかし，この方法がいつもうまくいったわけではない。初めて行ったタトゥー大会にカメラを持って行くのを忘れたため，スウィートマンは損失を抑えるため，代わりに使い捨てカメラを買った。プロの写真家との会話でポールのカメラの装備に質問が及んだ時，少なくとも1人の潜在的なインタビュー対象者が視界から消えた。このプロジェクトを完成させて以来，スウィートマンのビジュアル・メソッドへの関心は，身体，アイデンティティ，ファッションや消費に対しての彼のより本質的な関心と並んで徐々に展開してきた。両方の編者にとって，ビジュアルな資料は，データ収集の手段，授業や会議でのプレゼンテーションの戦略として働いてきた。私たちのいずれも，イメージの使用なしには最近の研究を効果的におこなうこと

序　論

図版1　フィリピン人メイド。日曜日の香港中心地区で。

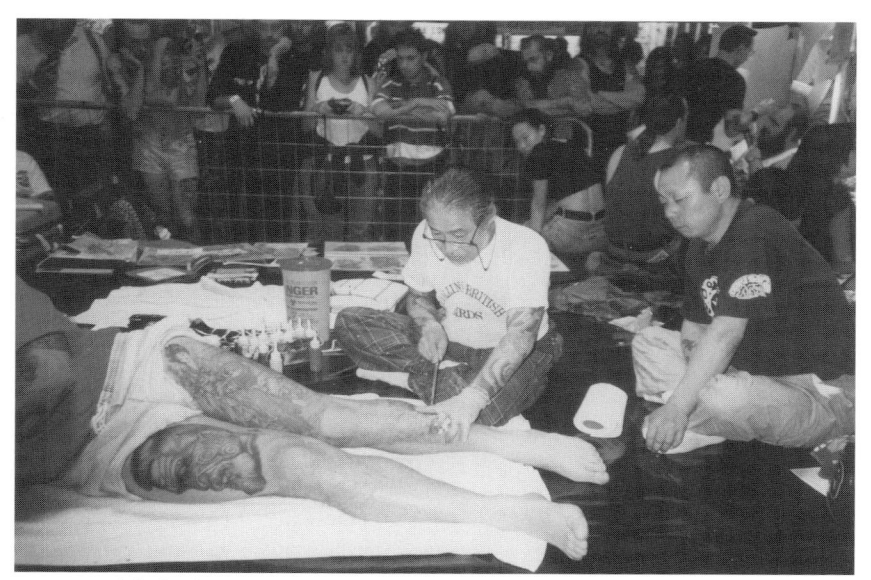

図版2　三代目彫よし(ホリヨシ・サード)。1996年にイングランドのダンステーブルで開催されたタトゥー博覧会で。

はできなかっただろう。

　本書の編者は，多くの寄稿者——バック，バーンとドイル，ヒースとクリーバー，ホリデイ，レイサム，ルーベロールとマウアド——と同様に，ビジュアル・メソッドへの新たな関心を共有する一員である。

　私たちがビジュアル戦略に辿り着いたのは，私たちがおこなっている研究の性質，つまり，そのフレーミングゆえであり，また自分たち自身のビジュアル・リテラシーを発展させることが可能だった，あるいは他のビジュアル・リテラシーを用いることが可能だったためである。他の章の執筆者たち——ハーパー，チャップリン，グラディ，スーシャール，フィンカップ，そしてベッカー——は，ビジュアル調査とその論評の産出に対して持続的な貢献をしてきた。彼らは，訓練を積んだビジュアル調査者であり，これらの技能を社会分析の課題に持ち込んだ。これらの寄稿者は，イメージ作成の技能を携えて，頻繁に社会分析をおこなうようになった。他方，残りの者たちは，反対の方向に向かいがちである。結果として生まれた本書は，持続的な関心と新しい関心の融合によってできている。それは，私たちが出会った中間点（ハーフウェイ・ポイント）の周りでの対話である。

　本書の配列の理論的な根拠は，分析的，方法論的，比較的，経験的であるということである。本書は，社会学，社会政策，カルチュラル・スタディーズや人文地理学の分野で，特定の研究の文脈でビジュアル・メソッドの利用について探究したいと考える学生と研究者のために書かれている。編者と執筆者は，これらや他の学問領域から，あるいは写真術の学派（スクールズ）から選抜されている。ビジュアル戦略は広範な研究者を引きつけているために，本書のような書物は必然的に多領域的（マルチディシプリナリィ）である。本章は，ビジュアル調査に関する基本的な「ハウトゥもの」ではなく，研究のビジュアルな側面を概念化し，他の調査技法とビジュアル・メソッドを組み合わせるためのガイドとなるように意図されている。本書への寄稿者は，これらの戦略が特定の結果を生み出すために他の戦略と協力して働く過程を明らかにするのと同時に，特定の研究の配置においてビジュアル・メソッドが成し得ることを示す。本書は，研究の配置において，規模と

抽象概念の問題を論じる。これらの関心は,分析の最小の単位——個々の人や物——から,最大の単位——グローバル・システム——にまで及んでいる。本書は,ビジュアル・メソッドが抽象的な現象と同様に具象的な現象を,社会関係と同様に人々と場所を調査するのにどのように使われ得るかを示す。最後に,本書はハワード・ベッカーによる論評,ジョン・グラディによる静止画と動画の作成に関する実践的な指示が書かれた論文を収録している。2人とも,ビジュアル調査での豊富な経験を持ち,本書の進展に対して助言し熟考するのにふさわしい立場にいる。

文献

Banks, Marcus (2001) *Visual Methods in Social Research*, London: Sage.
Bateson, Gregory and Mead, Margaret (1942) *Balinese Character: a Photographic Analysis*, New York: New York Academy of Sciences. (=グレゴリー・ベイトソン,マーガレット・ミード/外山昇訳『バリ島人の性格——写真による分析』国文社,2001年)
Becker, Howard (1974) 'Photography and sociology', *Studies in the Anthoropology of Visual Communication* 1(1): 3-26.
―――― (1982) *Exploring Society Photographically*, Chicago: University of Chicago Press.
―――― (1998) 'Visual sociology, documentary photography, and photojournalism: It's (almost) all a matter of context', in Jon Prosser (ed.), *Image-Based Research*, London: Falmer Press.
Berger, John (1977 [1972]) *Ways of Seeing*, London: Penguin. (=ジョン・バージャ/伊藤俊治訳『イメージ——視覚とメディア』PARCO出版,1986年)
Berger, John and Mohr, Jean (1975) *Seventh Man*, London: Penguin.
―――― (1995 [1972]) *Another Way of Telling*, New York: Vintage International.
Bourdieu, Pierre (1990) *Photography: a Middlebrow Art*, London: Polity. (原著の仏語版,1965=ピエール・ブルデュー/山縣熙・山縣直子訳『写真論——その社会的効用』法政大学出版局,1990年)
Chaplin, Elizabeth (1994) *Sociology and Visual Representation*, London: Routledge.
Collier, John and Collier, Malcolm (1986) *Visual Anthropology: Photography as a Research Method*, Albuquerque: University of New Mexico Press.
Crow, Graham (2000) 'Developing sociological arguments through community studies', *International Journal of Research Methodology* 3(3): 173-187.
Emmison, Michael and Smith, Phillip (2000) *Researching the Visual*, London: Sage.
Evans, Jessica and Hall, Stuart (1999) *Visual Culture: the Reader*, London: Sage.
Giddens, Anthony (1987) *Social Theory and Modern Sociology*, London: Polity. (=アンソニー・ギデンズ/藤田弘夫監訳『社会理論と現代社会学』青木書店,1998年)

Goffman, Ervin (1979) *Gender Advertisements*, London: Macmillan.
Hamilton, Peter and Hargreaves, Roger (2001) *The Beautiful and the Damned*, Aldershot: Lund Humphries/National Portrait Gallery.
Harper, Douglas (1982) *Good Company*, Chicago: University of Chicago Press.
────── (1987) *Working Knowledge*, Chicago: University of Chicago Press.
────── (1994) *Cape Breton 1952: the Photographic Vision of Timothy Asch*, Louisville, Ky: IVSA.
────── (1998) 'An argument for visual sociology', in Jon Prosser (ed.), *Image-Based Research*, London: Falmer Press.
Jenks, Chris (1995) 'The centrality of the eye in western culture: an introduction', in Chris Jenks (ed.), *Visual Culture*, London: Routledge.
Knowles, Caroline (2000) *Bedlam on the Streets*, London: Routledge.
Law, John and Whittaker, John (1988) 'On the art of representation: notes on the politics of visualization', in G. Fyfe and J. Law (eds.), *Picturing Power*, London: Routledge.
Mellor, Phillip and Shilling, Chris (1997) *Reforming the Body: Religion, Community and Modernity*, London: Sage.
Mills, C. Wright (1970) *The Sociological Imagination*, Harmondsworth: Penguin. (=ライト・ミルズ/鈴木広訳『社会学的想像力』紀伊國屋書店, 1965年)
Mirzoeff, Nicholas (1999) *An Introduction to Visual Culture*, London: Routledge.
Pahl, Ray (1984) *Divisions of Labour*, Oxford: Basil Blackwell.
Payne, Geoff (1996) 'Imagining the community: Some reflections on the community study as a method', in Stina Lyon and Joan Busfield (eds.), *Methodological Imaginations*, London: Macmillan.
Pink, Sarah (2001) *Doing Visual Ethnography*, London: Sage.
Prosser, Jon (1998) *Image-Based Research*, London: Falmer Press.
Sweetman, Paul (1999a) 'Anchoring the (postmodern) self? Body modification, fashion and identity', *Body & Society* 5(2-3): 51-76.
────── (1999b) 'Only skin deep? Tattooing, piercing and the transgressive body', in M. Aaron (ed.), *The Body's Perilous Pleasures: Dangerous Desires and Contemporary Culture*, Edinburgh: Edinburgh University Press.
────── (1999c) 'Marked bodies, oppositional identities? Tattooing, piercing and the ambiguity of resistance', in S. Roseneil and J. Seymour (eds.), *Practising Identities: Power and Resistance*, Basingstoke: Macmillan.
Tagg, John (1988) *The Burden of Representation: Essays on Photographies and Histories*, Amherst: University of Massachusetts Press.
Warburton, Terry (1998) 'Cartoons and teachers: mediated visual images as data', in Jon Prosser (ed.), *Image-Based Research*, London: Falmer Press.
Williamson, Bill (1982) *Class, Culture and Community: a Biographical Study of Social Change in Mining*, London: Routledge and Kegan Paul.

目に見える証拠と取り組む
―― 招待といくつかの実践的なアドバイス

ジョン・グラディ

イントロダクション

　ビジュアル社会科学――人間の意図や行為についてのイメージや，他の種類の目に見える証拠(ヴィジブル・エヴィデンス)を用いて論ずる――が，社会と文化の研究に貢献できる理由は少なくとも5つある。第1に，ビジュアル・メディアとそのメッセージは，現代社会のマス・コミュニケーションを支配するようになった。従って，これらのメッセージが作られ，それらが何をエンコードし，どのように消費されるかは，データの性質を拡げ，社会科学者が通常掘り起こす情報を豊かに捕捉する〈訳者補注：メッセージの生産―流通―消費に関してスチュアート・ホールが展開したエンコーディング／デコーディング論が想起される。エンコーディング（コード化）は，送り手がそのメッセージにある意味を込めて編集・加工することを，デコーディング（脱コード化）は，受け手がそのメッセージをその人／属する社会層の文化的背景に応じて解読することをいう〉。

　第2に，イメージは，回復可能な，複雑で多層的な意味を補完する唯一のデータ形態である。一方で，イメージは明白に客観的である。見たものはカメラがとらえたものであり，従って，他のすべてが同等であれば，イメージはいつかある時点で起きたものの物理的な記録である[1]。他方で，非還元的で主観的である。イメージは，例外なく特定の瞬間にカメラを持つ者，あるいは向ける者の注意の焦点を反映する。イメージはまた，そのイメージに描かれる者の重要な経験の側面をとらえる。従って，イメージは，通例，とてつもなく客観的な形態において複雑で主観的な過程を表象するので，注意深い解釈を必要とす

る。イメージに基礎を置いた調査は，社会科学者に，データを操作し解釈する技法に対してだけではなく，様々な種類のデータの説明的な可能性に対しても入念に注意を払うように促す。

　第3に，イメージについて考えたり書いたり話したりすることは，議論をより活発にするだけでなく，それ自体をより明快にすることが可能となる。量的な社会科学者は長い間，資料を編成する最も明らかな方法は，表や図を順番に並べ，次にそれぞれが何を説明するのかの解釈を，1番から始まって最後で終わるように書くことだと理解していた。同じロジックは，地図，写真やフィルム・クリップにも適応される。

　第4に，ドキュメンタリー制作——それが静止画像であろうと動画であろうと——は，社会科学者によって彼らの目的に合わせて容易に修正され得るコミュニケーションの手段である。社会学者は，彼らが没頭している厳密なナラティブを生み出すために，例えば，エスノグラフィック映画監督やドキュメンタリー写真家と結びついた。また，ダグラス・ハーパーが『変化する労働——失われた農業の幻影』(Harper 2000) で上手に示しているように，より慣習的に編成された報告書は，様々なイメージを議論に組み込むことで豊かになり得る。

　最後に，イメージに取り組むことは，教室で社会的・文化的過程と論点を教えることに適している。イメージは，対話型の環境下で，公に展示され集合的に解釈されることを可能とする。この意味で，イメージ・ワークは教師に講義と議論の流儀を越えさせ，教室を実験室か作業場のようなものへと変えさせることができる。それは，教育の形を，学生の社会・文化的な概念と分析に対する理解を十分に確立するように促す。加えて，多分より重要なことに，教室のプロジェクトは，目に見える証拠を扱う技能を磨きたいと考える社会科学者に実地訓練を施すことになる。よく練られたプロジェクトは，学生に有益な学習の経験を与えるだけでなく，学部にとって価値のある調査プログラムを供給する可能性がある。

　過去10年間，より多くのビジュアル社会科学への関心が確固として伸張してきた。であるにもかかわらず，多くの慣習的に訓練された社会科学者は，イ

メージをデータとして取り扱うことに慎重である。皮肉なことに，彼らは現代のマス・コミュニケーションの技術的に洗練された製品に精通しているために，ビジュアル的に利用自在になることへの自信を衰えさせているのかもしれない。この懸念が2つの避けられない事実に基づいていることは言うまでもない。第1に，イメージに取り組むことは，持続された注意を必要とするということである。カメラは，意味を生み出すためには，的確なものに向けられ，的確な時にシャッターを押さなければならない。他方で，他者のイメージを解釈するには，古代の研究者によって実践されていることと大して変わらない厳格さが求められる。第2に，イメージ・ワークは集約的な技術であり，うまくいかない可能性のあるものは繰り返しうまくいかない傾向があるということである。しかしながら，これらの類の困難は克服できないことではない。事実，本章では，慣習的な社会科学のトレーニングは，イメージに基礎を置いた調査へと転換可能(トランスファーラブル)であるだけでなく，その調査の不可欠な構成要素(イセンシャル・コンポウネント)でもあることを論じる。イメージ・ワークが練習によって上達する手仕事であることを理解すれば，より多くの社会科学者が，イメージを含む論文を自身の研究レパートリーの中に入れる気になるだろう。

社会科学とイメージ・ワーク

　ビジュアル調査と分析の関心の中心にあるのは，「イメージ」である。それは，いかに加工されようとも，人間的な意義があるものの画像(ピクチャァ)に過ぎない。一般的に，ほとんどのイメージは，イメージを生み出す人の心的風景において，ひと，もの，場所，あるいは出来事を表象する。従って，その他のいかなるものは何であろうと——イデオロギー，個人的な供述，事故でさえ——，イメージは常に何らかの目的のためのデータを構成することが可能である。

　すべてのイメージには複雑な歴史がある。誰か，あるグループないし社会ネットワークは，異なる目的のために様々な状況の下で既知の技術を用いてそれらを生産する。加えて，イメージは，まったく異なる関心や期待を抱く他のグループの人々によって，しばしば消費される。原則として，特定のイメージが

どのように作られ使われてきたかをより多く学ぶことができればできるほど，イメージが維持し得る多くの意味に対する私たちの理解はより豊かになる。その結果，イメージは，産出と解釈において，サーベイやインタビュー，エスノグラフィックな観察，公文書の記録と同じような注意を求めるデータの形態となる。そのため，ビジュアルの初心者にとっては，他の種類の社会的・文化的データを産出し解釈するのに使われる技能と技法（スキルズ）（テクニークス）が，イメージの研究に移すことが可能であり義務でもあるということを理解することが重要である。どんなイメージが作られ，使われたかを一度知れば，私たちはそれがどんなデータになり得るのかを明確にすることができる。その時点で，私たちは，いつもデータを用いて抽出し，数え，そして比較することを開始できるようになる。もちろん，イメージ自体から引き出し得るいかなる情報においても，技法を修正する準備ができた上でであるが。

　画像には価値がある。なぜなら，1つの表象に莫大な量の情報をエンコードするからである。この情報は，文脈上，空間と時間の中で平面上に枠組みされる。そのため，すべての情報が，お互いの組合せ（コンビネイション）の中でより多くの情報を生み出す相乗作用の効果（シナジスティック・イフェクト）を作り出す。イメージの有形な特性（マテリアル・プロパティーズ）の必然的な副産物として，写真は，多くの意味を含み多様な解釈を保持することができる。ある意味で，イメージはそれらに意味を吹き込むことを私たちに要求するのである。

　不幸なことに，イメージはあまりに完全に私たちの注意をひきつけるため，研究者はしばしばそれらを説明に役立つ目的でのみ使う。つまり，プレゼンテーションを生き生きとさせようとすることである。他方，教師は，その他の方法では理性的に維持できない主張を強化するために，印象的なイメージを提示する。あまり知られていないのは，別の方法で提供すべきかもしれないものを見過ごしている間に，1つの文脈（著者の修辞上の意図）において，意味を確立するためにイメージを使うことによって，調査プログラムが傷つけられるということである。この方法で使われるイメージは，マーカーペンとして機能し，議論において分析者が強調したいポイントを鮮やかに強める。しかし，マー

カーペンと同様，イメージのこうした使用は，照らされていないテクストの箇所を焦点の外へと追いやってしまう。

そうであれば，ある主張を説明するためだけにイメージに頼ることは問題になり得る。なぜなら，それはイメージにデータとしての重要な役割を与えているもの自体の評価を下げるからである。そのもの自体とは，枠組みの中に表象される様々な要素の間に存在する関係の同時性(サイマルタニーエティ)である。私たちをひきつける力を最終的に説明するのは，イメージに含まれる情報であることは確かだ。そして，その力への感情的な反応はおそらくやむにやまれぬものではあるが，それは何が情報を有意味なものにするのかを認定(アイデンティファイング)することの，せいぜい，不確かな道案内であるにすぎない。

図版1は，アメリカの郊外の生活での儀礼的な出来事(セレモニアル・オケイジョン)を描写している。近隣住人とのバーベキューである。テーブルが設置され，グリル網が焼かれ，ぶらんこセットが裏庭から持ち込まれ，そして居住区の行き止まりのところで人々が小グループで社交的に活動している。この社会的な行事へのフォーカスは，郊外コミュニティの公的生活に関する議論において考慮されるべきデータを提供する。このような議論は，間違いなく写真家の注目を引いたものを反映し，議論を写真の前景に描かれているものに限定させる。従って，私たちが目撃しているドラマの演出された舞台を提供する物質的な基盤(マテリアル・インフラストラクチャ)が考慮されることはないだろう。であるにもかかわらず，住宅の蓄積，自動車と車庫，歩道に歩行者用の信号がないことの特質や質を考慮することは，近所付き合いの社交性(ネイバフド・ソウシャビリティ)の研究においては必要ないとしても，訓練された社会科学者はこれらのことすべてに気づかなければならない。イメージのこれらの要素は，例えば，郊外のバーベキュー(サバーバン・バァベキューズ)と都市街区のパーティーや祝祭(アーバン・ブロック・パァティズ・アンド・フェスティヴァルズ)との比較において役に立つ変数となるかもしれないからである。

面接者の転写録(インタヴューアーズ・トランスクリプト)やエスノグラフィックなフィールドノートのように，写真は注意が払われたものの記録である。しかし，写真は無関係な資料も含む。そしてそれは，その世界がより研究されるにつれて，より無関係なものではないと分かることもある。イメージに私たちが考えている以上の情報がどのくら

図版1

い埋め込まれているかの劇的な例は，図版1と図版2の対照によって明らかになる。

　学生は，図版1で見たものの目録を作った時，写真の前景に見える人々や物のリストを作った。しかし，図版2では，彼らは最初に地平線と様々なものによって作られた影を発見した。それらは，図版1を見た時には彼らが言及しなかったものである。別言すれば，ギブソン（Gibson 1979）が「包囲光配列」の生態学的な特性と呼ぶもの〈訳者補注：動物は観察点＝目に収斂する包囲光の配列に含まれる視覚情報によって行動可能性を知覚する，とするギブソンの環境と動物との相補性に基づく「生態学的視覚論」を指している〉，あるいはビジュアルに経験された世界に彼らは気づいたのである。大部分は形，骨組み，反射された光の異なる度合いである。この情報は，もちろん，最初からイメージの中にあった。しかし，それはあまりに当たり前のものとして捉えられていたため，私たちが逆

図版2

回転したイメージを展示した時に初めてはっきり分かるようになった。
　イメージは，教室や商業的ジャーナリズムでは視聴覚教材(オーディオゥ・ヴィジュアル・エイド)を使っての伝統的(トラディショナル・マナァ)なやり方で展示されるので，かなりの学者たちには懐疑の目で見られたが，おそらくそれは当然のことであろう。単なるイラストは複雑な主体を単純化し，出来事や論争点を平凡化し，分析的思考の運動を排除する認識の受動性を誘発する。しかしながら，データとして見れば，イメージは，特に他の源泉からのデータと協同(コンジャンクション)して，分析を促進する資料を提供し，もちろん，データを通して働くテクストを提供する。であるから，よりよいビジュアル社会科学者になるための最初の，そして最も重要なステップは，イメージはデータであり，調査と教室の両方においてデータとして常に認識されるべきであることに気づくことである。
　慣習的な社会科学はまた，ビジュアル資料をデータとして使うための有益な

手本を供給する技法と経験の宝庫を有している。これらには，調査の問いを定義すること，変数を操作化すること，効果的な方法論と見識を供給する方法を発展させることが含まれる。

問いを定義する

　大学年鑑のページをめくって，平凡であり多産的でもあるイメージを見ていることを，ぼんやりと想像してみよう。これらには，卒業生のクラスの各メンバーの写真や，様々な種類の公式に定義された行事，それに，大抵は学生の余暇時間の活動にフォーカスした「包み隠しのない(キャンディド)」スナップが含まれている。これらの多くのスナップの中に，何が提示されているのか考えてみよう。どのように卒業生が表象されているのか，接写なのか全身写真なのか，不特定の一般的な背景で撮られているのか，キャンパスの周りのどこかでポーズをとっているのか。彼らは笑っているのか，笑っていないのか。どのような種類の行事が展示されているのか。誰がスナップに写っているのか，彼らは何をしているのか。どのように，また何によって学生の教室が装飾されているのか。どのようにそれらの教室を学生が使っているように示されているのか等々。

　実際に，大学年鑑は，複雑な，すでに装丁された，社会世界の理想化された表象である。それは，注意深く調べれば，本を編集した人が何に価値を置いているのかを明らかにする。加えて，年鑑はその世界の道徳規範のカタログでもある。例えば，学生が腕時計をつけている，ある特定のヘアスタイルをしている，特定のスタイルに身を包んでいる，教室に異性のメンバーがいる，あるいはいない。彼らは，ある特定のものを自分たちの壁や机に飾っているかもしれないが，それ以外のものは飾っていないかもしれない。

　従って，社会科学者にとって，大学のカタログのような日常的なものの中にあるビジュアル・イメージは無数の問いを引き出し得るのである（図版3）。これらのうちのあるものは比較的，歴史的であるかもしれない。他のものは，イメージの中で目に見える例外的なものによって示されるのかもしれない。なぜ，ある学生たちは他の学生たちとは違うように部屋を飾るのだろうか。それは彼

らが，上級生ではなく新入生だからだろうか。

　しかし，なぜ私たちは関心を持つのか？　なぜなら社会科学者として，私たちはライフ・サイクルやアイデンティティ形成，職業文化，ジェンダー関係の質，象徴的な形態の体験的意義のようなものに関心を寄せているからだ。種子のカタログのうちにさえ，私たちが日常的に抱くある種の問いと共に，私たちは，魅力的で，有用で，重要な情報を見つけることができなければならない。どのくらいの情報が，人々と彼らの生産物に満ちた社会世界のビジュアルな表象から引き出され，生産され得るのかを想像してみよう。言い換えれば，ウィリアム・ホワイト（Whyte 1988）が都市風景に関する様々な研究の中でしばしば証明したように，観察が答えをもたらすかもしれない問いは，ほとんどどんなものでもビジュアル・イメージから引き出される（図版4）。

変数を操作化する

　すべての問いは，1つのものと他のものとの関係の性質についての仮説ないし疑念を含意している。すべての答えは，その関係がどのようなものであり得るかを，私たちに教える物語である。

　社会科学者は，ほとんどの人間のナラティブが損失と利益にかかわるものであることや，ある特定の要因が，別の結果ではなくある1つの結果を人々が経験する可能性に影響することにほとんど驚かない。ジェンダー，人種，階級，年齢，大きさ，強さ，美しさ，出産順位，集団結合〔グループ・コウヒージョン〕などはすべて，私たちが行動を解釈し社会組織を説明する際の両方に用いる変数である。社会的距離は測ることができ，服従〔デファレンス〕の規範は認定することができ，配置〔セッティングス〕は分類することができ，そしてこれらのすべては，他のものに対立する間違いなくもっと多くのものとの相互関係を示すことができる。

　社会科学の知識が，私たちが見たり生産したりするイメージについてどれだけ明らかにできるかは驚くにあたらない。熟練した面接者は，ジャーナリストや映画監督が見落としてしまうかもしれない撮影されたインタビューの中に，意味の層〔レイアズ・オブ・ミーニング〕を発見することがしばしばある。さらに重要なことは，発見さ

図版3

れたものはしばしば，探究されるべき他の要因や論点を提起するということである。

　社会科学者がビジュアルな画像(イミジリィ)を用いてできることの最も洞察に満ちた例は，アーヴィング・ゴッフマンの『ジェンダー広告』(Goffman 1979) に示されている。この本は，広告研究に対する社会科学者の最も重要な貢献であり，ジェンダー期待は，私たちが自身の身体でどのように生活するかを形づくる方法の洞察力鋭い例である。ゴッフマンは，広告は，日常的に撮る写真と同様に行為を「理想化する(アイディアライズ)」と論じる。人々がこれらの理想を日常生活にどのくらい近く接近させるのかは定かではないが，彼らは確かにそうしたがるのである。そのため，これらの姿勢が誇張されているという事実は，私たちがおこなうことと無関係であることを意味しない。というより，それらは手本や原型(マドルズ プロトタイプス)として，また私たちがそうなろうとするもののために機能する。この文脈において，

目に見える証拠と取り組む

図版4

　ゴッフマンは，彼が「フェミニン・タッチ」と呼ぶものの重要性を指摘する。それは，決定的な行動を取れないことを強調するように手を挙げる女性を描く傾向のことを指す。加えてゴッフマンは，女性が，彼女たちが描写される場面において，意識的に行為とかかわっていないことを示すような仕方で表示される傾向があることを指摘した。彼は，この変数を「許可された引き下がり（ライセンスド・ウィズドローアル）」と名づけ，女性たちが，保護してくれる男性によって与えられている贅沢な特権であると論じた。男性が，ずっと機敏に行為に移す準備ができているように見せることは言うまでもない。私が『ジェンダー広告』についてかなり長めに論じてきたのは，ゴッフマンが，優れた社会科学者はビジュアル・イメージのうちに何を発見できるかの手本だからである。

方法論

　もし調査に対する社会科学的なアプローチを特徴づけるものがあるとすれば，それは方法論，すなわち，信頼可能で有効な情報を集めるための工夫された方法，への注意であった。最も単純に言えば，調査法は3段階の過程として思い描かれるべきだ。つまり，意味の領域（ユニヴァース・オブ・ミーニング）を定義し，その領域を抽出し（サンプリング），データをコード化（コウディング）することである。

　あなた，ないしあなたの学生は，ゴッフマンが『ジェンダー広告』で発見し

たジェンダー表象の規則は歴史的に限定的なものなのだろうか，と思うかもしれない。ことによると，これらの規則は彼の本が出版されてから20年のうちに変わってしまったのだろうか。ひょっとして，男性たちと女性たちは遠い過去において異なるように飾られていただろうか。いずれもテスト可能な命題である。最初のステップは，審査される舞台の種類を定義することである。雑誌だろうか。もしそうなら，どんな種類の？　主婦向けの雑誌？　若い女性向けの雑誌？　ハイ・ファッションの雑誌？　『ライフ』や『ルック』のような大量部数発行のファミリー雑誌？　様々な種類の男性誌？　ひょっとすると，新聞，イラスト本，カタログ，あるいはポスターの方がより適切だろうか。このケースで，適切な意味世界を定義することの決定的な問題は，これらの舞台が利用するのはどんな市場であるかを決定することであろう。特定の調査必須事項がない場合，最も広く流通しているこれらの代表的な雑誌は，普通そうするだろう。

　第2のステップは，選択された雑誌に載っているイメージの代表的な標本(リプレゼンタティヴ)を抜き出すことである。これをする最も簡単な方法は，パラメーターを設定することである。10年間隔で選択された1年のうちの1冊，2冊ないしは3冊の特定の号から抜き出された30，40，あるいは10のイメージは，1世紀では1つの雑誌をカバーする300のイメージの標本を提供する。特定の号のイメージの無作為抽出(ランダム・サンプリング)は，一定の大きさのもの——より大きなイメージは主題の装飾によって広い紙面を提供する——や，あるいは，あなたの仮説によって要求される他の明細事項に制限することも可能である。ある号において許容できるイメージの全数を数えた後は，単に標本でイメージを選択するのに適切な技法を使えるかどうかの問題になる。

　ハワード・ベッカーが『仕事の要領(トリックス・オブ・ザ・トレイド)』(Becker 1998：85-88)で巧みに示したように，もちろん，標本抽出(サンプリング)は事例研究においても重要である。ある出来事に関するドキュメンタリーのためにビデオに撮影されたインタビューは，その出来事にかかわるすべての主要な社会的役割を包含しなければならない。すなわち，ストライキ中の労働組合のリーダーや経営者だけではなく，一般社員，

組合員以外の構成員，職長や広範なコミュニティも含まれなければならないのだ。撮影台本(シューティング・スクリプト)の概念は，ロバート・リンドの協力の下にロイ・ストライカーによって世界大恐慌の時代に農業安定局の写真家のためのガイドとして初めて開発されたものであったが，一種の抽出手順をも構成している。それは，フォーカスとして選ばれたものが何であれ，その背景を設定するために写真家が撮る際に必要とする基本撮影の一覧表として有用であった (Suchar 1997：36)。

　3番目の方法論的なステップは，データをコード化することである。抽出過程に先だってコード化用紙を作成しておくのが賢明である。調査の過程でカテゴリーを加えたり変更したりすることができる。ゴッフマンは，ジェンダー表象のコード化の規則の中でどんなことを考慮すべきかについて，いくつかの明確なアドバイスを読者に提供している。にもかかわらず，彼はジェンダーの問題に関心を持つ学生にとって重要であるかもしれないその他のことについては，ほとんど語っていない。例えば，男性や女性が描かれている活動の種類の変異，彼らが占有している配置，彼らが「エロチック」か否かといったことである。コード化のイメージで鍵になるのは，イメージ中のある要素の存在ないし不在がまさに何を示すかを突き止めることである。髪の毛や衣服の縁の長さは，ある調査では重要な変数であるかもしれないが，他の調査ではそうではないかもしれない。どんな調査プロジェクトでも，その強みは，コード化されたものの重要性と実際のコード化がどの程度うまく複製されているかにかかっているのだ。

　例えばもし，ほとんどの現代フェミニストの批判が示唆するように，女性イメージがますますエロチック化しているという心配があるならば，「裸であること」はエロチックなものの良い指標であるはずである。しかし，何が「裸であること」を構成するのだろうか。現代の西洋文化においては，私たちは，第1次と第2次性徴のどれも，衣服を脱いだ表示から始めなければならない。これらには，生殖器，お尻や胸が含まれる。だが，次のような女性の写真の場合はどうだろうか。上半身に衣服をまとっていないが，胸が見えないようにカメラから離れて顔を向ける場合である。私は，これは「ヌード」写真であると論

じよう。なぜなら，私たちは反対側に何があるかを容易に想像することができるからだ。従って，「裸であること」をコード化する際の私の基準は，*衣服に覆われた第1次ないし第2次性徴の証拠*は含まないことになるだろう。このコード化の指示は議論の余地があるかもしれないが，容易に反復できるものである。

洞察を提供する

社会科学の訓練はまた，イメージを解釈するための豊かな資源を提供する。社会理論と文化理論の歴史は洞察の宝庫であるだけでなく，私たちが高く評価し学生の内面に育成する精神の性質は，最も単純に言って，洞察に対して準備ができている機敏な自覚なのである。エヴェレット・ヒューズが言ったように，

> 社会学的想像力の真髄は，無意識になるほどには内面化されていない理論構成の枠組によって導かれるが，妨げられはしない，自由連想(フリー・アソシエイション)である。それは，ある者の夢の中でさえ働くが，自由自在に呼び起こされ得るところにあるにちがいない。人々が私の仕事について洞察を示していると言う時，実際よくそう言われるのだが，古い概念，あるいは新しい概念の新しい組み合わせを発見するのに，観察の鋭さと車輪の回転〈つまり，幸運〉によって，どんな品質でも生じ得たということ以外に，彼らが意味していることを考えることはできない (Hughes 1971: iv)。

社会科学者は一般に，基本型(パターンズ)，過程(プロセスィーズ)，構造(ストラクチャーズ)を，「見(シィー)」，「観察し(オブザーヴ)」，「照らし(イルミネイト)」，「眺め(ヴュー)」，「表示し(ディスプレイ)」，「焙り出す(アンカヴァ)」。視力(サイト)が，他のいかなる感覚以上に，知覚する物事をその環境の文脈の中にのせる。視力は従って，分析が命題に対しておこなおうとするのと同様に，対象を位置づける。それゆえ，イメージが洞察をもたらすことは驚くべきことではない。なぜある人々は近づき合うのに，他の人々は離れるのだろうか。なぜある人々は笑っているのに，他の人々はそうではないのだろうか。フレームの中の人々はどのようにかかわっているのだ

ろうか。彼らは写真に撮られた出来事の中でどのような役割を担っているのだろうか。訓練された社会科学者は，イメージの中で起こっていることを説明するかもしれないアイディアがあふれ出ることを，彼ら自身，見出すだろう。

　また，社会的・文化的な概念を念頭に置いて，イメージを明示的に創作したり究明したりすることも可能である。例えば，人種的・民族的な遷移(トランジション)地域は，しばしば異なるグループ間の衝突の発火点になる。しかし一方で，面接者がしばしば発見することであるが，これらの地域の人々は，インタビューの中で関係性の積極的な側面を力説したり，礼儀正しさや隣人づきあいの実例を強調したりすることがある。様々な写真による調査の方法は，その状況のより豊かでより複雑な全体像を提供するかもしれない。1つのアプローチの仕方は，特定の公共空間の写真を，意味のある時間の間隔を置いて撮ることである。公道，公園やコーヒー・ショップは，すべて人々が日常生活を送る空間であり，当然のことながら，他の人々と何かを一緒にする場所である。写真は，他の人々とは誰なのかを明らかにし，またその交流の性質の一端を明らかにするはずである。別のアプローチは，歩道，囲い地，戸口，窓といった，近隣にある様々な類の往来や接続地点(アクセス・ポインツ)の写真を撮ることである。彼らは部外者を招いているのか，あるいは近寄るなと警告しているのか。フェンス，鍵，「たむろ禁止，警察が見回り中」の標識，「近隣犯罪警戒中」のステッカーや窓の格子はすべて社会統制の措置であり，それらの存在は，他のより安定的もしくは均質的な地域と比較することが可能である。写真はそれ自体でデータになるばかりでなく，インタビューと併せて用いて，そうしなければ容易に語ろうとしないその近隣についての証言を居住者から誘い出すこともできる。

　ヒューズは上記の引用に続けてこう言っている。「私は，読書さえ自由連想によっておこなっていると思う。『ジンメル，デュルケーム，ウェーバー，ミード，マーシャル，あるいは誰かがこの点について何か言っていなかっただろうか』。私は読書を索引から始めることが多い」(Hughes 1971：vi)。

　ビジュアル社会科学者は，同じことをイメージに関しておこなうのである。写真の中の何かが，あるいは通りがかりに見て写真に撮り得る何かが，アイデ

ィアや理論に関連あるヒントを示すであろう。洞察が生まれるのはまさにこのような瞬間であり，十分成熟した解釈と調査戦略が形成されるのはまさにそのような洞察からである。

　また，洞察を求めて，他の種類のビジュアル・ナラティブ〈訳者補注：ビジュアル資料(マテリアル)を用いて構成された語り／物語〉が採掘され得ることは注目に値する。シーダ・スコッチポルは，次のように語っている。

　　私は，ヘルス・リフォーム論争の間に私が集めた何百もの風刺漫画から多くを学んだ。……人々を笑わせるために，漫画家は社会事実を把握し，政治的な皮肉を的確に指摘しなければならない。だから漫画は，今起きている事件のより深い意味を理解し，それについて生き生きと(ヴィヴィッドリィ)書こうとする研究者にとって非常にすぐれた源泉になる（Skocpol 1997: xiv）。

　スコッチポルが指摘した点は，全般的に大衆文化(ポピュラァ・カルチャァ)と，特に，普及しつつあるビジュアルな制作物へと拡げることができる。

　日常のテレビ番組，映画，漫画，商業広告やそれらの類似物は，心配か困惑しているかもしれず，豊かにか陳腐に表現されているかもしれない現代社会に対して，熟慮(メディテイションズ)を促す。しかしながら，すべてのケースにおいて，大衆文化は広く行きわたった何らかの関心事(プリーオキュベイションズ)に焦点を当てる。これらの関心事は，様々な複雑度のドラマを通して心配され，そのドラマの中で，状況は単なる役割モデルではなく，多元的な登場人物を代表する架空の存在によって解決される。明確なメッセージが，大衆文化の中で語られる物語から抽出され，確かにメッセージはしばしばそれらの中に挿入されている。しかし，本当の意味においては，大衆文化の産出物をそれほど魅惑的なものにするのは，主人公が取り組む状況であり，これらの状況がどのように解決されるかによって引き起こされる倫理的な問題なのである。

ビジュアルに精通するとは手仕事を学ぶこと

　最初のビジュアル社会科学者の多くは，小部屋に閉じこもる写真家だった。彼らは，写真それ自体が表象するものと同様に，写真を作り出す手仕事が大好きだった。しかしながら，写真家でない人たちにとっては，優れた，あるいはより適切なイメージを作ることの技術的な挑戦は，さらなるビジュアル社会科学の展開のための最大の障害となる。近年，使いやすい技術がますます発達しているので，あらゆる点でこの障害は取り除かれた。であるにもかかわらず，これらの新しい技術は全自動であるとしても，イメージを扱うことは未だ手仕事であり，善き仕事慣行の制度の規則の多くが全面的に当てはまることを頭に入れておくことは非常に重要である。この制限を越えて，イメージを産出し分析する方法を学ぶための技能を発達させ得る3つの重要な実践事項がある。つまり，順序を踏むこと，イメージを生み出すこと，これらのイメージを他の人の仕事と比較し対照することである。初心者をガイドするであろう最も重要な経験則のアドバイスは以下の通りである。

道具への敬意とケア

　これらには，カメラ，ポータブル・ビデオカメラ，スキャナー，コンピュータ・ソフト，現像液，フィルムとビデオのストック，コンピュータ，プリンター，（スライドないしデジタルの）プロジェクターなどが含まれる。この機材は，ちゃんと働くか働かないのかのどちらかで，通常それはどのようによくケアされ，どのように正しく使われるかに依存する。適切なメンテナンス，よい持ち運び用のケース，その他の多くの細かいことは，すべてなくてはならない留意事項であり，オフィスないし自宅に，そしていつも心の中に，場所を必要とする。

　この規則の1つの原理は，常に機材がすべてそこにあり正常に動いているかを確認するため，機材をチェックすることである。チェック・リストはいつも役に立つ。代替機材も同様である。十分なバッテリーとフィルムを持っているかは常に留意事項である。この規則は，イメージを表示するための機材にも当

てはまる。スライドやビデオ・クリップを見せる講義を準備していて，プロジェクターやモニターが動かないことがわかることほど，当惑し，その上，信用を失うことはない。

一度に1ステップ

　すべての手仕事の過程には論理(ロジック)と周期性(リズム)があり，一連の段階を必要とする。主要な段階が何であるのかを知ってから，計画的にそれらを実行に移せば，ほとんどの失敗を最小化できる。例えば，写真を撮る許可を得る前に，カメラにフィルムを入れておきなさい。研究者が機材をいじっている間，人々は突っ立って待つのをよしとしない。機材の準備を済ませていなければ，惨事を招くことにもなる。なぜなら，調査者の注意が，写真撮影の機会の分析的な複雑性よりも技術的な細目に引かれてしまうからだ。これらの段階が予測され，順番通りに実行されればされるほど，その過程はより簡単になる。もしもこの規則に直接的な推論(コーラレリ)があるならば，それは以下のことだ。つまり，十二分な時間を与えなさい。ここでの有益な経験則(ア・ユースフル・ルール・オブ・タン)は，ある過程を完了するために必要な時間をかなり控えめに見積もり，その後それを2倍することである。

　しかしながら，一度に1つのステップをおこなうことの最も重要な理由は，各ステップは機械的な連続の単なる一部ではなく，重要な選択をおこなう時点である場合もかなり頻繁にあるからだ。使用するフィルムの種類，インタビュー予定地の決定(ロケイション)，作られる場面設定シーン(エスタブリッシング・ショット)の型は，最終的な創作物に重要な影響を与える。

すべては試行錯誤(トライアル・アンド・エラー)によって進行する

　最も単純な課題にさえ失敗する覚悟をしておきなさい。対象が，背後からまぶしい太陽に照らされているため，ほとんどシルエットになっていることに気がつかなければ，フィルムを1本全部と撮影機会とを台無しにしてしまう。そういうことが起きるのだ。だから新しい機材の練習をし，撮影のために十分な時間を用意することが重要である。にもかかわらず，特別な機械操作が重要で

あればあるほど，撮影の細部にいっそうの注意を向けることが必要である。
　しかし，社会科学者として，私たちはこの経験則に慣れ親しんでいなければならない。それは，調査の予備テストがおこなわれなければならないという指令と何ら変わりはない。撮影を練習し，その後，その結果を注意深く見ることは，欠点を発見するための重要な方法である。例えば，もし授業で学生の作品を展示するなら，技術的にどの程度上手に内容が実現されつつあるかを「批評(クリティーク)」することを，必ず討議の一部に含めなければならない。ある学生たちの作品を力強いものにするのは何であるかを特定し，彼らが何をしたかを彼らに語らせることは，教室の他の学生のパフォーマンスの向上を助ける最も良い方法の1つである。調査グループにも同様な実践をすべきである。

シンプルに始めよう

　多くのフィルムを撮ることについて語られることはたくさんあるが，プロジェクトの実質的な目的から気をそらさないなら，ただそうしなさい。原則として，1枚の完璧な写真，あるいは100枚のせっかちな写真よりも，おそらく10枚の優れた写真を目指すほうがよい。重要なことは，撮影台本にある少なくとも何枚かの写真を撮るために，十分な時間をとることである。公的なプレゼンテーションでも，あまりに多くのイメージを示すよりも，少数の優れたイメージを提示するほうがよい場合がしばしばある。
　現代の表象に関する技術——カメラ，スキャナー，データベース，ディスプレー装置，それに類するもの——の使い方を学ぶには，1歩1歩順序を踏んでおこなうのがベストである。これらの技術のほとんどは，きわめて分かりやすく有益な説明書がついている。加えて，多くのビジュアル社会科学者たちが，表象の目的に関して本書よりも長く詳細に論じている（Barbash & Taylor 1997; Grady 2001; Rieger 1996)。進行のための最も有益な方法の1つは，小規模の，そしてよく管理されたプロジェクトを行い，それを成功させるために必要な技術を学ぶことであると言えば十分だろう。これは，クラスで特定のイメージを見せようとするのと同じくらい単純であるかもしれない。特定のイメージを撮

り，それをスキャンし，そしてクラスで見せるのを学ぶことは1日もかからない仕事であり，プロの手助けがあればさらに短時間でおこなうことができる。一度やり遂げて完成に至れば，小さなスライド・ショーを作るには大した技術的な骨折りは必要としないだろう。

　ビジュアル社会科学への関心が，他の人によって作られたイメージの分析に限定されている人たちも，やはり定期的に自分自身でイメージを作り出すべきである。このような経験が重要であることには3つの理由がある。第1に，写真撮影の経験は，媒体の限界が何であるのかを理解する基礎を提供し，他者の作品が成し遂げたものに敬意を払うことの基礎になるからである。意図的で焦点が合った方法で撮影の練習をすることは，イメージの生産物の中に含めるべきものの選択に関する意識を深める。第2に，イメージを作り出せば，写真家は「目」が鍛えられ洗練され，他者のプリント中により多くのものが見えるようになる。第3に，単純なエクササイズでさえ，他の人が作り出したものと比較するのに使える材料を生み出す。　ビジュアル社会学者とドキュメンタリー制作者による多くの研究は，他の現場において再現され得る。いくつかのケースで，それらは，非視覚的に研究されている情景や対象を撮るためのモデル，あるいは暗黙の撮影台本を提供し，調査や授業で使用可能な資料を提供する。要約すれば，経験則のアドバイスは，より多く撮れば撮るほど，より多くのものを見ることになるということだ。

　他の人が作り出したイメージを見たり，取り扱うことは，いくつかの理由によって有益である。第1に，それは上達のためのアイディアをもたらす。専門家がしたことに気づくことによって，構成，照明，トリミング，編集について学ぶことができる。ビジュアル社会学者は，審美的な最小限表現主義者になり，効果の選択を，社会的意味を強調するものに限定する傾向がある。しかし，審美的な配慮が2次的であっても，作品に対する粗末なアプローチが許容されることにはならない。他のすべてが同等であれば，イメージをより多くとらえる分だけより優れたものになる。真に優れた写真家や映画監督の仕事を見る以上

に，それがどのように達成されるかを学ぶ方法はない。

　第2に，他の人の作品を勉強することは，想像力を喚起する。フォトジャーナリストやドキュメンタリー制作者は，人間の経験の多様性(ディヴァシティ)を探究することに特に関心を寄せ，少数民族(エスニック)の集団や団体，逸脱した(ディーヴィエント)コミュニティや社会問題についての顕著な研究をおこなってきた。彼らはまた，現代史や文化のあまり知られていない側面と同様に，当たり前の世界を探究することにも相当な関心を寄せてきた。

結　論

　ビジュアル社会科学に関する最大の障壁は，データとしてイメージを扱うこと，イメージを創造，蓄積，展示する技術に不慣れなことである。社会科学の訓練は，いったんイメージの特定のアフォーダンス〈訳者補注：グラディが32ページで言及しているギブソン（Gibson 1979ほか）の造語で，環境が動物に提供する(アフォード)価値や意味を表す。先にも触れた通り，動物は包囲光配列によって環境の中から価値／意味ある情報＝アフォーダンスを知覚するとされる〉が考慮されるならば，ビジュアル調査をおこなうことの秀逸な準備となるだろう。加えて，イメージを扱うことは手仕事であり，練習を通して最もよく学ばれるということに気づけば，駆け出しのビジュアル社会科学者が，予想される事柄を調整したり，欲求不満を減らしたりする助けになるであろう。多くの点において，ビジュアルな技術がさらにデジタル化すればするほど，イメージ・ワークの手仕事的な側面――そしてその欲求不満――が，コンピュータ・リテラシーが生涯学習の過程であることを認識した学者たちにいっそうよく理解されるようになる。

　また，社会科学者にとって，ビジュアル調査を探究する誘因(インセンティヴ)となる多くの機会がある。第1に，学術出版物の中にビジュアル資料を再生し，デジタル・データベースを利用して他の学者が調査結果を入手できるようにすることが，――技術的にも金銭的にも――ますます可能になっている。第2に，そしておそらく最も胸をわくわくさせる(エキサイティング)のは，教室で教えること――かなりの数の社会科学者が彼らの生活を成り立たせているということ――が，受容的な環境

47

において調査や判断できる技能を発達させるのに理想的に適している，ということである。ビジュアル・ワークは，良い授業に大きく貢献するだけでなく，実行可能な調査プログラムに導き得る学生との協働的な(コラボレイティヴ)調査を育むことができるのである。

注
(1) 「他のすべてが同等である」ということは，もちろんありえない。イメージは，常に次のものが介在する表象だからである。すなわち，カメラを持つ者，媒体および装備の条件・性能，撮影時における（自然・社会・個人の）諸条件，これらの諸条件に対する被験者の反応，表示のためにイメージをどのように目に見えるように作成するかといったことである。また，処理の各局面で問題が生じる余地も多分にある。社会科学者に最も関連の深い歪曲(ディストーションズ)および誤解は，通例，文脈外で写真を撮ること，または，どうすれば第一現場で撮影の機会が得られるかという文脈を理解しようとしないこと，である。より技術上の歪曲は，しばしば精通者が写真自体を批評することによって「内的に(インタァナリィ)」特定される。表象の適切性(アディクワシィ)に関するほとんどの問いは，学問的な注意と技術上の技能に少しばかり骨折り仕事をすれば解決可能である。ちなみに，重要なので指摘しておきたいが，歪曲にこれほど関心があることの理由は，イメージの力を理解する手がかりとなる。この力は，別物が言葉で表すものの近似として経験された，その別物に関する何かを表象するイメージの能力に根差しているのである。
(2) 本件に関しては，Grady (2001) においてより実践的かつ詳細に論じている。

文 献
Barbash, Ilisa and Taylor, Lucien (1997) *Cross-Cultural Filmmaking*, Berkley: University of California Press.
Becker, Howard (1998) *Tricks of the Trade*, Chicago: University of Chicago Press.
Beeghley, Leonard (1996) *What Does Your Wife Do ?: Gender and the Transformation of Family Life*, Boulder, Colo.: Westview Press.
Gibson, James (1979) *The Ecological Approach to Visual Perception*, Hillsdale, NJ: Lawrence Erlbaum Associates. (=ジェイムズ・J・ギブソン／古崎敬訳『生態学的視覚論――ヒトの知覚世界を探る』サイエンス社，1986年)
Goffman, Erving (1979) *Gender Advertisements*, London: Macmillan.
Grady, John (2001) 'Becoming a visual sociologist', *Sociological Imagination* 38 (1-2): 83-119.
Harper, Douglas (2000) *Changing Works*, Chicago: University of Chicago Press.
Hughes, Everett (1971) *The Sociological Eye: Selected Papers on Work, Self, and the Study of Society*, Chicago: Aldine-Atherton.
Lieberson, Stanley (1971) *Making It Count: the Improvement of Social Research and Theory*, Berkley: University of California Press.

Lofland, Lyn (1998) *The Public Realm: Exploring the City's Quintessential Territory*, New York: Aldine de Gruter.
Owens, Bill (1973) *Suburbia*, San Francisco: Straight Arrow Books.
Rieger, John (1996) 'Photographing social change', *Visual Sociology* 11(1): 5-49.
Skocpol, Theda (1997) *Boomerang: Health Reform and the Turn Against Government*, New York: Norton.
Suchar, Charles (1997) 'Grounding visual sociology research in shooting scripts', *Qualitative Sociology* 20(1): 33-56.
Whyte, William H. (1988) *The City: Rediscovering the Center*, New York: Doublenday. (=ウィリアム・ホリングスワース・ホワイト／柿本照夫訳『都市という劇場——アメリカン・シティ・ライフの再発見』日本経済新聞社, 1994年)

第Ⅰ部

自己，アイデンティティ，家庭内の空間をありありと描写する

1 私のビジュアル日記

エリザベス・チャップリン

イントロダクション

　多くの人が，人生のある時期に文章による日記をつける。――10代の若者，人類学者，政治家が思い浮かぶ。最近はビデオ日記がますます普及している――例えば「ドキュソープ〈訳者補注：特定の職業・場所の人々を一定期間にわたって追ったドキュメンタリー番組〉」，ブログ，様々な形のリアリティTV〈訳者補注；一般から選ばれた出演者の生活や実際の活動を放送する番組〉がある。日記形式で一連のドローイングやペインティングを生み出しているビジュアル・アーティストも少数いる（Kiston 1982; Kelly 1983）。だが，英国人の80％がカメラを持っているという事実にもかかわらず，写真日記はごく稀である。[1]社会科学者として，15年間，私は写真日記をつけてきた。本章ではその経験を説明し，そのような日記をつける利点を論じる。

　日記を付ける人の多くは，毎日の生活の基本的なルーティンから，彼らの記憶で際立つ出来事に焦点を当てる。だが，18世紀の村商人トマス・ターナー（Vaisey 1984）のように，そのルーティン自体の細部を深く論じる者は少数しかいない。社会科学者や歴史家にとっては，後者のタイプの日記が重要である。なぜなら，当然，毎日のルーティンが私たちの生活の多くから成り立つものであるから――そしてそれは，忘れ去られがちだからだ。私の日記の目的はこの種のものだ。だが，ビデオや文章による日記とは違い，スチール・ビジュアル日記は時間に沿った出来事の流れを示さない。代わりに，それは（キャプションがつけられることもある）凍った瞬間（フローズン・モメンツ）の連続から成り立っている。それら各々

が，選び出されるというまさにその事実により特別なものになる。だから，短期的には，写真日記は一連の「強調された(ハイトゥンド)」日常の瞬間を記録するものであるかもしれない。だが，より長期的に——仮に1年——見れば，その強調された瞬間の中には，わずかに変化した形ではあるが，規則的に繰り返され始めるものがあるかもしれない。そして，連続性のパターンが——ルーティンでさえ——目に見えるようになるかもしれない。

　写真日記をつけるアイデアは，突然思いついたのではなかった。それには経緯がある。社会科学専攻の大学生の時，私は知的な日記をつけるよう勧められた。私に関係する問題・話題・見解について，新聞の切り抜きを保存したり，かなり定期的にノートにメモを取ったりするのだ。これは長期的な習慣になった。ある意味で，写真日記はその習慣から生まれた。だがなお，それに着手する別の理由も存在した。1980年代後半，いく人かの英国人のビジュアル・アーティストたちを調査し，彼らに「近づく(ゲット・クロウサァ)」必要を感じた。それは，芸術的なビジュアル作品を創る彼らの経験を共有することだった[2]。写真日記をつけるというアイデアはその目的に適うと思われた。世界で公式のビジュアル・プロジェクトを設置することに加え，それは私のアーティストとの関係を示すだろう。加えて，ゴッフマンは，写真はルーティンを記録できないことについて興味深い見解（Goffman 1979：20）を述べていたが，私はそれを探究したかった。私は写真日記を1988年2月7日に始めた。時折のやり損ねた日や当面の目的が曖昧になった多少長い期間は別として，その後ずっと私はビジュアル日記をつけている。

　写真が社会科学理論の核心に通じることに，私はすぐに気づいた。というのは，写真は記録する——私たちが日々の生活を送りながら，私たちの記憶が意識的に記録簿に残さなかった物事を，写真は確かに発見する——とはいえ，写真は決して中立に記録していないからだ。写真は「撮られる(ティクン)」が，同時に「作られる(メイド)」。写真は痕跡(トレイス)を構成するが，どのようにその痕跡がビジュアルに示されるかは，数々の主観的な——しばしば「審美的な(イースタティク)」——決定の結果である。そして，その写真がどのように見られるかも単純な問題ではない。写真が

「1枚の写真として〔アズ・ア・フォウトグラフ〕」純粋に見られることはほぼない。私たちは写真の内容に焦点を当てる傾向にある。「それが意味するもの〔ワォト・イト・ミーンズ〕」は，それが見られる文脈により変化すると考えられる。一方で，「文脈〔コンテクスト〕」の概念自体が，まさしく多岐にわたる理論的可能性を呼び起こす。(3)それゆえ，社会科学者が日頃から写真を撮る／作る際，彼らが理論的混乱に巻き込まれることは避けられない。写真への魅力に刺激される時，その大混乱への関与は純粋な学術的問題ではない。なぜなら，最も強力な社会制度，すなわちマスコミ〔ザ・メディア〕に対する配慮とのかかわりが避けられないからである。(4)

私のビジュアル日記の経歴

1年目：1988年

　習慣的な行動や活動は写真に写り得ない，とゴッフマンは述べた。一方，日記をつけることは日常的な事柄だ。私の当初の計画は，毎日の写真の連続〔シークエンス〕を通してルーティンを写す試みだった。だが，「ビジュアル日記」は――より正確には――短い言葉の一節を添えた日々の写真から成り立つことが必要だと，私はすぐに気づいた。写真は自らを物語らないし，基本的な文脈レベルでイメージに意味を与えるものこそ言葉である（Burgin 1986）。それゆえ，日々の生活のルーティンの痕跡を残すため，1年を通じ，キャプションがつけられた写真を1日ごとに作ることを決めた。だが，始めたすぐ後，何を撮るべきか，いつ撮るべきかに関するルールを作る必要性に気づいた――「ビジュアル日記」へのさらなる介入である。数か月経ち，私は，撮るべき物の選択を絞るルールの考案をいっそう必要とした。図版1は1988年8月のものである。写真は，毎日正午に「正面〔ストレイト・アヘド〕」を撮影したが，いかなるルールも恣意的な要素を含むように思われた（例えば，「正面」は写真が撮られる高さを特定しない）。

　しかし，その年の途中で，リーズ大学のアートギャラリーでその年のビジュアル日記を展示する提案が，プロジェクトを審美的な方向へ向かわせた。この展開が，既に緩和されたゴッフマン関連の問題を焦点外へ押しやったきらいがあるにせよ，同じ理由で，私は確実に調査課題に「接近〔ゲティング・クロウサァ〕」した。私は

第I部　自己，アイデンティティ，家庭内の空間をありありと描写する

図版1　1988年8月のビジュアル日記。ボードに貼られたカラー写真。

12のボードを作った。それぞれが，その月のルールに従ったひと月の写真とキャプションを含んでいる。3か月間アートとして見られたのだが，同じボードが社会人類学の年次大会で映像人類学として展示された。その文脈の変化は，作品にまったく異なった意味を与えた。毎日のキャプションがつけられた写真は，今や「家の中の人類学（アンソロポロジィ・アト・ホウム）」と見なされた。新たに獲得された社会科学的文脈にもかかわらず——これは，ルーティンへの焦点とは若干異なるものだった。2年目に入っても，文脈づけ（コンテクスチュアリゼイション）の重要性が私から離れなかった。

2年目：1989年

この年，私はアーティストたちのそばで活動していた。私は彼らの幾何学的抽象芸術に見た目が似ている写真を生み出したかったが，文脈の概念の探究もした。ベルリンの壁の崩壊が際だった新聞記事だった。その壁の写真がすべての新聞に載った。これが毎日異なった壁の写真を撮るというアイデアを生んだ。壁のクローズアップに加え，それを文脈づけする視点の写真を私は毎日撮り始めた。壁のクローズアップは，私がアーティストの関心に応えるのを助けた。なぜなら，かなり異なる理論的基盤を持っていたが，私が幾何学的抽象芸術に見た目が似た写真を生み出していたからだ。文脈づけの視点は，「背景（バクグラウンド）」が前面の物体に意味を与え，それを審美的な構図（コンポジション）から社会的な状況へ転換（トラァンスフォーミング）する働きを示した。だが，9か月後，私は人間や社会的な出来事を記録し損ない始めた。見る者も壁の写真をざっと見るだけだったので，明らかに同じことを感じていた。だから，私は壁を撮ることを止め，他の関心事に取り組み始めた。すなわち，調査における調査者の立場，窃視（ヴォイヤリズム）へのフェミニストの関心である。私が生み出した写真に撮影者である自分の痕跡を写すようにしたので，私はより自覚をもって写真を撮るようになった。この痕跡とは，影・足跡・(水や鏡の)反射（リフレクション）・実際の手や足などである。写真はかなり手の込んだ型にはまらないものになった。前年とは異なる方法で，私が記録と審美的な構図の境界を越えていることが分かった。

第Ⅰ部　自己，アイデンティティ，家庭内の空間をありありと描写する

3年目：1990年

　この年，私は日付が記入される新しいカメラを手に入れた。その結果，記録過程の一部をカメラに託すことができるようになった。私は，日常のイメージを生み出す際，現像業者の役割にいっそう不満を持つようになった。私はもっと現象をコントロールしたかった。だから，カラーから白黒フィルムに変え，自分自身で現像し始めた。暗室を用意して，フィルムを業者で現像する費用から解放され，私は毎日何枚も写真を撮った。だが次に，プリントにとても時間がかかるため，どのネガをプリントし，どのネガを無視するかという問題に直面した。しばらくの間，プロジェクトは，ランダムな方式で選んだネガ，次に，あるルール（例えば4枚目ごと）に従って選択したネガから構成された。だが，「良い」ネガの魅力に負け，私は最も有望なネガを現像し始めた。対象はより多様になった。例えば，家族，調査プロジェクト，休日，珍しいもの，ビジュアル作品。実は，社会学的な関心事より，白黒写真を生み出す方法を学ぶことに多くの時間かけた。しかしながら，私は英国社会学会の年次大会で，その日記の視覚的・言語的な分析を発表した。1990年4月4日の私の写真日記は，その展示の記録だった。

4年目：1991年

　私は白黒写真で作業し続けたが，未だに技術的な技能(テクニカル・スキルズ)の改善に集中することの方が先行していた。アーティスト調査のパートナーと一緒に，ヨーク大学図書館で現在の日記のいくつかを展示した。この日常の写真（図版2）は学生用に展示した。その年の終わり，現像に時間がかかりすぎていたので，しぶしぶカラーの業者による現像に戻した（この後もずっと）。

　同い歳のアーティストのスケッチ日記と一緒に，「1年目」がウェイクフィールド美術館で展示された。こうして，展示は2つのビジュアル日記から構成された。

図版2　1991年10月8日の写真日記。ヨーク大学モレル図書館の写真日記展示を見る学生。白黒写真。

5〜7年目：1992〜1994年

　この期間，英国の構成主義者(コンストラクティヴィスト)アーティストの女性グループとかかわり，シェフィールドにあるマッピン・ギャラリーとウォリック大学での展示の準備をドキュメントした。これらの展示の一つは，私自身のアートワーク・ポストカード（図版3）——様々な日記の内容のコラージュが含まれていた。7年目（1994年），私は写真日記の項目を飾る「ポストカード・ラック」というアート作品を制作した。これも女性アーティストの作品と一緒に展示された。私は1人のアーティストとして，「アーティスト集団の1人」として受け入れられるようになった。そして，写真日記は私のアート作品の原材料になった。私は，そのプロジェクトをヨーク大学の文学修士課程の授業に用いた（今まで毎年お

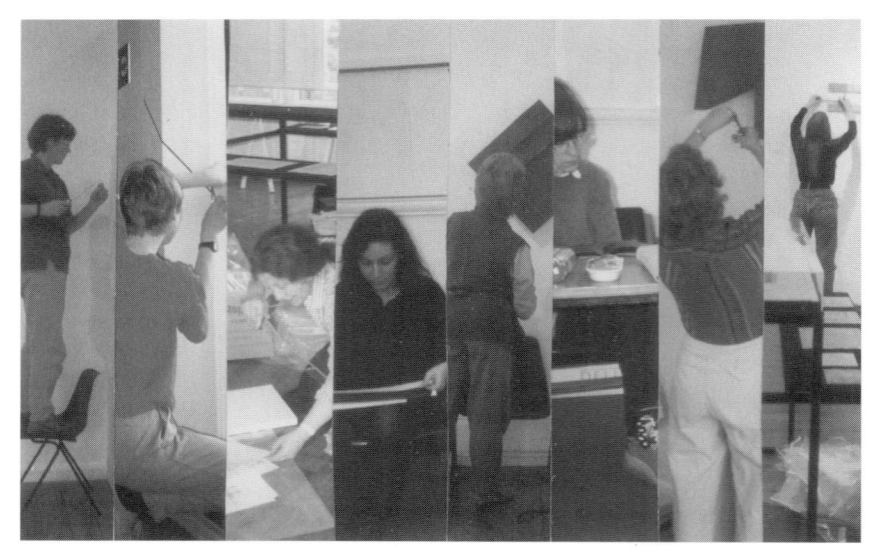

第Ⅰ部　自己，アイデンティティ，家庭内の空間をありありと描写する

図版3　1992年のカウンターベイル展。カラーの写真日記のモンタージュ。

こなっている）。セミナーでの学生の写真は，「ポストカード・ラック」の一部になった。

8年目：1995年

　私はアーティストとの繋がりを解き，オープン・ユニバーシティの文化・メディア・アイデンティティコースの創設に助力した。その結果，記号論とカルチュラル・スタディーズが私のアプローチに影響し始めた。例えば，イメージの記号論的な意味に対する自覚を得た。だが，実際の日々の写真日記は，重要でなくなっていった。それは，記号論のアプローチは*見出*されたイメージの分析に適しているが，自分の現在の日常写真に適用される時に諸問題に直面しやすいことを示唆している。

　鉱山は枯渇しやすかった。理論が優先し，イメージは賢明に選ばれたイラストレーションの後ろに退いた。

1　私のビジュアル日記

9〜11年：1996〜1998年

　この時期，私のビジュアル日記は活動が鈍った。私は「ただ」日常的関心を写真に撮っていた。時には1日に数回，時には丸一日忘れた。これは，1つには9年目でデジタルカメラを手に入れ，ビジュアル日記に関係しないような別のプロジェクトを始めたからである。もう1つには，もはやアーティストを調査しておらず，記号論の著作活動がプロジェクトを弱めたからだ。この段階では，長い間日記をつけ続けていたので，止めるのが恥ずかしいように思えただけだった。ケント大学でおこなわれた映像人類学会で「ポストカード・ラック」を展示し，議論した。

12年目：1999年

　1999年の初め，公開セミナーの準備で，私はこれまでの全仕事を見直さざるをえなくなった。ついに，私はビジュアル日記の重要な目的を突き止めた。ビジュアル日記は，その瞬間に関心があるすべてのことについて考える手助けをする道具である。私はルーティンの概念を見直すために，ビジュアル日記を用いることを決めた。1年目にこの主題を探究したことが，展示を生み出す関心と最終的に重なったからだ。さて，写真が示すものは，過去生じたことを証明し得るだけではなく，ゴッフマン（1979：21）は「写真が撮られた場面で着られている服装が，同じ服装が着られただろう同じ場面の1つの指標となる」とも述べている。一般化すれば，その考え方は，写真に示されるものは，そこに示されないものとも関係するということだ。だから，慎重に選ばれた同じ対象の日常のイメージの連続は，切り取られた視野の外で起こっているルーティンをも暗示する（そしてその中で変化する）のではないか。私は，正面玄関の脇のホール〈に置いてある〉テーブルを撮ることに決めた。なぜなら，それは変化しないが，拾い上げ，書き留める場所としても用いられるからだ。そのテーブルの上下にある変化するアイテムは，入って来て出て行くものの日々の兆しをいずれにせよ示すであろう。毎日午前9時頃，私はテーブルを撮り始めた。言葉が添えられた写真は，1日ごとにそこにあるものを突きとめ

た。その年の終わりまでに，私は同じ対象の100以上の「凍った瞬間」を生み出した。そこでは，日々，様々な物が写され，位置を変え，他の物と一緒だったり，消えたりした。その連続体を読むと，あるルーティンやルーティンにおける変化が連想された。それらは，長い期間，私たちの日常の家庭生活において，「その場面の背後で(ビハインド・ザ・シィーンズ)」起こっており，撮られたことのなかったものである。

13年目：2000年

「ホールテーブル・プロジェクト」は13年目も続いた。実際，私は500枚のホールテーブルの写真を生み出した。これらはよく「パラパラ漫画(フリック・ブック)」と見なされた。素早く読むと，それは私たちの日常の諸側面を示し，写真の中で変化する。つまり，私が頻繁にカーペットに掃除機をかけたり，クリスマスの準備やテーブルの後ろの壁の模様替えまである。

一方で，この年の5月，オープン・ユニバーシティの国民日常文化プログラムの1つとして，私の街(マイ・ロウド)の全住民写真調査を引き受けた。

14年目：2001年

その街の日常の出来事を撮影することで住民の写真調査を深め補うために，私はビジュアル日記を使い始めた。だが，住民と築いた友好を損なう可能性があると考えたため，2か月後に断念した（つまり，仮に私が街でいつも写真を撮っていれば，人々は私を図々しく思っただろう）。私は「何でもかんでも(エニシング・アンド・エヴリシング)」を撮影することへ立ち返った。すなわち，特別の計画はないが，忘れる日が多くないように。

15年目：2002年

家族がますます重要になっていた。私はこの時点で4人の孫がいて，彼らが成長していく姿を撮った。だが彼らに会わない日は，ごみ箱・足・買い物のような日常の物事，つまり，通常は撮る価値があるとは考えられないからこそ注

1 私のビジュアル日記

図版4　1999年6月21〜24日のビジュアル日記。「ホールテーブル」プロジェクトからの4枚の写真のサンプル。

目すべき被写体に，より焦点を当てた。この年の写真は，私が学者の生活から，とりわけ複雑な理論から，写真日記を生む気質から，徐々に引退している事実を反映していたのかもしれない。

一般的に尋ねられるいくつかの質問

なぜ毎日，写真日記をつけるのか

　理由が何であれ，写真日記をつけることで，あなたは日記をつけていない場合とは違った日常の見方をする。私たちは眼前の視覚的状況を即座に――まさに瞬間のうちに――見て取ると指摘されることがよくある。私たちは（踏切で）危険を避けたり，行かなければならない場所へ行くためにそうすることが必要と感じるならば，ただより注意深く，もう一度見るのである（木の背後の遠くからバスが来ているのか，またはまったく別のものか？）。言い換えれば，ヴィトゲンシュタインが言うように，その先を続けることができるように。その日，何かを撮ることが分かっていれば，あなたはより頻繁にあの「瞬間的」モードから抜けて，より長く見ざるを得なくなる。なぜなら，あなたは次のように考えているからだ。それを撮ってみようか。それは良い写真になるだろうか。なぜそれはよい写真になるのか。それを前に撮った写真といかに関係づけようか。例えば，写真日記をつけることは，見るものを批判的に見て，より広い意味を考えるようにあなたに教える（フーコー［Foucault 1977］がパノプティシズムの研究でおこなったように）。それは，ビジュアルな形や色を他と関連づけ，ビジュアルな観点で抽象的に考えるのにも役立つ（多くのアーティストがおこなっているように）。ある一定期間，生活や関心がいかに変化してきたかを内省し，蓄積し，再考するのを可能とさせる。目の前のものに驚き，探究し，判断する経験を――定期的に――与える（そして，芸術的なセンスを発達させる）[5]。言い換えれば，毎日の写真日記は，あなたが見るものを当然と見なすことを防ぐ。一般的に言えば，それはまさに，社会科学者がおこなおうと目論むことである。

写真日記をつけることが社会科学「する(ドゥ)」のに，より明確にどう役立つのか

社会科学者のビジュアル日記は，おそらく直面しているどんな問題を解決するのにも役立つ道具だと考えられる。それは「プロジェクトそれ自体」であるので，調査の助手，プロジェクトの助手のようになるだろう。従って，年を追ってその利用は変化するだろう。私は15年間，ビジュアル日記を用いて，ルーティン，再帰性(リフレクシヴィティ)，窃視，自伝というトピックを考える（理論化する）のに役立てた。私はビジュアル日記を，ある特定の調査プロセスを記録するために用いた。世界で公式のビジュアル・プロジェクトがあることが，どういうことかを発見するために。民族誌的素材(エスノグラフィック)（すなわちビジュアルな証拠）を提供することで，プロジェクトを拡張するために。そして，長期的研究に不可欠な要素としてそれを用いた。加えて，初めの7年間，ビジュアル日記をヨーク大学の文学修士の学生の方法論ワークショップでの教材として用いた。

それは毎日の日記である必要があるのか

その日記は，毎日の日記である必要はない。週に1度，写真を撮ることも可能だ。もしくは，不規則な間隔——例えば，写真に撮りたい人やアイテムに出会った時ごと——に撮ることも可能だ。明確には，各写真の間隔はあなたが達成しようとしていることによる。実際，あなたの金銭的な状況にもよる（以下参照）。一面では，その点は一連の写真が撮られる根拠づけ次第である。だが，撮られる写真の間隔が長いほど，ビジュアル日記をつける主な狙いの1つである積極的に見る習慣(ザ・ハビト・オブ・ルキング・アクティヴィリィ)が減るだろう。

毎日の日記をつけるとして，1日撮り損なったらどうするか

あなたのビジュアル日記が明確なルールによって支えられ，特徴づけられていれば（例えば，時計のアラームが用意できる場合，毎日午後3時ちょうどに撮るなど），欠損日の問題は生じないだろう。だが長期には，写真を撮るどんな基礎的根拠があっても，数日は撮り損なう。インタビュー拒否が生ずるのと同じように，その月の写真が並べられ，展示された時，時々生ずるミスは重要になる

かもしれない。だが、振り返ってみると、欠損日はあなたが「計画を見失っている」ことを示しており、ビジュアル日記の目的を再考する必要がある。歯を磨くように、楽器を練習するように、規則正しくおこなうことによって、その恩恵はもたらされる。

1枚写真を撮り、その日に後でよりよい対象を見つけたらどうするのか

この質問はよくされるが、それは文章による日記を毎日つけることと、1日1枚の写真を撮ることの根本的な違いを突いている。その日に既に1枚写真を撮っているというだけで写真を撮らないのは誤りだと、私は思う[8]。ルーズリーフのクリアポケットに写真を入れれば、その日のポケットの最前面に入っている写真を選ぶことも、後ろに入っている写真を選ぶこともできる。もしくは、次の日のために2番目の対象を「とっておく(セーブ)」こともできるかもしれない。長期的には、費用が熱意をそぐだろう。

実践上の事柄

カメラ

重要度の高いものから：

1 カメラは長期にわたり継続的に用いられるのだから、大変信頼できるものでなければならない（プラスチックケースのものより金属製のものを選ぼう）。

2 どこへでも持って行けるように、ポケットに入れて持ち運べるくらい小さくなければならない。

3 フラッシュが搭載されたオートフォーカス（ズーム？）カメラがベストだ。これによって素早く撮影できる。――その他、絞り調節をする時間がないものもあるかもしれない。

4 プリント面に日付が印字されるモデルを用いよう。これにより、イメージが「日記仕様(ダイアリファイド)」になる。あなたのカメラは日記生産ツールである。

5 適度に高品質なレンズを持つべきだ。

言い換えれば、あなたが買う範囲で最上に近い35mmコンパクトカメラか

デジタルカメラと考えよう。

人々の写真を撮る

あなたは見知らぬ人や隣人の生活に入り込むことが分かっているのだから，彼らが写真を撮られることを受け入れるかどうかを勇気を持って尋ねなさい（誰かを撮る*前*に常に許可を願い，写真を出版する*前*に必ず許可証をもらうこと）。彼らのアイデンティティの一部をいわば引き出し，あなた自身のために取っておくことをお願いするのだ。だが，私の経験では，多くの人は喜んで好意を示す上，写真が何のために使われるのか尋ねる人は少ない。一方で，時折は，拒否されるだろうし，拒否の姿勢を強く表されることがある。これは，誰かを撮影する依頼が，彼らと深く関係するものを表面化させる可能性があるからだ。彼らは，普通写真が証拠になることに十分気づくだろう。このことは，拒否が大変に重要である理由である。いったんあなたが誰かを撮ることを求めれば，あなたは関係を築いたことになる（依頼する行為がまさに，会話を刺激することもあるので，その関係は大きく広がるかもしれない）。あなたのプロジェクトにおいて，撮影者と被撮影者の関係は変わりやすく，影響を及ぼし合う。方法論的に，写真を撮ること自体がプロジェクトに影響を与える。私はいつも写真のコピーを提供する——先住民にガラス製ビーズに相当する物を与えるのは彼らを見下しているのだ，というポストコロニアルな議論があるにもかかわらず。「彼ら」の写真のコピーを欲しくないとはっきり言う人を，私は知らない。ごくわずかな人は「おかまいなく」と言うが，多くはプリントをすすんで欲しがるし，2枚以上欲しがる人もいる。

フィルムを現像する（まず初めにフィルムを買う）

もしあなたがデジタルカメラとは正反対の従来のアナログカメラを使っているなら，あなた自身でフィルムを現像しプリントするか，業者で現像するかを決める必要がある。前者の場合（白黒画像と想定する）は暗室が必要になる。現像・プリントは時間を要する作業で，習得に時間がかかる技術だ。だが，現像

を可能な限りコントロールすることが重要であれば，この選択肢を選ぶかもしれない。しかし，自宅現像は，写真の生み出し方（クリエイト），写真が最終的にどう仕上がるかについて，全種類の選択権を与える。あなたはこれらの選択をする立場でありたいか。言いにくいことだが，私はそうは望まないことに気づいた。なぜならそれは，私が日記を断念する危険がある段階に至るまで，日記をつけ続けることに全力を出させ，そしてますます面倒にさせるからだ。代わりに，私はこう主張する。写真日記は，全体的に見れば当たり前の日常生活を普通のカメラで撮るものなので，それらを大通り沿いの店で現像するのが理に適っていると思われる。もちろん，商業的な現像はより速く，労力も少ない。総じて，カラーは白黒よりも多くの情報を与える（フィルム自体も安く，どこでも手に入る）。執筆時点では，1日1枚の割合でカラー写真を撮り，それらを業者で現像すると，1月に7～8ポンドかかる。あるいは，コダックにあなたのスポンサーになってもらうよう努力しよう。

写真を分類・展示する

1 写真をコンピュータにスキャンして，1年分のビジュアル日記をCDに保存する。
2 その年の終わりにギャラリーで展示をする。各月の写真をボードに貼り，キャプションをつける（次項を参照）。この場合，あなたは時にアーティストに変わる。その経験それ自体は，社会学的な関心がなくては得られないが。
3 透明な収容ページのポケットに写真日記を入れる（例えば，各面に4枚収納できる6×4インチの写真用に設計されたページがある）。そのページをルーズリーフのアルバムにしまい，一つひとつの本にタイトルをつける。

私は3つすべての方法を試したが，通常は3番目の方法を使う。

写真にキャプションをつける

ジョン・バージャー（Berger 1982：92）は，「写真は証拠として異議を唱え

ることはできないが，意味に関しては説得力に欠けている」と述べた。この理由から，前に述べたように，私は必ず各写真に短い言葉でキャプションを加える。この結果——日々撮った写真のアルバムとともに——すべての写真に1行のキャプションをつけたノートを私は保存している。ごくたまに私は1行以上キャプションをつける。何よりも焦点が理論的問題にある時，言葉が指導的役割を持つ傾向にあり，イメージは例を示しがちである。出来事を優先して記録する時，その状況は変化する。つまり，イメージは，言葉が記すものの，さらには言葉が記すもの以上の，目撃者として，証拠として，役に立つ。審美的な焦点が生み出される時には，言葉はその審美性に大変積極的な支援を与えるため，イメージが指導的役割を持つ傾向にある。私の結合されたビジュアル日記の項目のどれもが，組み合わせ（コンビネイション）という点で，緊張という点で，しかし異なった度合いで，これら3つの要素のそれぞれに形を与えている。それは，理論的なもの，ドキュメンタリー，審美的なもの，という要素が最も力強い牽引力を持つという場合である。

結　語

　写真は，社会科学理論の核心にある緊張を明示する。カルチュラル・スタディーズでは，イメージは多義的（ポリセミック）であるため，「あそこにある（アウト・ゼア）」何かの記録ではありえないと強調する。すなわち，写真の意味は漂い，最終的に決して固定されないのだと。しかし，多くの写真家や写真理論家は，撮られたものの痕跡，つまり記録を生み出すカメラのメカニズム——実際それはカメラを定義する——において，写真は格別なイメージだと主張する（時に写真家は知らぬ間にシャッターを押す。カメラはたまたま向けられたイメージを記録する）。おそらく理論的分野では，「意味（ミーニング）」と「表示（ショウィング）」は水と油のように統合しがたいとして，この衝突は解決不可能であると見る者もいる。他方，私を含め，実践的な立場に立つ者は，写真の痕跡は何かあるものの記録であり，他方でそれとは違って撮られたものの記録であり，その上，多くの異なる解釈に開かれていると主張する。実際，各写真における客観性と主観性が影響する度合いが写真ごとに多様

第Ⅰ部　自己,アイデンティティ,家庭内の空間をありありと描写する

なのは,当然のように思われる。社会科学者／写真家は,理論的および／または審美的に優位な根拠を持つか補助的な説明を与えるキャプションと共に,主として記録であるか,主として構築物(コンストラクションズ)であるところの写真を生み出す試みができる。言い換えれば,カメラは,理論的立場の範囲を越える思考道具として用いられ得る。写真日記に限れば,カメラは積極的に見ること,つまり習慣的に自明なものを正確に指摘するのに役立つ。あなたの日記の再検討は,大変有用な記憶刺激であり,内省(リフレクション)を助ける。長い間,私は日記をつけ続けた。だが,あなたがビジュアル日記をつけるか否か迷っているならば,妨げはしない。私が始めた頃,こんなに長く続けるだろうとは考えなかった。今あなたの関心を引くどんな社会科学に対してでも,ビジュアル日記が役立ち得ると思うなら,1か月それを試してみよう。次に,何が起こるかを見てみよう。

注
(1) 本章が書かれたのは,デジタルカメラを備えたマルチメディア・メッセージ・システム(MMS),携帯電話が現れるちょうど前だった。『ガーディアン』誌2003年1月2日付が言うように,それは,人々が「自分のビジュアル日記を生み出す」ことを促すかもしれない。だから,本章は,早くも前MMS世代の歴史的な記録,過去の遺物になるかもしれない。
(2) 手短に言えば私は,構成主義アーティストであるマルコム・ヒューズとの共同プロジェクトに着手していた。彼は,英国の構成主義の理論的基盤を「より強固な科学」にするために,近年の科学社会学の発展に関する私の知識を活用したかった。代わりに,彼は23人の英国の構成主義アーティストを私に紹介してくれた。私はこれらのアーティストに1人ずつインタビューした。私の狙いは,彼らのこれまでの関係をドキュメントし,これらの関係が,いかに彼らのビジュアル作品の発展に影響しているのかを探究することだった。また,彼らの政治的見解が抽象的なビジュアル作品へといかに翻訳されるかを理解しようとした。その後,このプロジェクトは,5年の過程でいくつかの方向へ発展した。具体的には,私は構成主義の女性グループの担当になった(「私のビジュアル日記の5～7年目」を参照)。
(3) 例えば,実在論者(リアリスト),記号論,フーコー主義者,アルチュセール主義者,精神分析。
(4) 例えば,2001年7月25日付「ガーディアン」の記事を取り上げよう。ヘッドライン「学生のビデオが『警官の暴力を捉えた』」,1文目「被害者の訴えが支持されれば,無防備な男を明らかに殴り蹴ったことをビデオに収められた頑丈な警官は解雇される」。──どちらも撮る／作る,表示／意味するという写真にかかわる2分法を示唆し,また一面を選び他面を排除することの含意を暗示している。
(5) リーズの「バーバラ・ストーリー」プロジェクトでは,リーズからイルクリーへの道程でバスの窓からの景色が日常的に写真に撮られた。その体験が渓谷のランドスケープに対する認識をかなり鋭くした,と彼女は私に語った。

(6) 理論としての自伝の考えについては，Finnegan（1997）を参照。
(7) 「日記」という言葉は，day を意味するラテン語の dies に由来する。
(8) 仮にその日のスケジュールが分かっていれば，おそらく，あなたは前もって計画された写真を撮るだろう。その時，突然に予期せぬ驚くべき対象が現れる。柔軟でありなさい。日々の規則に従うという理由だけで，予期しない余計な写真を除こうとするなかれ。後で，余計な写真がその日に撮った他の写真よりも重要性を持つ可能性がある。

文　献

Berger, J. (1982) *Another Way of Telling*, London: Writers and Readers Publishing Cooperative Society.
Burgin, V. (1986) *The End of Art Theory: Criticism and Postmodernity*, Basingstoke: Macmillan.（＝ヴィクター・バーギン／室井尚・酒井信雄訳『現代美術の迷路』勁草書房，1994年）
Finnegan, R. (1997) "'Storying the self': personal narratives and identity', in H. Mackay (ed.), *Consumption and Everyday Life*, Sage, with Open University.
Foucault, M. (1977) *Discipline and Punish*, London: Penguin Books.（＝ミシェル・フーコー／田村俶訳『監獄の誕生——監視と処罰』新潮社，1977年）
Giles, T. et al. (1992) *Countervail*, Sheffield: Mappin Art Gallery.
Goffman, E. (1979) *Gender Advertisements*, London and Basingstoke: Macmillan.
Kelly, M. (1983) *The Post Partum Document*, London: Routledge and Kegan Paul.
Kitson, L. (1982) *The Falklands War: a Visual Diary*, London: Mitchell Beazley International, in association with the Imperial War Museum.
Vaisey, D. (ed.) (1984) *The Diary of Thomas Turner 1754-1765*, Oxford: Oxford University Press.

2　自分自身を反映する

ルース・ホリデイ

　本章は，クィア・アイデンティティのパフォーマティブな性質を調べるために，私が1998～99年にビデオ日記を用いておこなった調査から現れた論点に基礎づけられている。どのような新しい調査方法も，新たな方法論上の論点と同じように実践的問題(プラクティカル・プロブレムス)を引き起こすが，それはまた，必然的に長く続いている討議(ディベイツ)に再び私たちを導くことになる。本章は，私が使用した調査方法を描き，方法論の実践においていくつかのキーとなる理論的問題を再検討する。ビデオ日記を撮る者たちがビデオの中で用いる自己表象(セルフ・リプレゼンテイション)の異なる方法に焦点を当てつつ，私はいかにしてそれをおこなったか，調査の概要を述べることから始めよう。そして，近年争われている調査方法に関連するいくつかの理論的な論点を考察しよう。私は，被調査者(リスポンデンツ)と同僚の間の情報を共有(シェアリング)する潜在的な実践としてのビジュアル・メソッドを描くことによって，方法論の研究を支配している倫理的で認識論的な袋小路を乗り越える方法を用意することで結論

づけたい。カメラレンズは，主体の生活，経験，説明を反映(リフレクティング)するものとして（もしくは，より正確に言うと屈折(リフラクティング)するものとして）理論化されるが，調査者の生活，経験，説明を通した主体は，各々のポジションから言説的(ディスクルーシヴ)な枠組み(フレイムワークス)が採用される。被調査者の釈明(アカウンツ)と表象を取り上げることは，必ずしも他者による自己の流用(アプロプリエイション)なのではなく，むしろ補完に先立つことのない自己の付加的な拡張(エクステンション)であると私は論じるだろう。このようにして，再帰性の概念は反映(リフレクション)の観念に取って代わられるのであり，それは，常に調査者（そして被調査者）の自己の外部(アウトサイド)で起きる過程である。最初に私は，私が使用したビデオ日記の方法のための論理を説明しよう。

　近年の西洋社会における文化——消費社会はテレビの映像(テレビジュアル・イミジリィ)で満ちており，また文化的・下位文化的生産物の巨大な羅列で満ちている——のいかなる徹底的な調査も，確かにテクストと経験とを検討する必要がある。しかし，これらの一方以上に重要なことは，それら双方の相互作用である。例えば，いかにして主体はアイデンティティを構築(コンストラクト)し，表出(ディスプレイ)するのかということは，経験やそれを通して私たちが自らのアイデンティティを「消費する(カンシューム)」利用可能な生産物であるばかりでなく，いかにしてこれらの生産物が私たちのアイデンティティを特徴づけ，構築するようになるのかということであり，またいかにしてそれらのアイデンティティが，我々に利用可能な生産物を通して具体化された主体として位置づけられるのかということである。

　このことこそ，私が下記のようなビデオ日記の使用を通して探究したいことであり，それは経験の語り(ナラティヴス)や生きられた文化的実践をとらえるだけでなく，文化的生産物の使用を通してのアイデンティティの構築と表出のビジュアルな性質(ネイチャー)をもとらえる方法なのである。文化的生産物が身体，家庭，ハビトゥスをめぐる他の側面に位置づけられる時に，調査のビジュアルな特質(ディメンション)によって，これらの生産物の配置を垣間見ることができるのである。さらに，語りによってそれらの配置の探究が可能となり，そして重要なことに，以下の意味がほのめかされるのである。それは，生産物が単に消費の時点においてだけではなく，その後に自己の語りに織り込まれるようになった時点においても担うこ

2 自分自身を反映する

とになった意味なのである。

ビデオ日記を反映する

　私の使用する方法は，被調査者に小型カメラを与え，ビデオ日記を作るよう頼むことを含んでいる。その指示の中で，被調査者は，日常生活における異なる状況において彼らのアイデンティティを管理もしくは見せる方法について，ビジュアルに実演することや話すことを頼まれる。参加者(パーティシパンツ)はそれぞれの状況において着るであろう服をまとうことを頼まれるが，それは，その詳細を描写し，なぜそれらの自己提示(セルフ・プレゼンテイション)戦略が適切と考えるかを説明しながらのこととなる。この技法は，異なった空間――仕事，休日そして余暇――において，間違いなく参加者のアイデンティティの提示ができる限り率直なものとなるようデザインされている。被調査者は最長で3か月間カメラを維持し，そして日記の記録，消去，再録は彼らの自由である。

　他の社会学的な調査方法と質的に違う方法によって，アイデンティティのパフォーマティビティをとらえるうえで，私はビデオ日記の重要性を強調したい。ある意味で，自己表象は，聴覚的データを提供するだけの録音テープのインタビュー以上に「完全」なものである。さらに，アイデンティティの構築や表出についてのビジュアルな特質は，この方法を通じて明らかにより容易に探り出すことができる。同様に，調査におけるプロセスとしてのビデオの使用が重要であるのは（例えば，そう，スチル写真機と比較してのことだが），アイデンティティの表象がビデオを通して示されることが可能になるためばかりではなく，（被調査者のコメントを通しての）アイデンティティの物語化(ナラティヴィゼイション)と並行して行われるがゆえに，そして，私たちのすべての生活におけるプロセスとしてアイデンティティやパフォーマティビティを構成している選択や編集や洗練を反映しているがゆえに，また重要なのである（Holliday 1999を参照）。

　理論的には（必ずしも実際にそうなるとは限らないにしても），ビデオ日記は，ビデオの提出以前に自らの日記を見たり，記録したり，編集するプロセスを通して，他の方法以上に非常に強い度合いで反映に向かわせるポテンシャルを被調

第Ⅰ部　自己，アイデンティティ，家庭内の空間をありありと描写する

査者に与える。「正確さ」もしくは「現実性」に焦点を当てる他の方法に対して，このアプローチは，被調査者に彼ら自身を表象するより大きな可能性を提供する。ビデオ日記を作成することは，参加者に対して，開示される素材へのより大きな「編集的な支配力」を提供することになるために，能動的で力を与えるプロセスとなり得る。

　被調査者が提出した素材から，2つの重要な，しかし原理的に異なる日記のスタイルが浮かび上がってくる。1つめのスタイルは，主に記録の過程でパートナーや友だちを巻き込む被調査者らと関連する。それらは，ジョークや皮肉な発言を組み合わせた陽気な作品となる傾向があった。プロジェクトの全体的な狙いに対して譲歩する一方で，それらの日記は特に「愉快なもの」として計画されたもののように見える。例えば，あるシーンの記録の中で日記をつけている者の友だちが言う。「なぜ今日のあなたはウィットに富んでいて面白いの？　実際のあなたより面白い人間だというふりをしようとしているだけなんじゃないの！」

　それらの日記（もしくは日記の一部）はパフォーマンスで満ちている——踊ったり歌ったり，ふざけた電話の会話，ぬいぐるみとの間のウソの討議，ズボンを脱いだり，くすくす笑ったり——。これは，ビデオ日記を撮る者たちの側での高い水準の自己意識を示しているようだ。もちろん，ビデオ日記を撮る者たちが，カメラの前では自己に意識的であることは想像できるかもしれない。しかしながら，まったくの仲間なしの状態で自身を記録したビデオ日記を撮る

2　自分自身を反映する

者たちがしたように，カメラの前で*1*人(アロウン)になると，同じ著者が異なったスタイルを採用したのである。このように，自己意識は*知*(ノウ)っている他者の前におけるパフォーマンスの結果として現れたものである。1人になると，著者たちはカメラで自身に関する私的な詳細を束縛なしに暴露するようである。指摘しておきたいのだが，カメラと一緒に1人でいる時の，日記をつける者の相対的な率直さは，彼らがカメラに対して告白せねばと感じる強制のためからではなく，友人の中で過度に反省的(セルフ・イグザミング)にならないようにしたいからである。それはまた，潜在的な矛盾を欠く場合により起こりやすい。

スタイルを反映する

　これらのビデオ日記を撮る者たちによって使われたスタイルは，実際は，フーコーの『*性の歴史*』（Foucault 1979）において広く知られることになった概念である告白(ザ・コンフェショナル)を想起させてやまない。（ポスト）モダンなメディアにおけるその普及を考えれば，告白は確かに非常に重要な構造であり，伝記ドキュメンタリーやセレブリティのトークショーから，リッキー・レイクや最も評判の悪いジェリー・スプリンガーのような扇情的な大衆番組のほとんどに至るまで，多くの領域において現れている。マイケル・レノフ（Renov 1996）は，メディア化されるにつれて治療言説(セラピューティック・ディスコース)は変貌を遂げつつあると考えている。ビデオは特に告白的な媒体である，と彼は論じている。

77

第Ⅰ部　自己，アイデンティティ，家庭内の空間をありありと描写する

　　日記のような種類の告白的言説（コンフェッショナル・ディスコース）は，それ自体誰にも話しかけていないか，想像上（イマジナリィ）の他者（アザァ）に話しかけている。……ビデオによる告白の場合，仮想上のパートナーの存在——技術によってもたらされた想像された（イマジンド）他者——が，現に生きている対談者（フレシュ・アンド・ブラド・インタアロキュタズ）よりもずっと力強い感情の導き手（ファシリテイタ）に変えさせる。カメラオペレーターや音響の可動式アーム，ケーブル，カチンコは，魂の告白にとってほとんど恩恵とはならない（1996：88-89）。

　レノフは，表現の自由を大幅に可能にするものとしてビデオの直接性を賛美する。「［ビデオ］モニターは，彼女が自身を（再）生産するように彼女自身だけを主体に示す。また，鏡としてのスクリーンは以下の出来事が展開される空白の表面となるが，そこではまったく受け身の取り入れ（イントロジェクション）というよりは，自己の能動的な投射（プロジェクション）こそが意気揚々と支配しているのである」（1996：90）。
　レノフはまた，告白的なビデオを伝統的なメディアコントロールを超えているという意味で，能力を与えるものと見なしている。それは，しばしば商業的なものではなく，またテレビ市場のきまぐれに影響されやすいものでもない。ある意味において，それはメディアの不均衡を直し「受動的」（パッシヴ）な視聴者（ヴューワーズ）を「能動的な」（アクティヴ）プロデューサーへと変える。これは，ビデオがテレビを双方向のコミュニケーション・プロセスとして再生するということだ。レノフはおそらくいくらか楽観的過ぎで，ビデオ制作が起こし得るインパクトを誇張しているが，彼の論拠の中にはさらに議論を進めることを保証する2つのポイントがある。1つめは，彼がその分析において採用する告白の概念である。フーコーや多くの他の人が指摘しているが，告白はそれ自体，一方向的なプロセスとは程遠い。例えば，権力のネットワークの中でいつも遂行される精神分析において，告白とは支配を通して執行されるものではない。むしろ告白は権力のゲームである。分析者は被分析者を告白するように強要することはできず，むしろ打ち明け話をうまく扱うべきである。被分析者は，快く——カタルシスや治療の目的を持って——反応するかもしれない。しかし，それらの打ち明け話は痛みを伴うか，もしくは困惑させ得るがゆえに，被分析者の側では公表に対する抵抗

2 自分自身を反映する

を示すかもしれない。このように告白はゲームであり、精神分析を受ける人は、そのことから潜在的利益(ポテンシャル・ベネフィッツ)が発生すると感じるならば、情報を与えることを差し控えるか開示することを選ぶかもしれない。観客が、聞くことに集中している告白のための特別な空間を持っているという事実から、単純に利益が生じるのかもしれない。結局、これらの開示は「ノーマルな」話題であると、被分析者が分析者を説得するかもしれない。周知の通り、ドラがフロイトにしたように、もし分析者が被分析者側の視点によって説得されることができなければ、彼らは分析者をはねつけることさえあるかもしれない。 このように、精神分析的な邂逅(サイコアナリティック・エンカウンター)は、被分析者に普通の状況では不可能とされるような権力や空間をもたらすかもしれない。もちろん被分析者のリスクとは、発言を言説へと翻訳されることである。このパラドクスは、その世界が分析者の世界としばしば衝突するクィア〈訳者補注：レズビアン（女性同性愛者）、ゲイ（男性同性愛者）、バイセクシュアル（両性愛者）、トランスジェンダー（自らの性自認が身体的な性別と一致しない人）などのセクシュアル・マイノリティ（性的少数者）を包括する用語として、ポジティブに使われる〉の主体にとって身近なものである。

　ビデオ日記の場合、アイデンティティを表明するという権力は、発言が他者（例えば、メディアもしくは、はっきり言えば学問）によって流用されるリスクを無効にするかもしれない。このように、十分な告白は話すための重要な空間を開き、またその瞬間に重要な権力を生み出す。もし、遠い権威が発言を後に流用したとしても、それは日記の著者自身にとってさほど重要ではないものである。例えば、調査においてジルは言う。「なぜ私は、自分自身についてあなたにすべてを語っているのだろう。もしあなたが私にそうするよう依頼したのなら、私はあなたに話すだろう。だが、あなたは他の人に話してしまうだろうね。そうすると、そうだね、その理由は、私がそれを重要だと考え、言うべき事があると考えるからだね」。

　ここで上げるべき2つ目のポイントは、レノフのカメラモニターを鏡とするアナロジーである。私は、これが重要であると考える。なぜなら、偶然にも想定されている日記の観客について説明するからである。私たちは、メディア生

産物の制作者よりはむしろ視聴者のように自身を想像することに慣れているために，鏡のアナロジーは妥当であるように思う。というのは，私たちはアイデンティフィケーションの強い過程を通して，自らの生産物の観客を想像しがちであるためである。これは私たちが，私たちを私たち自身の生産物の観客として想像するということである。ビデオ日記を撮る者たちやその他の告白者は，自己陶酔的(ナルシスティック)であるとしばしば言われる。ある意味ではビデオ日記の制作は自己陶酔的であるが，それは自己愛(セルフ・ラヴ)という意味においてではない。むしろ日記がそのために構成される想像的な自己という意味においてである（Freud 1914）。このように，著者たちは想像された視聴者への自己陶酔的なアイデンティフィケーションを通して，告白の形式に携わる。さらにこのことが日記を形作っている率直さを説明するが，それは，人は自分自身に秘密を持とうとは望まないはずだからである。

　これらの告白は権力関係の外部で作られるものではないが，素材の明白な本質は，被調査者が発言の意味を固定する試みのために与えられる独特な空間によって促進される。また告白は，想像的な視聴者への自己陶酔的なアイデンティフィケーションによって促進され，そしてあるいは，同様の境遇にある調査者によって想定される共感に満ちた素材の読み(リーディング)によって促進される。最後に，日記はまさしくスタイルにおいて告白的なものとして現れるが，このプロジェクトにとって，著者たちは実際，たくさんの特別な焦点について話すよう指示されていたことを忘れるべきではない。これらのことは本当にありふれたことであって（達成されるかというよりも，いかにしてアイデンティティが表現されるかという点で），ゆえにこれらは，例えば精神分析的な邂逅と直接的に比較することはできない。この〈調査〉形式を考えると，著者たちの反応の率直さは依然として驚くべきことである。しかし，この率直さが真実そのものであると理解するほどに圧倒されるべきではない。むしろ，これらの報告は表象である。

　日記の内容に関する最後のポイントは，特にビジュアルな性質と行為や小道具をもたらす可能性にかかわる。私たちの多くは，見せびらかすために選ぶ服やインテリア装飾，本，レコード，CDの類いのような文化的生産物の異なっ

2 自分自身を反映する

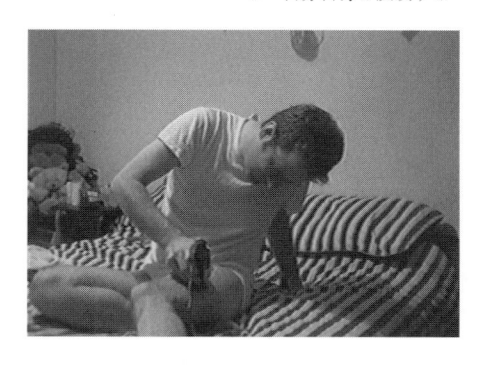

た配列を通じて，自らのアイデンティティをビジュアルなやり方で表出する。著者たちは，そのようなビジュアルなやり方で彼らのアイデンティティの諸側面を露わにすることに熱心である。プロジェクトの指示として，著者たちは特定の状況で，いつも着ているものを着るように指定されていた。しかし，彼らの多くは衣装ダンスを渉猟し，衣装の流行や特定の小物を特別な意味に結びつけたりして，指示以上のことをした。彼らは，音楽や本のコレクション，ポスター，印刷物を見せるために，しばしばパノラマショットを使用し，また個人的に重要な意味を帯びたアイテムに目を向けさせた。

　日記のビジュアルな特質はまた，特別な状況もしくは活動から生じるある程度の演技を可能とした。毎日の仕事で遭遇するオフィスショットがあったり，体の毛を剃ったり，ホルモン錠剤を飲んだりといった非常に私的な活動があったり，それらの儀式(リチュアルズ)に関する議論が加えられた。そのようなパフォーマンスは，しばしばビデオ日記を撮る者のアイデンティティの中核とされるが，それはまた時々，ある程度のアンビバレンスを伴って議論された。ビデオ日記を撮る者たちの何人かはより「芸術的な(アーティスティック)」構造をとる傾向にあり，例えば，詩の朗読やBGMを含んでいた。ビデオ日記は，アイデンティティのビジュアルなパフォーマンスや，アイデンティティが身体，ホーム，職場の表面に位置づけられる興味深いあり方をとらえる。まとめると，アイデンティフィケーションの間テクスト性(インタァテクスチュアリティ)は（その限界同様に），類似した小道具もしくは文化的生産物が異なる日記を超えて存在するあり方において明らかである。実際に，アイデ

ンティティは正に日記の構造の中で表現されるのかもしれない。そしてそれは，しばしばテレビ番組や映画のテクスト的・ビジュアル的なコードを借用している。ジェームス（James 1996：125）は説明する。

　ビデオは自伝的自己が語りを通して存在するようになる舞台を提供するが，語りはビデオを通してのみ現実化される。言葉はいつも，その特別な電子機器による映像化（ヴィジュアライゼイション）を通して媒介される。一連のテープでこの媒介を調べてみると，……［生活を］構成する社会関係がそれ自体，以下のものを通して同じように媒介されているのである。それは，テクストとしてのビデオ，社会過程としてのビデオ，視聴覚的な電子情報としてのビデオ，そこからこの情報が生み出される社会的制度と装置のネットワークとしてのビデオを通して，である。

主体を映像化（ヴィジュアライジング）する

　しかしながら，日記が告白的であるとだけ示唆するのは間違っているだろう。ビデオ日記が自家療法の類いを表象しているという考えは，特に形式の面からは部分的に正しいが，しかし日記が表す他の形式がたくさん存在する。例えば，サイモン・ブレット（Dinsmore 1996：44）は，日記がいかにして相異なる多様な役割を果たすのかを記述する。

　それは，告白もしくは弁解に役立ち得る。それは，現実を彩るのにも，怒りをぶちまけるのにも用いられ得る。それは，剥き出しの事実の記録もしくは散文のゴシック様式の記念碑となり得る。放蕩者の武勇伝を記録し得るし，憂鬱な感情の浮き沈みを記録し得る。それは若者の大志や老人たちの幻滅を年代記に載せ得る。

　確かに，それらすべての要素は私が集めたビデオ日記に現れ，ビデオ日記を撮る者たちの間で，そして日記の中で，採用された形式はかなり様々であった。

ビデオ日記は、他の方法では生まれないであろう、被調査者の映像化への関心と機会とを生み出す非常に特別な方法である。しかしながら、結果としての「データ」をいかにして取り扱うのかという、より一般的な論点もまた議論する価値がある。ここで、私はいくつかの中心的で、大部分は解決されていない方法論上の論点を見る。ここでそれを解決しようとはしないが、私は少なくともそれらの効果やフィールドワークの権力関係(パワー・リレーションズ)を更新するのに役立つ方法を示したい。

自己を書く、他者を書く

　方法論的な技法の数々は、フィールドワークにおける権力の論点に対処するために発達してきた。そして私は、これを例証するために以下の節でまったく違う2つの例を用いる。再帰性の概念はおそらく最も知られており、特にエスノグラフィーや人類学的な研究の方法論上の討議において中心的な位置を占めてきた。自己認識(セルフ・アウェアネス)や自己吟味(セルフ・スクリューティニー)の一種である再帰性が要請するのは、被調査者のポジションを調査するのと同様に、調査者が調査プロセスにおいて自分のポジションを考察することである。それは、調査者と被調査者の間での対話的(ダイアロジック)で透き通った(トランスペアレント)過程としての調査という考えを促進し、調査者のポジションが、フィールドや後に続く解釈における相互作用を形作る方法を明確化しようとする。伝統的なアカデミックな調査において想定されている客観性や価値中立性とは反対に、再帰性は上述の考えをおおいに推奨する。しかし、それ

は批判的な吟味を求める自己に関する考えによって下支えされる。

　アカデミックな実践として，再帰性は2つのことに依存している。1つ目に，自己の安定的な意味に頼っている（Skeggs 2002を参照）。2つ目に，自己の中で，自己反省(セルフ・イグザミネイション)の内的(インタァナル)な過程が起こるべきであるとされる。しかしながら，ポスト構造主義の考え(コンセプションズ)はそれらの両方のポジションを不要にする。それは自己をその言説の横断(インタアセクション)の外側(エクスターナリー)に，そしてパフォーマティブな論理の中に位置づける。さらに再帰性は，しばしば反映と関連づけて考えられる。再び，反映は，通常の語法におけるように，引きこもって，他者から離れ，外部の影響から切り離れているときにおこなわれる何かとして考えられているのであるが，これまたポスト構造主義の行動指針(アジェンダ)が暗示する言葉の中に手掛かりがある。その言葉は自己の内的過程を意味するとみなされてきた一方で，それはまた他の意味を含んでいる。つまり，鏡のように（もしくは後で私が議論するカメラレンズのように），自己は外部の位置(エクスターナル・ロウケイション)から反射されるが，同様に言説において，自己はアイデンティティ・カテゴリーを反映し／それによって構築される。だから，自己の反映や再帰性の実践は，安定した主体の内的過程として見なすのではなく，むしろ外的(エクスターナル)なポジション，理解，説明と見なし得る。

　この概念化から明らかなことは，潜在的な自己——また自己が再帰的である可能性——は，言説編成(ディスカーシヴ・フォーメイションズ)への接近によって制約されている，ということである。このように，いくつかのアカデミックな自己が，理論的，政治的，法的，ジャーナリズム的，セラピー的，テレビ的な言説，そして状況づけられた(シチュエイテッド・)言説(ディスコースィズ)に接近する一方で，他の自己はそれらの後者（その場合にも，一部の人々にとって利用可能なテレビ的言説や状況づけられた言説は厳しく制限されている）に接近することができるだけである。ここから出現するものは，連続的に存在する自己である。一方の極には「言説的な富裕層(ディスコース・リッチ)」がいる——彼らは文化資本的・社会資本的に高いレベルにあり，高学歴である。また，図書館や，同僚や友だちとの知的な議論，「知性的(インテリジェント)な」テレビ番組，芸術や文学の批評，カウンセリングやセラピー（高い価値づけをされているすべての言説）が入手可能なのである。もう一方の極には「言説的な貧困層(ディスコース・プア)」がいる——彼らは実践的，職業的

に教育を受けている(ほとんど価値付与されていない言説のみ入手可能である)。しかしながら,これは「労働者階級〔ザ・ワーキング・クラス〕」に抵抗もしくは創意工夫の可能性がないと吹き込むものではない(スチュアート・ホール〔Hall 1980〕や他の多くの者が指摘しているが,状況づけられた言説はしばしば非常に反抗的である)。

　この状況は,「言説的な富裕層」にとって利用可能な潜在的な言説的ポジションの過剰さのために,後期近代にはより複雑なものとされている。大変多くの理論家が指摘してきたように,近代において,自己の概念は厳格なコードのセットに限定されていた。だから,自己と見なされるようなそれらの自己は非常に限定されてきたのである(Shildrick 1997を参照)。これが,調査者の解釈を特権化し,被調査者のポジションを「虚偽意識〔フォールス・コンシャスネス〕」としておろそかにするアカデミックな権威を,問題のないものとする。しかしながら,アカデミーにおける批判的言説の導入〔イントロダクション〕と馴化〔ドメスティケイション〕は,アカデミックな自己の脱中心化〔ディセンタリング〕の始まりをもたらした。それぞれの潜在的な自己は,文化資本(状況づけられた知識)の新たな形式の多くをもたらしたが,同時に選択の不安をもたらした。新たな説明に役立つポテンシャルをもたらした新しいフェミニストの自己は,あるべき「正しい〔コレクト〕」自己なのだろうか。この不安は,「事情に通じている〔イン・ザ・ノウ〕」ことによってのみ分かるような常に変わる用語のセットを伴って,政治的な正しさが1980年代と90年代におけるアカデミーを支配するに至った時,最高潮に達した。それらの言説が増えるにつれて,中心の権威的な声を弱体化しようとする文化の中でめいめいが公認〔ヴァリデーション〕を受け,説明はどんどん一時的で偶然的なものとなるため,私たちは今や常に変わるそれらの言説との関連で私たちの自己を考えることに,ますます多くの時間を費やさなくてはならない。ますます再帰的な社会〔リフレクシヴ・ソサイエティ〕(そしてアカデミー)となるように見えるが,ただ単に,そこで潜在的(言説的)な「ポジション」の数が非常に増えているのである。

　調査者の個人的なポジションを認識し,調査者と被調査者の距離を克服する一つの方法は,自伝的な実践とされてきた――調査者の自己や経験をテクストに書くということである。しかしながら,エルスペス・プロビン(Probyn 1993)が指摘したように,これは調査者の経験に,被調査者のそれよりも特権

第Ⅰ部　自己，アイデンティティ，家庭内の空間をありありと描写する

を与え得る。さらに，ティム・メイ（May 1998）が説明するように，皮肉なことだが，社会科学の方法論の問題化(プロブレマタイゼイション)は，ある条件においては「権威的な(オーソリアル・)権威(オーソリティ)」というような再特権化(リプライヴィレッジング)を導いてしまう。典型的には，調査者の経験やアイデンティティに基づく時である。というのは，アイデンティティは道徳的に政治的に高い見地の類いを構成することになるが，その見地においては，批判的分析は「経験(イクスペリエンス)」よりも重要ではないとされるのである。

例えば，フェミニストの調査者は長い間，「〜の女性の経験」を記録することに関心を持ってきた。そこでは，女性であるということは，調査を認証する(ヴァリデイティング)上で最も重要な指標とされている。例えば，サラ・ピンク（Pink 2001）は，「私はみんなをわざと置いていくことはない：HIVに感染した母親が子どもに遺したビデオテープの遺産」（Barnesほか 1997）という研究プロジェクトを，優れた再帰的なビジュアル調査の例として引用している。彼女が説明するところでは，AIDSにかかわる病気で死ぬ女性が，理解するには早すぎる子どもが未来に見るためのビデオ「レター」を作るのに，調査者が「力を付与した(エンパワード)」とされる。女性に「力を付与した」ことで，調査者は，録画された素材を，被調査者らが普通調査者に提示するであろう想定上の「公的な(パブリク)」考えに対置された，女性の想定上の「私的な(プライヴェイト)」考えに接近するために見る。ピンクが説明するところによると，これは女性についてなされたのではなく(アバウト・ウイミン)，女性のためになされた(フォア・ウイミン)ので，よい調査である。この公式は，見たところ同質的(ホモジーニアス)であるが，実際には高度に差異化されている(ディファレンティエイテッド)，等しいとされた「女性」の間の根本的に不平等な

2 自分自身を反映する

権力を隠しており，また以下の疑問を投げかける。すなわち，どの女性_(ウイチ)のためのものか。このような等質化_(イクエイション)は，その本質主義_(エッセンシャリズム)の立脚点についての広範な批判に晒されてきた（Harding〔1986〕やHaraway〔1996〕の議論を参照）。しかしながら，私が指摘したいのは次のことである。すなわち，関係した調査者によると，女性のビデオ日記を撮る者たちは，彼女らの状況について「真実_(ザ・トゥルース)」を語っていると信用することができず，ゆえに彼女らの釈明は同じように特権を奪われた子どもたちによって媒介されるべきである，ということである。これこそ作動中の区別_(ディスティンクション)が明らかな例である。これによって，調査者ら（事情に通じる）は，彼女らの代わりに「語ること_(スピーキング)」によって，「よく分かってない_(アンノウイング)」「一般の女性_(オーディナリ・ウイミン)」から自身を区別する。つまり，「女性のため」という公式は，「女性」が調査過程においてまったく異なる権力の場を占めているということの認定_(アクノウレッジメント)によって破られる。

　調査者と被調査者の違いを最小化する試みによってヒエラルキーを平坦にする_(フラットニング)ことは，被調査者による検証を通して試みられもしてきた——調査者の釈明が彼等の視点を反映していることを被調査者に是認させるなど——が，それは被調査者の情報_(インプット)をさらに完全に認定することによって，例えば被調査者を共著者として位置づけることによって（Bell and Nelson 1989），なされてきた。この戦略もまた，権力，差異_(ディスティンクション)そして流用についてのきわめて重要な問いを引き起こす。白人のフェミニスト学者ダイアン・ベルは，アボリジニーの被調査者，トプシー・ネルソンと共著したのだが，彼女自身のポジションを正当化するためにネルソンの名前とエスニシティとを流用したことで非難された——どんなにネルソンが反対のことを表明しようとも（Bell 1993）。

　サラ・アフマド（Ahmed 2000）は，ベルとネルソンの親密性は戦略的で単なる知の技法であったと論じているのだが，それはスピヴァクの『サヴァルタンは語ることができるか？』（Spivak 1988）を参考にしながらのことである（だが，この中でスピヴァクは書く_(ライティング)ことについて書いているのだが）。サヴァルタンは，そのような資源からまさに排除される効力によって，サヴァルタンなのである。だから，私たちがサヴァルタンの声を探す必要があるのは，書かれたものの中で

87

はないのである。サヴァルタンはおそらく，私たちが考えたがる以上に自分たちの表象に精通している。リッキー・レイクもしくはトリシャのようなトークショーは，一般的にその下品さゆえに酷評されているが，サヴァルタンの多くが自分のことを聞かせるのはこうしたショーを通してなのである（Gamson 1998）。もちろん，これらの証言は倫理的な枠組みで解釈されるが，「ゲスト」はいつも観客もしくは司会者に黙従するわけではない。おそらく私たちは，単に見るべき場所を間違っているのである。私たちはサヴァルタンがいかにして表象されてきたかではなく，いかにしてサヴァルタンが自身を表象することができた(クッド)のかについて正確に考え続ける必要がある。結局，スピヴァクの論拠は聞かれることにかかわるよりも語ることにかかわることが少なく，これは人類学やエスノグラフィーにおける，書くことや被調査者の潜在的な流用をめぐる広範囲な問いを提起している。

流用された自己？(アプロプリエイティド)

　ここでの討議の重大な関心は，以下の推　定(アサンプション)である。それは，アボリジニーの女性と(ア)して経験を共有したというネルソンの想像上の主張に基づいて，真実味のあるものとして自身の論拠を確かなものとするために，ベルがネルソンを利用したという推定である。ここで真実であるという主張は，あたかも経験が介在しないかのような経験によって正当化されている。だが，ひとたび生活史が経験を生産し，経験が知識を生産するという考えなしで済ますとすると，私たちが有するのは単に1つのポジションであるか，もしくは調査者やインタビュアーによって様々に採用される複数のポジションのセットである。このように私たちは，エスノグラフィックな介入を，真実であるという主張としてではなく，継続中の討議におけるつかの間のポジションとして見ることができる。アカデミーはもはや同質的な団体ではない。つまり，そこにいる人々は，様々に異なるポジションや理論的伝統を代表する。緊張関係が維持されることで，知識は生産的となる。——ひとたび私たちが最後の「正しい」ポジションに到達してしまうとすれば，私たちは新たな言　説　構　造(ディスカーシヴ・ストラクチャアズ)との関係の中でなさ

2 自分自身を反映する

れる批判的な反映の過程を見失うのである。同じように，もし討議が，調査をおこなう「間違った」方法に焦点を当て続けるのなら，私たちはアカデミーをさらに内向的にするという危険を冒す。私たちが，どんどん狭まっていく円環でおこなわれる倫理的な討議の行き詰まりを避けるためにすべきことは，あえて*間違う危険を冒し*,「自分たちの間違いから学ぶ」ということである。

　その上，もし私たちがベルをめぐる討議を支えている推定のいくつかを検討すると，さらに調査上の関係についての問題のある公式化が現れる。トプシー・ネルソンが利用されたという考えは，彼女の唯一の役割が，調査者に経験を提供することであるという前提に基づいている。そして，ダイアン・ベルは解釈を提供し，ネルソンの経験を彼女に代わって「生産する」。もし，ネルソンが解釈において同じ役割を担っていたなら，彼女は流用されなかった。つまり，彼女は単に貢献者である。このように，ネルソンを流用しているとする考えが基づいている推定とは，自身のため自らの世界を解釈することができないという彼女の無力や，この推定に対して異議を唱える彼女の「虚偽意識」なのである。さらに，ベルに解釈の技能があると考えるという事実は，ネルソンの持っていない，そして持ち得ない，たとえそれらをベルが「友情」を通して彼女に説明したとしても，理論的技法（例えばフェミニスト理論）を自由に使えるという前提に基づいている。このように，ベルは解釈的な思考が生まれつきできるような者として位置づけられ，一方，ネルソンはそれができない者として位置づけられる。この組み立てが無視しているのは，

89

第Ⅰ部　自己，アイデンティティ，家庭内の空間をありありと描写する

アカデミックな主体の生産におけるアカデミーの技術である——すなわち，学ぶことは社会的過程であって，生まれつき与えられた能力ではないのである。アカデミックな主体が声やテクストを与えることをかたくなに拒否する時，しかも彼らの解放の名のもとに拒否する時，サヴァルタンは語ることができない，もしくは書くことができないということに何の不思議があるだろうか。

流用もしくは拡張？

　調査者として，私たちは他者の物語(ストーリィズ)を集める。そして私たちは，「私たち」にこそ自由にできて，「彼ら」には（少なくとも最初は）できないであろう言説に照らしてそれらを反映する。しかしながら，私たちはいつも，流用について，被調査者に対して振るわれる暴力として考えなくてはいけないのだろうか。流用の本当のポイントは，他者の一部を流用者が獲得するということである。
　「自己を消費する視点(カンサンプション・ヴュー・オブ・ザ・セルフ)」において，ムンロ（Munro 1996）は拡張として，あるいは義肢(プロススィーシス)として，自己を概念化(コンセプチュアライズ)する——私たちが有効に調査過程にあてがうことができるという考え方である。調査者として，私たちは主体や客体を消費し，私たちの自己を補いながら調査の場の中で行動している。ムンロは，根底において補完されていない自己，中心化されている内なる自己などはなく，むしろ自己のすべては義肢であると注意深く指摘している。私たちは自らおこなってきた流用の総和に過ぎないが，もちろん私たちの中には，自らの「運動(ムーヴメント)」（言い換えれば，様々な「他者」との接触）のために，さらには「言説的な富裕層」であることによって，人よりも流用の潜在能力を有する者もいる。しかしながら，調査対象を無力化(ディスエンパワード)された客体へと矮小化するよりはむしろ，ムンロは共有(シェアリング)というメタファーを動員する。このように，（調査）対象は積極的な仕方で私たちと共有するのである。すなわち，「人々はものを存在させ，他のものをないものとすることに積極的である。人々，物，言葉をめぐる明白な消費，それと並んで，見たところ消費ではないものは彼らの所属(ビロンギング)を例示している（Munro 1996: 256, イタリックはオリジナル）。ムンロがコミュニティにおける文化の共有に言及するためにこの概念を使用する一方で，私たちはコミュ

2 自分自身を反映する

ニティや諸個人による文化の調査者との共有について話すためにそれを使用する（というのは，コミュニティが独自の権力のヒエラルキーを持たないものではないからである）。

利己的利用（エクスプロイテイション），流用，そして権力についてのこれらすべての苦悩は，ただ単に，調査における主体 - 客体関係，つまり調査者の自立した自我を強化するように働くように見える。たとえアカデミックなものでも，私たちもまた言説の生産物であることを認めてもいい時だ。調査者が「科学」の発展のために調査対象を不当に利用する権利を持っていると感じていた時代における社会科学の被調査者の粗末な扱いへの懸念は，「正しい」ポジションへと移動するというノイローゼ的な懸念によって取って代わられてきた。これは，私たちが被調査者を利用する方法についての懸念よりも，学問が互いに割り当てあう（象徴的な（シンボリク））暴力とさらに関係がある。プロビンが指摘するように，私たちが見出そうとする再帰性はテクストの中にあり，実践においてはではない。

　　エスノグラフィーの中に自己反省性（セルフ・リフレクシヴィティ）が出現することで，主体性（サブジェクティヴィティ）についての認識論的（エピステモロジカル）・存在論的（オントロジカル）な問いがより直接的に表面化する。簡単に言えば，私たちは自己反省的な自己が正確に何を反映しているのかを問う必要がある。加えて，その自己がどこに位置づけられるか，そしてそれが，身体的かテクスト的（ア・フィジカル・オア・ア・テクスチュアル・エンティティ）な実体のいずれなのかを明らかにする必要がある（Probyn 1993：62）。

再帰性が調査者に限定され，表象がテクストに限定される時，伝統的なアカデミックのテクスト（これはそのうちの1つだが）に現れる自己反省的な著者によって，被調査者の自我が受動的なものと見なされ，不当な利用にさらされるということは，驚くべきことではない。しかしながら，私が集めたビデオ日記の素材を通してセクシャリティ研究のビジュアルな構成要素を提示する中で，私の再帰性は，ビデオ日記を撮る者たちの発言にまで立ち返って言及する観客のメンバーによって何度も批判されてきた。このように，ビデオ日記を撮る者

たちの自己や彼らの反映は、仮に私が、単に彼らの釈明を私の言葉で詳細に話していたであろう時よりも、私がビデオを通して構築した著者のテクストにおいてさらに現前するように思われる。キャロライン・ノウルズが説明するように、「テクストが開き、読者を導き入れるのは、まさにビジュアル・イメージ（同じく直接の引用で聞こえる声）においてである」(Knowles 2000 : 18)。

反映を共有する

「物(グッズ)の価値は、お互いがお互いを見ることで判断を発揮する『成員(メンバーズ)』が、それらを利用することの中にこそ横たわっている。このように、可視性(ヴィジビリティ)についての観念は共有の可能性を理解することの中核をなす」(Munro 1996 : 256)。

ダグラスとイシャーウッド (Douglas and Isherwood 1980) による調査を参考にしながら、ムンロは、自己を消費する視点を、物の配置を通して身体によって演じられるような文化の可視性と関連づけている。消費は、「人や出来事を階層化(クラシファイイング)する流動的な過程の中での判断の特殊なセットを、安定して目に見える(ヴィジブル)ものとするために、物を使用する」(Munro 1996 : 56 での Douglas and Isherwood の引用)。私たちの共有された文化を目に見えるようにし、個人を社会的なもの——共有された文化的コードのセット——へとまとめあげるものこそ、この物の消費である。私の調査にとって重大なことであるが、ビデオ日記を撮る者たちによって可視化された客体は、彼らに共有された文化（そしてその中での相対的な位置）を確かなものとするだけでなく、承認(アドミッション)を通じて、カメラ／調査者／観客と彼らの文化を積極的に共有もするのである。このようにビジュアルなもの、そしてビジュアルな方法論は、文化の共有において中心的な役割を果たす。

さらに、文化の証人(ウィットネス)となることの性質については、特別にビジュアルな何かが存在する。クロード・ランズマンの映画「ショアー」——ホロコーストの生還者の証拠となる声明(ウィットネス・ステイトメント)を全面的に扱っている映画——に関するショシャナ・フェルマン (Shoshana Felman 1992) のエッセイは、証言(テスティモニィ)の重要性と証人の役割を採用することを記録している。重要なことに、彼女は話す(テリング)という行為にお

2　自分自身を反映する

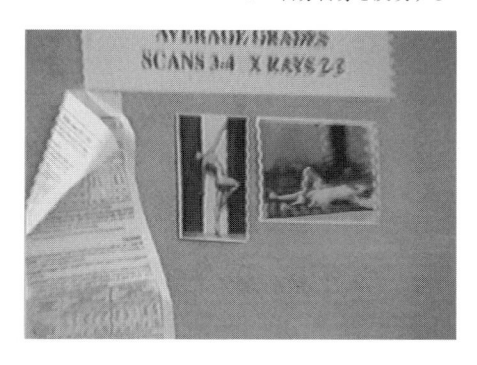

けるビジュアルの役割を強調している。「映画は，水準と方向の同時に起こる多様性(マルティプリシティ)を調整するまさに媒介物(ミーディアム)になるように思う。媒介というのは，ビジュアルに（そしてオーラルに）ほかならぬ書くことの不可能性を刻み込む(インスクライブ)――映画的に立証する――ことができるのである」(Felman 1992:248，イタリックはオリジナル）。

　私は，私の被調査者が作った日記とホロコーストの生還者の証言を同一視することはどうしてもしたくないのだが，その過程においては共振(リゾナンス)するように見える何かが存在する。ビデオ日記には，しばしば同種の証言が集積するように思われた。

　それは，ゲイであることの苦しさよりは，「悲しき若い男」(Dyer 1993)の性格描写(キャラクタライゼイション)に表象されている苦しみの神話を一掃しようと試みるものが多かった。ビデオ日記を撮る者たちは，「記録をまっすぐに整えるように」強要しているようだった。

　このように，不当に迫害された受動的(ヴィクティマイズド)な被調査者という概念は，証人となる機会によって（少なくとも）緩和されねばならない。前の描写(ディピクション)は，おそらく，ビデオ日記を撮る者たちの経験を正確に描くよりも，自律的な調査者のイメージをさらに強化する。被調査者の流用に関して，私たちはビデオによる媒介を，複雑で多層的なテクストを記録する方法として見るべきである。それは，被調査者が専門的な能力(エクスパーティーズ)――自己提示，文化を目に見えるようにすること(ヴィジブライジング・カルチャア)，文化を分かち合うこと(シェアリング・カルチャア)，証言すること(テスティファイング)の――を持つことへの媒介である。しか

93

し，提示の際には，それがまた釈明の意味(ミーニングス)の全体的な流用を防ぐのだが，それは被調査者が自らの経験に与える意味もまた，まさにずっと目の前にあるからである。従って，提示(プレゼンテイション)において，被調査者と調査者の再帰性は共に現前(プレゼント)しているのであるが，両者は言説の外部にあって完全に中心化された自己ではなく，またお互いや観客から離れているのでもない。再帰性は，ゆえに反映というアイデアによって置換されるべきであるが，それは内的過程ではなく，それを用いて私たちが社会的世界で（それがアカデミーであれ他の状況づけられた文化であれ）説明を探したり，またその説明を私たちの既存の言説のレパートリーや被調査者のものと比較したりする相対的な過程なのである。この反映は，自己の反映がテクストの中以上に十全に現前するカメラレンズを通してこそ最もよく保障される，と私は論じたい。

　最後のポイントは，アカデミックな（または他の）観客によるビデオテクストの「消費」にかかわっている。「カメラは決して嘘をつかない」とは程遠く，熱心なメディアリテラシー(メディア・リタレット・エイジ)のある時代においては，カメラはテクストと視聴者との間の批判的な距離(クリティカル・ディスタンス)を設けることによって，健全な程度の懐疑的な態度(スケプティシズム)を伴って視聴されていると，私は示唆したい。ビジュアルなテクストは，アカデミックなテクストがしばしばするような方法では「真実(トゥルース)」として祭り上げられることはない。少なくとも，ビジュアルなテクストは驚くべきたくさんの解釈を生み出す。このように，カメラレンズは，記録しようとする社会的世界を正確に「反映する」ことから離れ，（撮影される客体の）選択の過程や（提示される素材の）編集の過程，そして多様な「読みのポジション」を生み出す過程を通して，現実に社会的世界を屈折させるのである（プリズムを通した光のように）。観客によるテクストの積極的な創造は，差異化され状況づけられた読みの場のあちこちに，著者のそれと同じように，反映する。

　要約すると，私は，再帰性の考えが以下の理由で無効にされると論じてきた。すなわち，それが，自己についての安定し固定された意味での推定をあてにしているためである。この観念は，外部の考えや言説が自己理解を形作るに至る「反映」の概念に置き換えられるべきである，と私は示唆する。さらに，この

実践は,調査者(という特権的マイノリティ)に限定されるのではなく,「言説的な富裕層」のポジションに存在する人が「言説的な貧困層」よりもより広範な説明を授けられているかもしれないにせよ,すべての主体が従事するものなのである。私はまた,いかにして流用についての「問題」が「拡張」として再概念化され得るのかを(境界づけられ中心化されたアカデミックな自己の具体化を拒否することで)示した。そこでは,すべての自己は実際に蓄積され,そして「共有される」。最後に,私は,ビデオに基礎を置いた調査の観客に利用可能な,多様な解釈的ポジションを描き出すカメラレンズによって促される「屈折」の観念を採用した。それによって,社会的「現実」を生産する際のアカデミックな調査者の中心性が小さくなるのである。

文献

Ahmed, Sara (2000) *Strange Encounters: Embodied Others in Post-Coloniality*, London: Routledge.

Barnes, D., Taylor-Brown, S. and Weiner, L. (1997) '"I didn't leave y'all on purpose": HIV-infected mothers' videotaped legacies for their children', in S. J. Gold (ed.), 'Visual methods in Sociological Analysis', special issue of *Qualitative Sociology* 20(1): 7-32.

Bell, Diane (1993) 'The context', in Diane Bell, Pat Caplan and Wazir Jahan Karim (eds.), *Gendered Fields: Women, Men and Ethnography*, London: Routledge.

Bell, Diane and Nelson, Topsy (1989) 'Speaking about rape is everybody's business', *Women's Studies International Forum* 12(4): 403-447.

Brett, Simon (ed.) (1987) *The Faber Book of Diaries*, London: Faber and Faber.

Dinsmore, Sue (1996) 'Strategies for self-scrutiny: video diaries 1990-1993', in Colin McCabe and Duncan Petrie (eds.), *New Scholarship From BFI Research*, London: BFI.

Douglas, Mary and Isherwood, Baron (1980) *The World of Goods: Towards an Anthropology of Consumption*, London: Routledge and Kegan Paul.(=メアリー・ダグラス,バロン・イシャウッド/浅田彰・佐和隆光訳『儀礼としての消費——財と消費の経済人類学』新曜社,1984年)

Dyer, Richard (1993) *The Matter of Images: Essays on Representation*, London: Routledge.

Felman, Shoshana (1992) 'The return of the voice: Claude Lanzmann's Shoah', in Shoshana Felman and Dori Laub (eds.), *Testimony: Cries of Witnessing in Literature, Psychoanalysis and History*, New York: Routledge.

Foucault, Michel (1979) *The History of Sexuality*, vol. 1, Harmondsworth: Penguin.(=ミ

第Ⅰ部　自己，アイデンティティ，家庭内の空間をありありと描写する

シェル・フーコー／渡辺守章訳『性の歴史Ⅰ　知への意志』新潮社，1986年）
Freud, Sigmund (1914) 'On narcissism: an introduction', in J. Strachey (ed. and trans.), *Standard Edition of the Complete Psychological Works of Sigmund Freud*, vol. 14, London: Hogarth Press.（＝ジークムント・フロイト／懸田克躬・吉村博次訳「ナルシシズム入門」『フロイト著作集』第5巻，人文書院，1969年）
Gamson, Joshua (1998) *Freaks Talk Back: Tabloid Talk Shows and Sexual Non-conformity*, Chicago: University of Chicago Press.
Hall, Stuart (1980) 'Encoding/Decoding', in Stuart Hall, Dorothy Hobson, Andrew Lowe and Paul Willis (eds.), *Culture, Media, Language*, London: Hutchinson.
Haraway, Donna (1996) 'Situated Knowledges: the Science question in feminism and the privilege of partial perspective', in Evelyn Fox Keller and Helen E. Longino, *Feminism and Science*, Oxford: Oxford University Press.
Harding, Sandra (1986) *From the Woman Question to the Science Question*, Milton Keynes: Open University Press.
Holliday, Ruth (1999) 'The comfort of identity', *Sexualities* 2 (4): 475-491.
James, David E. (1996) 'Lynn Hershman: the subject of autobiography', in Michael Renov and Erika Sunderburg (eds.), *Resolutions: Contemporary Video Practices*, Minneapolis: University of Minnesota Press.
Knowles, Caroline (with photographs by Ludovic Dabert) (2000) *Bedlam on Streets*, London: Routledge.
May, Tim (1998) 'Reflexivity in the age of reconstructive social science', *International Journal of Social Research Methodology: Theory and Practice* 1 (1): 39-54.
Munro, Roland (1996) 'The consumption view of self', in Stephen Edgell, Kevin Hetherington and Alan Warde (eds.), *Consumption Matters*, Oxford: Blackwell.
Pink, Sarah (2001) 'More visualizing, more methodologies: on video, reflexivity and qualitative research', *Sociological Review* 49(4): 586-599.
Probyn, Elspeth (1993) *Sexing the Self*, London: Routledge.
Renov, Michael (1996) 'Video confessions', in Michael Renov and Erika Suderburg (eds.), *Resolutions: Contemporary Video Practices*, Minneapolis: University of Minnesota Press.
Shildrick, Margrit (1997) *Leaky Bodies and Boundaries: Feminism Postmodernism and (Bio) Ethics*, London: Routledge.
Skeggs, Beverley (1997) *Formations of Class and Gender: Becoming Respectable*, London: Sage.
―――― (2002) 'Techniques for telling the reflexive self', in Tim May, *Qualitative Research in Action*, London: Sage.
Spivak, Gayatri Chakravorty (1988) 'Can the subaltern speak?', in P. Williams and L. Chrisman (eds.), (1993) *Colonial Discourse and Post-Colonial Theory*, Hemel Hempstead: Harvester Wheatsheaf.（＝G・C・スピヴァク／上村忠男訳『サバルタンは語ることができるか』みすず書房，1998年）

3 ハウスシェア生活の空間地図
―― 見逃された好機？

スー・ヒース
エリザベス・クリーバー[1]

想像してみてください――2つの寸描

看護師たち，1998年7月

　看護師たちの住宅（ハウス）――大きな，くたびれたヴィクトリア朝風のセミデタッチド・ハウス〈訳者補注：二分割された戸建て住宅〉――に入ると，リビングから笑い声とおしゃべりが聞こえてくる。20代前半の女性6人が部屋の中に待ち受けており，2人はビーンバッグチェアに座っていて，残りの者は年代物になってきた様々なソファーや安楽椅子――家主から提供されたものもあれば，親からのお下がりもある――に座っている。床――比較的小さな部屋で唯一残っているスペース――に座ると，私たちは即座に歓迎されていると感じた。お茶と共に，私たちのために買ってきてくれたドーナッツを一緒にいかがですかと勧められた。「あまりお客様を迎えることはありませんの」。

　ハウスメイトたちは余暇のほとんどをこの部屋で過ごす。部屋の装飾は，家庭的（ホウムリィ）な雰囲気を作り出そうとする彼女らの努力を反映している。一対のカーテンは，新しめの青いカーペットに合うようにマティーが絞り染めしたものであるし，壁はジェーンのボーイフレンドによってオレンジ色に塗られ，ランプシェードは紫色と青色とにスプレー塗装されている。修理（故障）状態がまちまちの，その部屋にある3台のテレビのうちの1台が置かれている部屋の隅に，私たちは特大の料理ワゴンを見つけ，それが疑わしげな審美的魅力（クエスチョナブル・イースタティク・アピール）よりもむしろレトロな質（レトロ・クォリティズ）で彼女たちに評価されていると知るが，それにもかかわらず，

それはカバーで覆われたままになっている。マティーとルーがゴミ捨て場から50ペンスで持って来たもので、「本当の掘り出し物」だ。VCR〈訳者補注：ビデオ・カセット・レコーダー〉も同様であり、彼女ら6人がお金を出し合って10ポンドで獲得したものである。

いっそうの個人的接触(パーソナライズド・タッチィズ)は、もっとも感銘を与える。ソファーの1つの上の壁には、ハウスメイトたちが最近トルコで過ごした休日の写真のコラージュがある。彼女ら6人全員が写っているこれらのスナップのうちの1枚が、フレームに入れられて窓台の上に置かれている。休暇先からのポストカードからいくつか選んだものが隣接した壁を美しく飾り、飾りランプが部屋の2つの窓のうち1つの周りに数珠つなぎになっており、歌手のゲイリー・バーロウのポスターが台所のドアに貼ってある。リビングのドアの背面には、今や時代遅れになってしまった「ワールドカップ　'98」のポスターがある。TVの司会者のデール・ウィントンのポスター——これは「私たちの壁に貼ってある唯一センスのいいもの(クラシー)」としてそっけなく評された——は、最近居間から追い出されたのだという。「デールはいなくなったの。青い壁もね」。暖炉のいずれの側の棚にも、料理の本、海外旅行から持ち帰られたほとんど未開封のリキュールの瓶、いくつか選ばれたグラス、エアロビクスのテープや「シャロウ・グレイヴ」「ブラスド・オフ〈訳者補注：邦題は「ブラス！」〉」「トレインスポッティング」などの人気英国映画を含む様々なビデオテープが収納されている。

最も傑出しているのは(ピエス・ド・レジストンス)、「最も安っぽい、最もうんざりさせる土産」のキッチュの殿堂(シュライン)である。暖炉の上のマントルピースにある「安っぽい贈り物の棚」に飾られ、最近、トルコで過ごした休暇から各人が持ち帰った土産によって増量している。「わたしたちは家に着くまで、どんな安っぽい贈り物を買ったかをお互いに見せることが許されなかったの」。彼女たちの友人たちまでも、このコレクションに寄付し始めた。「他のみんなも尻馬に乗ってしまって。だから、遠出をする人がいると、また1つがらくたでいっぱいになるの」。そのコレクション——ロシア人形、様々な「有用な(ユースフル)」機能を果たすように細工された貝殻、扇形のレターホルダー、各国の衣装を着た人形——を見ると、彼女たち

はこういう風に「がらくたでいっぱいになる」ことを本当は意に介していないのだと考えざるを得ない。少しも気にしていないと。

ハリエットとアンドルー，1998年11月

　ハリエットとアンドルーが，礼儀正しく握手して私たちを玄関で迎えた。私たちは，ハリエットが親切に勧めてくれたお茶をいただくが，飲んでいるのが私たちだけであることに気づく。ハリエットは自分の分は入れず，明らかにアンドルーにもお茶は勧められていなかったのである。その他2人のハウスメイトが同席する予定であったが，彼らは来られないと詫びるメッセージを寄せていた。

　私たちは完璧に整頓されたリビングへと案内される。ここまで整頓するのは難しくはない。というのも，そこには実質何もないからである。1980年代風のソファー2脚，木製チェスト上のテレビと，部屋の中央にあるガラスのコーヒーテーブル──上には何もない──を除いては。壁の棚には，読み捨てられた本や雑誌が何冊か置かれている。クリーム色に塗られた壁には，額縁に入れられた複製画が何枚か，ローリーが1枚，マネが1枚，そしてやや味気ない海辺の絵（歯医者の待合室，あるいはビジネスホテルの会議室にありそうな類のもの）が2，3枚掛かっている。

　アンドルーとハリエットは3人掛けのソファーの両端に座り，リズ〈訳者補注；エリザベス・クリーバー〉と私〈訳者補注；スー・ヒース〉はその隣の2人掛けのソファーに座る。「ここにあるあらゆるものが，この住宅のものです。まあ，明らかなことでしょうが，家主のものということです」とアンドルーが説明する。「部屋にあるもので，私の物は何もありません。何1つありません」。「物を置くことを許してもらえそうですか」と私たちは尋ねる。「ええもう，それはきっと大丈夫だと思いますよ。現状で問題ないので……」。いずれにせよ，彼らはこの部屋をほとんど使うことはない。「ただし，「アリー・マクビール」〈訳者補注；邦題は「アリー my ラブ」〉が放映されている時は，皆がここにいます」。一般的に彼の日常は，起床して，仕事へ向かって，帰宅して，食事して，

第Ⅰ部　自己，アイデンティティ，家庭内の空間をありありと描写する

友だちに電話して，パブへ行って，寝るというものだ。「それが私の悲しい生活です」。そしてハリエットは？「実のところ，同じです」。

　帰途の車中で私たちは，このインタビューをそれ以前の10件と比較してみる。その他の世帯のほぼすべてで多くの笑い声が聞こえたが，ここではわずかしか聞こえなかった。リズが的確に指摘する。「彼らはお互いを知らないのよ」。

1990年代のシェア生活の調査

　私たちは，若者たちのハウスシェア世帯での家庭内の空間に関する研究当初のイメージを生み出すのに，本書の他の寄稿者と違って，フィールドノートとインタビューの書き起こしに頼ってきた。私たちのプロジェクトは，元の調査デザインにおいて写真画像をとり入れることを想定していなかったが，フィールドワークの途中で，私たちは調査回答者が撮影した写真で実験してみることにしたのである。この実験の規模の小ささ——私たちの調査に含まれる25世帯中2世帯のみにしかかかわらない——を考慮し，私たちはこれらの画像を分析における基本データ源としては使わないことにした。それにもかかわらず私たちは，テクストに基礎づけられたデータの限界についてのいくつかの重要な教訓，およびこの分野での将来の調査プロジェクトにおける写真の潜在的な有用性を，この過程から学んだ。

　急速に変わりゆく若い世代の間での世帯形成パターンという幅広い背景の下で設定された私たちの調査は，ハウスシェア世帯で生活している18歳から35歳の非在学者の諸経験を探ろうとするものである。センサスの個票データを使った，ハウスシェアしている人々および彼らの世帯の全国レベルでの特徴についての当初の探索を踏まえ，プロジェクトの本体部分では，ハウスシェア世帯における日課並びに，ハウスシェアをしている人がこのような住処へと移転してくる経路について探索した。その結果を受けて，私たちはイングランド南部のある都市に居住する25戸のハウスシェア世帯を対象として，半構造化グループインタビューによる調査をおこなった。これらのインタビューは，77人の居住者を対象とし，世帯の空間と時間の編成，分業，プライバシーや

3　ハウスシェア生活の空間地図

親密な関係(インティマシー)に関する交渉，社会的相互作用と相互支援や，世帯の形成・発展・解体の過程などといった話題を扱った。私たちはそれから，これらの世帯の構成員中63人を対象として個人史の聞き取り(インディビデュアル・バイオグラフィカル・インタヴューズ)をおこない，彼らの全居住歴(ハウジング・ヒストリーズ)を自身の言葉で語ってもらった。

　私たちの元の調査デザインには，ビジュアルな要素が含まれていた。というのも，人気テレビ番組の「フレンズ」や「ディス・ライフ」や映画「シャロウ・グレイヴ」から取られた，ハウスシェア生活を表象する一連のビデオ・クリップに沿って世帯インタビューを構造化することによって，調査回答者のメディア・リテラシーに訴えようと決めていたからである。世帯へのインタビュー調査の各セクションの冒頭には，適切なクリップが見せられたが，それは話のきっかけを作るのに役立ち，また議論に刺激を加える役割をも果たした。多くの世帯の書棚やビデオ・キャビネットにこれらの番組のビデオが並んでいるのに気づき，私たちは笑いと興味を誘われた。さらに，いくつかの場合には，それらのクリップは調査回答者により明らかにそれと認知され，彼らは完璧なタイミングとイントネーションとで落ちの箇所のせりふをクリップに先んじて発した。まさしく，上記のようにお気に入りのテレビ番組を見ることは，最も社交性の乏しい世帯においてさえも一般的な儀式(リチュアル)であり，「フレンズ」が全体の中での人気 No. 1番組の強力な候補者として浮上した。

　しかしながら，私たちのフィールドワークのほとんどは，比較的単純なインタビューに裏打ちされた調査のデザインによって特徴づけられていた。それにもかかわらず私たちは，家庭生活(ホウム・ライフ)における一定の物質的・空間的(マテリアル・アンド・スペイシャル・アスペクツ)な外見上の特徴がハウスシェア生活の経験にとって重要なものとして浮かび上がるかもしれないと予測していた。この予測は，1つには「住まい(ホウム)の意味」に関する文献の知識に根ざしていた。過去25年間に，西洋社会における「住宅」と「住まい」にはいくつかの相互補完的な学問分野(コンプレメンタリー・ディシプリンズ)からの多大な学問的注意(アカデミック・アテンション)がはらわれてきた。私たちの住まいを構成する建物の建築様式・審美的魅力の重要性，および私たちが自らの住まいを個人化する際に使う人工物の意味・意義は十分に立証されており，それらについてここでは詳しく繰り返さない（Desprès [1991]

101

とSomerville [1997] とが、この主題についての包括的な文献レビューを与えてくれている)。しかしながら、住まいの（とりわけ）こうした外見上の特徴が、私たちのアイデンティティおよび社会的・文化的な価値・嗜好の源泉であるとともに表現でもあると見出されていることは、繰り返し述べるに値することである。ティム・ブリンドレイ（Brindley 1999 : 39）は次のように述べる。

> 社会学的な見地(ポイント・オブ・ヴュー)から見ると、住宅は西洋物質文化(ウェスタン・マテリアル・カルチァア)に即して解釈され得るが、そこでは、その組み立て方およびそれが内包する人工物(ファブリック)(アーティファクツ)や物体(オブジェクツ)が、特定の生活様式(ウェイ・オブ・ライフ)の物質的土台(マテリアル・サポート)としても、社会的関係や社会的価値の象徴としても、作用するのである。

加えて、世帯を形成する社会的グループ分け、および世帯の構成員が相互に与える感情的・実践的(エモウショナル・アンド・プラクティカル)な支援(サポート)は、多くの個人の家庭性の感覚(ホウムリネス)にとって土台となる。そのような社会的関係は、しばしば住まいの物理的で物質的な外見上の特徴に反映され、かつそれらによって支えられている。家族や友人グループの写真、世帯での共同購入や一緒に家を飾りつける決定は、「住まい」が単に建物や物質的対象の収蔵物(コレクション)であるだけでなく、社会的な次元をも持つものである証拠として見なされ得る（Kenyon 1999 ; Sixsmith 1986）。

実際、（冒頭の）私たちの場面描写から示唆されるように、ハウスシェア生活の様々な空間的で物質的な外見上の特徴は、ハウスシェア世帯における感情的な緊密さ(クロウスネス)と社会的な結合(コウヒージョン)の有無に密接に絡み合っており、かつそれらを反映(リフレクティヴ)するものであるということを私たちは見出した。換言すれば、感情的な緊密さないし隔たりは、空間的で物質的な現れ(マニフェステイション)を伴いがちであった。グループインタビューをおこなった世帯空間——通常、共有された居間——の「分厚い記述(スィック・ディスクリプション)」を後から作り出すことができるように、これらの部屋の配置と内容とを示す図やメモを残すようにしようと、私たちは初めから決めていた。これは、プロジェクトを通して私たちがおこなったことで、ハウスメイトたちが2つの短いアンケートに回答する間にメモを取り、後で私たちの観察を

3　ハウスシェア生活の空間地図

まとめていた。後知恵ではあるが，ひょっとしたらこれらの共有空間の写真を撮る許可を求めることを考慮すべきだったかもしれない。とはいえ，後述するように，これは幾分疑念を受け，正当な要求として見なされなかったかもしれない。

　それにもかかわらず，私たちは各世帯について生活空間の物理的な配置のラフスケッチを描き出し，室内装飾の細かい点——色の配色，ビデオのタイトル，置かれている本や雑誌，版画やポスターや写真の詳細，ボードゲームの有無，酒棚の内容（図版1の例を参照）——についてメモを取った。加えて，私たちはグループインタビューの間に，共有空間と個人空間の使用についてのより広範な議論の一環として，世帯の構成員に，彼らの共有空間の内容と配置についてコメントすることを求めた。共有空間内部の特定の対象を誰が所有しているのか，誰の趣味が装飾の選択に反映されているのか，そしてこれらの対象や空間が時によってどのように使われているのかについて，私たちは尋ねた。これらの議論は通常活発で啓発的(イルーミネイティング)であった。従って，私たちのインタビューの書き起こしは，それぞれ，これらの部屋の物理的な外見(アピアランス)を，またそれらの部屋の使用を下支えする日常生活の常習行為(プラクティスィズ)をも，さらに思い起こさせてくれるのである。

　2，3か月のフィールドワークの後，彼らが私たちに，ハウスシェア生活のいつもの活動(オペレイション)について独自のビジュアルな報告を与えることができるように，少数の世帯に使い捨てカメラを与えるというアイディアを漠然と抱いた。かなり多くの世帯にある枠にはめられた写真が証拠となるように，世帯のイベントは，ハウスメイトたちが写真を撮りたがるありふれた対象であった。よってこれは，容易に受け入れられる形態であろうと私たちは感じた。カメラを使うという私たちの決定は，人間の他の感覚に対する視覚の優先化(ザ・プライオリタイゼイション・オブ・ザ・ヴィジュアル)の認識と，現代文化における視覚の重要性とによってさらに促進された（本書中のノールズとスイートマンの序論を参照）。私たちの家庭内の生活(ドメスティック・ライヴス)の触れることができる外見上の特徴(タンジブル)——住宅のタイプ，その外面の装飾秩序，窓越しに飾られている庭の人工物，そこに住む人々と彼らが示し支える生活様式(ライフスタイル)

第Ⅰ部　自己，アイデンティティ，家庭内の空間をありありと描写する

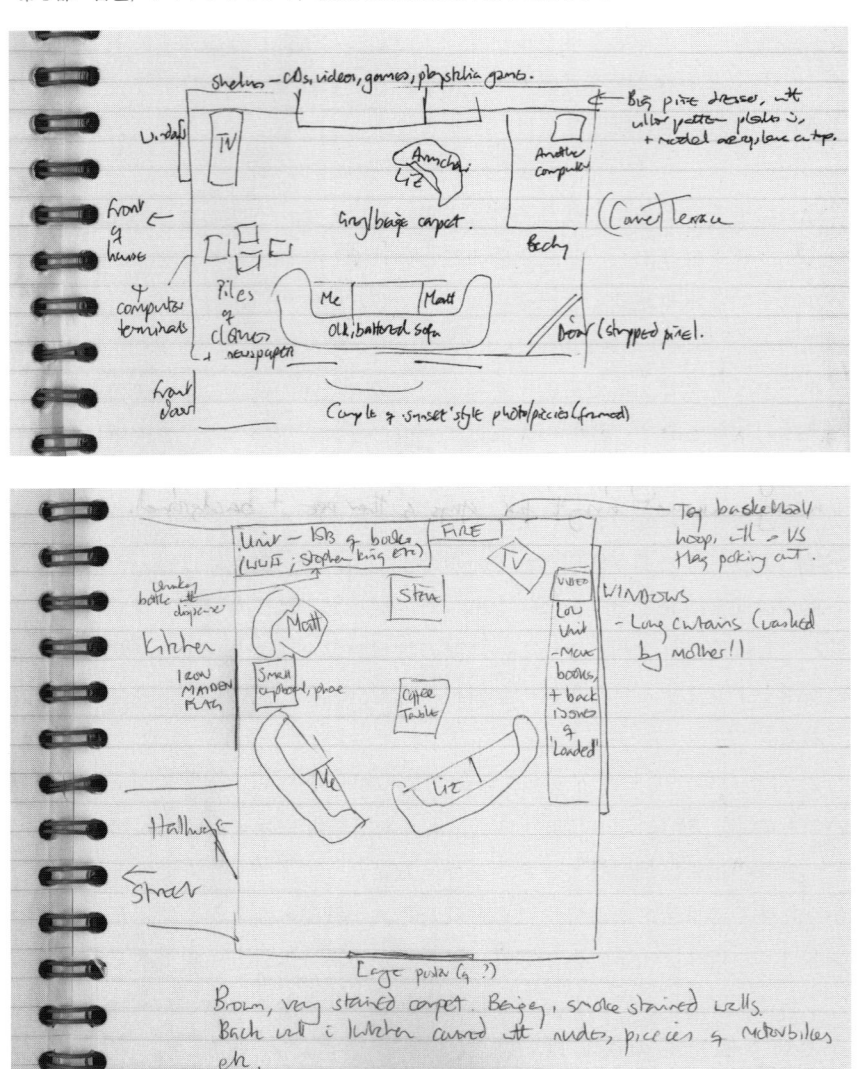

図版1　共有された生活空間のスケッチ。

(Kenyon 1997, 1998)——から人々がメッセージを読み取るという認識が、ここでの鍵となる。占有され、改造されて、中に住む世帯の「公的な顔(ザ・パブリック・フェイス)」を創り出し(Munro and Leather 2000)、今度は代わって、個人のアイデンティティおよび社会・文化的な地位の感覚を形作り、支えるのを助けるのは、「住まい」の触れることができる外見上の特徴である(Kenyon 2002)。しかしながら、個人が、自分の住まいおよびそれが投射する随伴的なアイデンティティや地位に対する完全な自律性を持っていると仮定することの危険性については、ハート(Hart 1994)の警告に留意する必要がある。現実には、そういったエンパワーメントは、経済的および/または社会的地位、建物の保有期間、および居住以前の物理的状態次第であり得る。このことは、まさに、私たちの2つの冒頭の寸描が明らかに示す、共有空間に対する対照的な態度に反映されている。

そのような潜在的な落とし穴にもかかわらず、住まいの物質的で社会的な外見上の特徴についてのビジュアルな表象や解釈を何らかの形でまとめることは、適切かつ有用であると思われた。それらが、スケッチ、メモやインタビュー・データを通して既に私たちが生み出すことができる「言葉による描写(ワード・ピクチャァズ)」に、新たな(そしてひょっとしたらより詳細な)次元をもたらすだろうと予想したからである。それでは、どのようにこれをおこなうか。私たちは、対照的な世帯構成を代表する4軒の世帯の各構成員に、使い捨てカメラを与えることに決めた。各カメラとともに説明書を渡したが、そこには次のように書いておいた。

好きなだけの枚数の写真を使って、シェアしている住宅と共同世帯での生活の、あなたにとって重要で意味のある外見上の特徴について、ビジュアルな記録を作っていただきたいのです。あなたの写真は、私たちがあなたと以前お話しした話題のどれに関係していてもかまいませんし、どれとも関係していなくてもかまいません。フィルムを全部使い切らなくてもかまいません——必要な写真を撮り終えた時に巻き戻していただければそれで結構です。

結局、これらの世帯のうちの2世帯の構成員の何人かから写真を受け取った

第Ⅰ部　自己，アイデンティティ，家庭内の空間をありありと描写する

だけで，それも24枚撮りフィルム2本に達したのみであった。両世帯とも，ハウスメイトが全員仲良くしていた世帯であった。1つの世帯は，全員大学で出会って，卒業1年後の現在も全員同じ多国籍企業で働いている4人の大卒化学技術者からなっていた。もう1つは，30代初めの住み込みの店長であるジェームズと彼の現在の店子(たなこ)3人からなっていた。店子たちは，男性1人と女性2人で，年齢は20代初めから30代半ばまでにわたり，賃借期間は2，3か月から6年にまでわたっていた。

　調査に対する反応が限られていたことを考慮して，事前調査では部分的にしか有効でないと判明していた方法に，私たちの限りのある資源を使うという事後的(ポスト・ホック)な決定を正当化するのは困難であろうと感じた。結果として，本研究では，この外見上の特徴を中心からはずし，元々私たちが資金を受けて着手することになっていた要素に集中することとなった。しかしながら，本書のために，私たちのより広範な研究目的の範囲内でこれらの写真の価値と有用性とを評価するために，私たちはそれらに再び目をやり，特に本プロジェクトを通しての写真の使用によって，スケッチ，メモやインタビュー・データを通して既に私たちが創り出すことができる「言葉による描写」をどれだけ強化し得たであろうかという点に焦点を当てた。私たちの議論の当初の焦点は，公共的な領域(パブリク・スフィア)においてあり得る用途よりも，むしろ私たち自身の分析のためのデータ源としての潜在的な用途(ポテンシャル・ユース)に焦点化されていた。これは重大な区別であり，この点については結論で扱う。

単なるたくさんのスナップ写真なのか？

　私たちは，使い捨てカメラを配布するという決定を，プロジェクト全体の不可欠な一部としてよりも，むしろ興味深い実験として常に見なしていたというのが妥当なところである。実験前の私たちは，社会調査での写真使用についての文献，私たちが期待できる結果，あるいはそのようにして生み出されたどんな写真にでもできることに関しては，特に精通してはいなかったのである。カ

3　ハウスシェア生活の空間地図

メラを渡す第1の目的ではなかったものの，それでも両世帯での共有空間の写真を何枚か受け取れるかもしれないと私たちは期待していた。特に，調査回答者自身による写真が，何らかの仕方で私たちのフィールドノートやインタビュー・データを強化するかどうか，あるいはこれらを余分なものにしさえするかどうかをぜひ見たいと思っていた。しかしながら，彼らの写真の選択に制約を課したくはなかったので，私たちは共有空間のイメージを明示的に要求してはいなかったが，結局，各世帯が制作したリビングの画像は3枚だけだった。

　化学技術者たちによって制作されたリビングのイメージは，次のような写真からなっている。1人のハウスメイトがシャツ・ネクタイ姿で肘掛椅子に座っている写真——彼はぐっすり眠っているように見える。同じ人を写したもう1枚の写真——彼は，今度はサッカーシャツと短パンでソファーに横たわっている（眠っている？）。彼の横の床には，空のワイングラスと彼の夕食の残りがあり，子ども向けの卓上サッカーゲームが，部屋の隅の酒瓶できしんでいるユニット棚の下にはっきり見えている。そして，3枚目は2人のハウスメイトと4人の友人が床に寝転がって，トリビアル・パスート〈訳者補注；クイズつきボードゲーム〉をして遊んでいるところを示す写真。ジェームズのリビングの写真が示しているのは，1枚目は，安楽椅子の肘掛に座ってワインを飲んでいるハウスメイト，2枚目は，リビングの床に座ってジェームズのハウスメイトとこの家の居住者ではない彼の女友だちに話しかけている，同じくこの家の居住者ではないジェームズの男友だち（彼らは1本のワインを一緒に飲んでいるように見える），そして，3枚目は，クッションを頭に載せてソファーに座っているジェームズと彼の男友だち（この写真の裏には「こっけいな瞬間」と書かれている）である。

　これらのリビングの配置と内容に関しては，私たちのスケッチとメモが写真画像に対応していると記せるのは，喜ばしいことである。例えば，ジェームズの世帯のリビングの場合には，私たちのメモでは以下の通りとなっている。

　　赤い模様のカーペット，「アステカ」様式のカーテン，黄色い壁，アール

第 I 部　自己，アイデンティティ，家庭内の空間をありありと描写する

デコのスポットライトとシャンデリア，30年代風のタイル張りの暖炉，スリーピースのスーツ（赤みがかったベロア），スタンドアローンのCDラック（たくさん！），ハイファイ・オーディオ機器，テレビ・ビデオ，コーナーユニット。たくさんの装飾的小物があちこちにある──3面の壁に「コンスタブル〈訳者補注；英国の風景画家〉」タイプの絵，マントルピース／ユニットにたくさんのカード，テレビの上にマーガレット・ラザフォード〈訳者補注；英国の女優〉の白黒写真，スピーカー上に陶器製の「横たわる人体」。この部屋のあちこちにたくさんの「骨董品」──マントルピース上に2体の膨張したフィギュア（胸の豊かな女性のフィギュアと胸毛の濃い男性のフィギュア）。たくさんのアールデコランプ。

私たちは後で，以下のようなコメントを少し書きとめた。「ウォレスとグルミット〈訳者補注：イギリスのクレイアニメ〉の世界のように感じた！」──これは，まさに多かれ少なかれ望まれた効果であったと私たちは信じている！　私たちのフィールドノートは，細部については驚くほどわずかしか見逃していない。実際，写真は部屋の360度のイメージを与えないのだから，私たちのメモは，実際にハッキリした全体像（フラー・ピクチャー）を与えてくれるのである。そして，それらの写真は，この共有空間の使い方について何を明らかにするのであろうか。ここでもまた，インタビューにおいて私たちが教わっていないことは何もない。そのリビングは，ジェームズの趣味を大きく反映しているものの，すべてのハウスメイトおよびそれぞれの伴侶や友人によって，1日の終わりに緊張をほぐす──テレビを見ないとしても，腰掛けて飲み物を1，2杯飲みながらおしゃべりをする──場所として自由に使われていると，以前に言われた。確かに，これは3枚の写真のそれぞれに反映されており，様々なリラックス状態で，ワイングラス，ビール瓶，コーヒーの入ったマグや何らかの飲み物を持った個々人を，それぞれの写真で明瞭に見ることができる。

これらの特定の写真は確かに，私たちが独自の観察から，また世帯の構成員とのグループ単位および個人単位での会話から既に気づいていた2つの世帯の

3　ハウスシェア生活の空間地図

雰囲気を*強調*する(アンダースコア)。しかしながら，私たち自身の分析に関しては，私たちの言葉による描写あるいは世帯の構成員のあいだの感情的な結合や支援と，これを形作り反映する世帯の空間や人工物との関係についての私たちの先行的な理解(プライアー・アンダスタンディング)に対して，それらの写真によって付加されることはあまり多くない。ということで，そういった写真にはこれらのことができないと論じるわけでは確かになく，これらの場合においては，私たちが既に知っていたことを確認しただけに過ぎない。彼らが何の写真を撮るべきかについて，より明確に規定された指示がなかったので，これらの世帯は，それが私たちの「求めて」(アフター)いることだという仮定に基づいて，私たちが以前にインタビューで彼らと共に探った類いの出来事を記録することにしたということは，もちろん，非常にありそうである。言い換えると，彼らは私たちに「映画の脚本」(ザ・フィルム・オブ・ザ・ブック)を与えたのである。さらに，これらの特定の写真の分析的な価値が限定的となったのは，私たちが当初「写真誘出インタビュー」(フォト・エリシテイション・インタヴュー)(Harper 1994：410)を逆転させた結果かもしれないということも自覚している。すなわち私たちは，一定量の既存の知識(イグジスティング・ノリッジ)と第1次的な観察データ(ファーストハンド・オブザヴェイショナル・データ)によってインタビューをおこなった生活空間の写真および，これらの環境の内部でハウスメイトたちが共におこなった活動の分析をしたのである。

　共有空間の写真はさておいて，私たちが受け取った画像の大多数は潜在的にはむしろより有用だったのであり，私たちが調査対象とした25世帯にわたってこれらのより広範な画像を制作していたら非常に役だったであろうと，振り返り実感した。残りの写真は，3つの範疇のどれかに入る傾向にあった。第1に，多くは世帯の構成員が，集団としてないし下位集団として定期的に従事していた類の世帯外活動(エクストラ・ハウスホールド・アクティヴィティズ)を図示するものから成っていた。これらの写真は，次のようなことを様々な形で描いていた。遊園地への旅や海辺への小旅行，ハウスメイトがジョギングしたりゴルフをしたりしている様子，地元のアマチュアオペラ公演で演じるハウスメイトの一人を見るために夕方出かけた様子，別のハウスメイトの雇用主のものであるライトバンで，この公演のセットを運搬するのを手伝った様子や，件(くだん)の4人の技術者が雇用主の社交クラブで

109

第Ⅰ部　自己，アイデンティティ，家庭内の空間をありありと描写する

大卒研修制度の新人のために夜のクイズ大会を主催した様子。ここでもまた，驚くことはほとんどない。というのも，これらの出来事のほとんどについて，以前のインタビューで話をしていたからである。それにもかかわらず，それらの写真はこれらの出来事についての有益な確認と図示を与えたのであり，ハウスメイトたちを，住まいの私的空間の外部の友人や同僚というより，むしろ広い意味でのまとまりにかかわる*世帯*として示しもしている（これは，ハウスシェア生活は交友関係の内　縁と外　縁を作り出すという，また多くのハウスシェア世帯は住まいの制約を超えて広がる非常に独特な集合的アイデンティを持っているという，私たちの議論にかかわる点である）。

　第2に，それらの写真の多くは，家庭内の空間でできあがったハウスシェア生活のその他の外見上の特徴についての洞察を私たちに与えてくれた。すなわち，用意された食事，2つの世帯のそれぞれのダイニングで人々がとっている食事，洗い物，大きなダンボール箱に入って到着したハウスシェア世帯の持ち帰り料理，買い物リストの作成，ごみ出し，「スペース・1999」をテーマとする華やかな仮装パーティーの準備とその後の出席，踊り場に座って電話をしているハウスメイト，芝を刈っているまた別のハウスメイト（雑用の奇抜な価値ゆえに含まれていると，私たちは言われた！）といったものである。ここでもまた，これらは私たちがある程度先行的な知識を持っていた活動であるが，それらの写真がもっている付加価値は，これ以外に私たちが通りすがりに垣間見ただけの各世帯の生活空間の諸部分——台所，ダイニングや庭——をうかがうための窓を提供してくれるという点にある。多くの場合，これらの空間の使用についてのインタビュー・データを持っているが，一般的には当該の空間のビジュアルなイメージにより裏づけられてはいない。従って，これらの写真に再び目をやる上でテキストとイメージとの関係についてよく考えることは，私たちにとって興味深いことであった。

　第3に，両世帯とも，非常に抽象的な写真を数多く制作した（図版1〜4を参照）：様々な人工物や世帯空間のクローズアップであり，ハウスメイトはまったく写っていない。これらのイメージは，構　成が想像的であり特に

3　ハウスシェア生活の空間地図

思考を刺激する(ソートプロヴォウキング)ものであるが,とりわけ,それらの中により私的な空間——寝室やバスルーム,また食器棚の内部といった,通常,伴侶,親しい友人やその他の世帯構成員以外には立ち入り禁止の場所——を垣間見せてくれるものがあるからである。これらの写真には,次のようなものの画像が含まれている。まったく同じ朝食用シリアルの箱がいくつか並んでいる食器棚,物干しロープに干されている11枚のシャツ,バスルームの鏡に貼られた "dirty ole prancer" と記されたスポンジ状(フォウム)のゴム(ラバー)によるレタリング,飾りつけ始めたばかりの部屋,寝室に吊るされているまた別のシャツの列,技術者たちの住宅のリビングに直接通じている散らかった寝室,FHM誌の「女性グラビア」カレンダーが貼られ,その隣は持ち帰り料理店のメニューやバス・フェリーの時刻表で覆われたコルクボード,裏庭の花火の宣伝広告看板(見たところ地元の公園から盗まれたもの)。多くの点で,これらはそれらの世帯によって制作された写真の中で意味深い部類に入る何枚かである。というのも,グループインタビューでも個人へのインタビューでも必ずしも話題にならなかったようなハウスシェア生活の重要な外見上の特徴を,それらの写真はほのめかすからである。これらは一部の他の写真よりもずっと「台本外(オフ・スクリプト)」であり,ハウスシェアをしている人のインタビューをおこなう前にカメラを配布していたならば,私たちが受け取ったかもしれない類いのイメージをひょっとしたらほのめかすのかもしれない。

　振り返って考えてみると,調査回答者自身に自分たちの住まいの写真を撮ってほしい,という要望によって,これらのより「私的な」イメージが入手しやすくなったということを私たちは認識しており,こうした写真のほとんどについて,それを撮る許可を部外者が得るのは,不可能ではないとしても非常に困難だったであろう。

　アラン・グレアム(Allan 1989)は,住まいにおける「部外者(アウトサイダー)」としての地位が継続することを示す主要な指標を強調してきた。例えば,食べ物や飲み物を出すこと,到着時刻の設定や,「応接(レセプション)」室での整頓されて調和のとれた家具調度の紹介がそれにあたる。私的なものとされた家庭環境(ホウム・エンヴァイロンメンツ)の内部では,他者が「場にそぐわない(アウト・オブ・プレイス)」という観念は,調査回答者の住まいに入る調査者に

III

第Ⅰ部　自己,アイデンティティ,家庭内の空間をありありと描写する

図版1　「わたしたちはたくさん洗濯をしますが,冬には洗濯物を乾かすのが難しく,そのためここは中国人の洗濯部屋のように見えることが多いです」。

図版2　「これは,3個で2個のお値段のシリアルのバーゲン品です。ピートはバーゲンで買い物する王様です。彼はテスコの棚をあさり回って,私たちが必要としていない物を買って帰ります。ただそれらがバーゲン品であるという理由だけで」。

3　ハウスシェア生活の空間地図

図版3　「これは *FHM* 誌からのカレンダーで，電話の側にあります！　次に，また別の興味を引くこととしては，持ち帰り料理店のメニューをすべてボードに貼ってあります。レッド・ファネル・フェリーの時刻表や，バスの時刻表，列車の時刻表，それにタクシーの電話番号や私たちハウスメイト全員の電話番号など，いろいろな電話番号もあります」。

図版4　「これは，ずいぶん前のことです。キャロルが誰かのクリスマスプレゼントとして，子どもが使うようなスポンジ状のゴム製のアルファベットを持ち帰ったのだと思います。実際には最初の組み合わせは 'dirty pole dancer' で，それからいろいろと変わって，'dirty 'ole prancer' になりました。私たちはバスルームで，ただ文字を並べ替えて，ちょっとしたアナグラム遊びをしていまして，これはちょっとお互いにメッセージを残す方法の1つなのです」。

113

とって重要な関連がある。よそ者の視角(ストレンジャーズ・パスペクティヴ)から住宅を見ることを望まず，調査回答者の住まいの「私的」空間を見て回ったり写真撮影したいと望む調査者は，従って，文化的に創り出された境界線を明らかに踏み越えているのである（とはいえ，2つの世帯が，実際のところ私たちに住宅を余すところなく見せて回ってくれたが）。ハーパー（Harper 1994：406）が述べるように，「カメラは，押し入り(イントルード)，暴露する(リヴィール)ものであるがゆえに，被写体への欲求(ウォンツ)，必要(ニーズ)，および文化的な視角を，自分の意識の最前部に置いて使用しなければならない」。調査回答者が自分で撮った写真を通して提示したイメージの管理を彼ら自身におこなわせるという私たちの決断は，このジレンマの大部分を克服するための写真の制作者による編集上の決定にもかかわらず，というよりも，むしろそれゆえに興味深い結果を生み出したのであり，私たちの関心から逃れたかもしれない品々，人々，および出来事の重要性を強調する機会を彼らに与えたのである。

　さらに，これらの写真の意義としてありそうなものについての独自の解釈を私たちが持っていた一方で，にもかかわらず，写真誘出インタビュー（Harper 1994：410）の形でハウスメイトの解釈を引き出しもしたことは重要であったと，私たちは感じた。従って，私たちは各世帯のところへ戻って，彼らの写真それぞれについて語ってくれるように頼み，各イメージの特徴を述べ，なぜそれが彼らにとって特に重要なのかを説明してくれるように促した。これは，写真撮影された出来事のいくつかの正確な性質を明らかにするために有益なことだと判明したが，同時に私たちの推定(アサンプションズ)の一部を試すのにも役立った。例えば，複数個の朝食用シリアルの箱は，ハウスメイトのそれぞれが自分用の箱を持っていることを暗示するように見えたが，そのことは，その世帯における高度に個別化(インディヴィデュアライズド)された生活を示唆するものである。しかしながら，そのイメージはこのように説明されていた。「これは，『3個で2個のお値段のシリアル』のバーゲン品です。ピートはバーゲンで買い物する王様です。彼はテスコの棚をあさり回って，私たちが必要としていない物を買って帰ります。ただそれらがバーゲン品であるという理由だけで」。さらに，そのようにして生じた節約分は，とりわけ，定期的に清掃人を雇う費用に繰り入れられたのである！

3 ハウスシェア生活の空間地図

結　論

　世帯への使い捨てカメラの配布は，私たちのより広範な調査戦略の範囲内で有用な実験であると判明した。私たちは，世帯の構成員間での感情的な結合と支援と，これを形作り反映する，世帯の空間や人工物との間のつながりについて論評できるようになるように，部屋の内容と配置をスケッチ・メモし，また，これらの空間をどう使っているかについて話してくれるようにハウスメイトに依頼すると決めていた。特にこのテーマについて制作された写真は，私たちが既に知っている事実を強化することが大半であり，何らの重要な実質を持つ洞察をさらに与えることはなかった。これは明らかに，カメラが配布される前の世帯へのインタビューで，私たちがこれらの論点やテーマについて探求したためである。それにもかかわらず，この実験がなければ私たちが見なかったであろう空間の写真は特に啓発的であったし，ハウスシェア生活のより抽象的な外見上の特徴を写した写真もそうであった。将来，私たちが，調査回答者が制作した写真を使って，そうでもしなければ立ち入り禁止のテーマや画像へと入りこむことは確かに予想できる。これらの特定のイメージの美点(ザ・ビューティ)は，その自発性(スパンタニーエティ)にある。すなわち，私たちはハウスメイトに食器棚，掲示板や買い物リストの写真を撮るように頼みはしなかったのであり，もしそうしていたとすれば，彼らは，まったくもっともなことに，これを不躾な要求と考えていたかもしれない。

　私たちの議論は今まで，もっぱら私たちが調査者として，いかにこれらの写真を私たち自身の分析において付加的なデータ源として使い得たかということに焦点化してきた。しかしながら，写真データの潜在的な強みの1つは，他者が状況を第1次的に解釈(インタァプレト)することを許し，「〈同じ〉画像(イミジ)を調査者とは異なる仕方で見る人々の主観性の鍵を開く」（Harper 2000：729＝2006：127からの引用，ルビのみ追加）ことが可能になるという点にある。対照的に，私たちの言葉による描写は，明白に私たち自身の印象と解釈というフィルターを通したものである。そうすると，他者がこれらの世帯を「見」ることができるようにする方法として私たちが受け取った写真を使用することに，一定の価値が存在するだろ

う。私たちは，何と言っても，メモやインタビュー・データに加えてこれらの空間の明瞭な心的な全体像を持っているのであるが，読者はそれを持っておらず，私たちが言葉で呼び起こせる全体像を写真が補完することを見出すかもしれない。

　しかしながら，この種の写真の公共的な分野（パブリク・ドゥメイン）での使用は，調査回答者の匿名性（アノニミティ）の保護に関して重要な問いを提起する。ハウスシェア世帯についての私たちの研究という特定の情況の範囲内において，私たちは苦心して，自身の研究を論じる際には仮名を使おうとしてきたし，時には，そうしないと匿名性がそこなわれると感じた場合には，調査回答者についての詳細の一部を変更してきた。しかしながら，2つの世帯から私たちが受け取った写真のほとんどには，明らかに識別可能（アイデンティファイアブル）な住人が少なくとも1人は，どの時点でも写っていた。これらの写真を私たちの配布物に使うと，匿名性の約束が明らかに無効になってしまう。両世帯とも，彼らのイメージが使用されるのはうれしいと言ってくれており，従って，それらの一部が本章で再現（リープロダクション）されている。しかし，彼らの匿名性を保護する私たちのより広範な戦略を考えると，とりわけビジュアルなイメージの誤った解釈（ミスインタープリテイション）に関する警告に鑑みて，依然としてわずかに釈然としないところがある（Banks 2001：113；Pink 2001：95；MacDougall 1997：276-295）。そのような問題（イシュー）は克服不可能ではないが，それにもかかわらず，調査回答者が制作した写真の使用を決定するかもしれないいかなる将来的研究においても，私たちはこの問題を多大な配慮をしつつ考え抜く必要があるだろう。

注
(1) 前の出版では，Elizabeth Kenyon 名義で執筆された。
(2) 「ヤングアダルトとハウスシェア生活」プロジェクトは，1998～2000年まで経済・社会調査協議会より資金援助を受けていた（award R000237033）。プロジェクトの知見に関する議論については，Heath and Kenyon（2000）や Kenyon and Heath（2001）を参照されたい。調査に協力いただいたすべての若者に謝意を表す。なお，調査回答者の名前は，彼らの匿名性の保護のために変更された。

文　献
Allan, G. (1989) 'Insiders and outsiders: boundaries around the home', in G. Allan and G.

Crow (eds.), *Home and Family : Creating the Domestic Sphere*, London : Macmillan.
Banks, M. (2001) *Visual Methods in Social Research*, London : Sage.
Brindley, T. (1999) 'The modern house in England', in T. Chapman and J. Hockey (eds.), *Idea homes ? Social Change and Domestic Life*, London : Routledge.
Desprès, C. (1991) 'The meaning of home : literature review and direction for future research and theoretical development', *Journal of Architecture and Planning Reserch* 8 (2) : 96-114.
Harper, D. (1994) 'On the authority of image', in N. K. Denzin, and Y. S. Lincoln (eds.), *Handbook of Qualitative Research*, London : Sage.
―――― (2000) 'Reimagining visual methods : Galileo to Neuromancer', in N. K. Denzin and Y. S. Lincoln (eds.), (2nd Edn) *Handbook of Qualitative Research*, London : Sage. (=ダグラス・ハーパー／清水美憲訳「映像的方法を再び構想する――ガリレオからニューロマンサーへ」大谷尚・伊藤勇編訳『質的研究ハンドブック3巻　質的研究資料の収集と解釈』北大路書房，2006年)
Hart, B. (1994) 'Meanings of a shared space', unpublished paper presented at the *Ideal Homes* Conference, University of Teeside, 6-8 September 1994.
Health, S. and Kenyon, E. (2001) 'Single young professionals and shared household Liveng', *Journal of Youth Studies* 4(1) : 83-101.
Kenyon, E. (1997) 'Seasonal sub-communities : the impact of student households on residential communities', *British Journal of Sociology* 48(2).
―――― (1998) 'A community within the community ? An empirical exploration of the constitution and formation of "student areas"', unpublished Doctoral Thesis, University of Lancaster.
―――― (1999) 'A home from home : students' transitional experience of home', in T. Chapman and J. Hockey (eds.), *Ideal Homes ? Social Change and Domestic Life*, London : Routledge.
―――― (2002) 'Young adults' household formation : individualization, identity and home', in G. Allan and G. Jones (eds.), *Social Relations and the Life Course*, Basingstoke : Palgrave.
Kenyon, E. and Health, S. (2001) 'Choosing *This Life* : narratives of choice amongst house sharers', *Housing Studies* 16(5) : 619-635.
MacDougall, D. (1997) 'The visual in anthropology', in T. Banks and H. Murphy (eds.), *Rethinking Visual Anthropology*, New Haven : Conn. : Yale University Press.
Munro, M. and Leather, P. (2000) 'Nest building or investing in the future ? Owner-Occupiers' home improvement behavior', *Policy and Politics* 28(4) : 511-26.
Pink, S. (2001) *Doing Visual Ethnography*, London : Sage.
Sixsmith, J. (1986) 'The meaning of home : an exploratory study of environmental experiences', *The Journal of Environmental Psychology* 6 : 281-298.
Somerville, P. (1997) 'The social construction of home', *Journal of Architectural and Planning Research* 14(3) : 226-245.

4　触れることのできないものを映し出す

トニー・フィンカップ

イントロダクション

　たいていの場合，写真は触れることのできる物(タンジブル・シングス)から反射する光によって像を結ぶ。その意味からすれば，「触れることのできないもの(ザ・インタンジブル)を映し出す(イミジング)」というタイトルは，矛盾した表現に思えるかもしれない。本章の議論は，経験がはっきりと物体化(オブジェクティフィケイション)されることにより，触れることのできない人間の活動の要素を目に見える(ヴィジュアライズ)ようにし，触れることができる形態を写真に与え得るという点に集中させる。

　本章は2つのパートから成り立っている。第1パートでは，社会的構築物(ソーシャル・コンストラクト)として触れることのできるものを考察する含意について論じる。第2パートでは，こうした社会的構築物を含むものとしての写真について，特殊な事例(スペシャル・ケース)を探ってみる。

　第1パートを説明し例証するエスノグラフィックな素材は，ニュージーランドの家庭内の生活空間におけるモノ(オブジェクト)への愛着の光景に関する詳細な研究から得られた。第2パートに掲載した写真は，現代社会(コンテンポラリィ)における儀礼的(リチュアル)な実践の持つ役割を検証しようとする，現在進行中の調査プロジェクトで得られた。

社会的構築物としてのモノ

　まず，記憶(メモリィ)という，まさに初歩のところから始めたい。記憶は，いくらその重要性を強調してもしきれることはない。記憶は，私たちの経験の痕跡(トレイス)というだけでなく，かろうじて理解されている脳のシナプスの周りを横断するパルス

である。つまり，記憶上で人間の社会生活が構築された複雑な組織(エデフィス)のすべてが基礎を置いている。記憶し，一貫性(コンシスタンシィ)に気付き，そして思い出すというこの特殊な機能の上に，私たちの生存，人間性，そして個人としてのアイデンティティは存在しているのだ。バトラー（Butler 1989：2）は，こう示唆する。

記憶がなければ，人生は互いにほとんど繋がりを持たない瞬間的な経験の集合に過ぎなくなってしまうだろう。記憶なしには，私たちは互いにコミュニケーションをとることもできないだろう。相手に何を伝えようとしていたのか，その考えすら思い出せないのだ。

記憶の性質が個人にも集団にも同じように決定的に重要な事柄であることは，驚くにあたらない。〈しかし〉記憶というこの不安定で揺らぎやすい存在は，常に減色(サブトラクション)と脚色(アディション)の繰り返しにさらされている。必然的に人々は，些細ではかない人生の出来事や，社会的に共有されている価値を記憶として留めておくための戦略を追求してきた。

以下の写真は，記憶と結びつけられた価値が吹き込まれたことにより，持ち

写真のマントルピースの上のテディベアについて，この持ち主は言った。「年上のボーイ・フレンドがいたんだけど，いつも私たち，このクマで遊んでいたの。……一緒にね。お母さんグマとお父さんグマになって，おしゃべりするの。彼はパンダそっくりで，やさしくて，かわいい人だったわ」。このテディベアの価値は，このクマが思い出させてくれる記憶の価値と直接結びついている。

4　触れることのできないものを映し出す

この部屋の持ち主ブレントンは，「ロック」ギタリストを目指す青年である。彼はこう白状する。「トロル〈訳者補注：北欧民話に出てくる精霊。写真の右側に写っているギターを抱えた小さな人形〉そのものは好みじゃない。けど彼女からの贈り物だし，それにこいつ，ギター弾いているから［まだ持っている］」。「好き嫌い」と贈り物であることを思い出させる力のあいだの葛藤において，後者のほうが勝っている。そのトロルのすぐ近くには，彼の幼い娘からの絵の贈り物もある。ブレントの机のそばの食器棚には，シャンペンの空き瓶。彼の21歳の記念品だ。彼の机の周りは全体的に，親しい人たちとの記憶を連想させる場所になっている。

主にとって重要になったモノを例証している。

　モノに記憶の保管という役割を負わせ，記憶を守ろうとする努力の中で，持ち主とモノの関係は変化する。初めて経験することの記憶と多少なりとも結びつけられたモノは，はかりしれない重要性を持ち得る。個人的な記憶と結びつけられたモノは，それがカギをにぎる記憶そのものと同じくらい大切でかけがえのないものとなる。そこには，モノの元々の金銭上の価値はどうであれ，その「かけがえのなさ」(プライスレスネス)によってある1つの価値基準が生じる。流木，貝殻，安物のテディベアなどが，ゴールドの結婚指輪やアンティークの古時計と同じ価値を持つことになる。実際，個人の持ち物ヒエラルキーの中では，金銭的には無価値な品が，ステレオやテレビなどの高価な財と入れ替わってしまう。〈彼女のテディベアは〉他の「テディベア」では代わりになれないが，テレビならば，他のテレビでも求めた機能を果たしてくれるだろう。同じように，贈り物も他の似たようなモノで代わりにすることはできない。というのも，元々のモノが果たしていた心情の運び手の役は，他のモノにはできないからだ。皿やカ

ップがガラスの飾り棚に移動されたのを見てほしい。この時これらのモノは，物理的な側面で守られたというだけではなく，元々の機能性(ファンクショナリティ)が否定されるのだ。それらの意味はもはや，そこにもたらされた構築物に依存することになる。

　モノの元々の機能性を否定し，それらを金銭上の価値に属させないことによって，モノは記憶にとって代えがたい伝達手段となる。たとえ部外者(アウトサイダー)には不可解なままでも，そのモノは持ち主の自己承認(セルフ・レコグニション)の過程に不可欠となる。選り抜きの重要な経験を反映(リフレクティング)しているモノは，私たちに，自分たちが何ものであるか，他者とどのように異なるのか，またいかに繋がっているのかを思い出させてくれる。記憶と結びつけられたモノは，人々の彼ら自身に対する最良の省察(リフレクションズ)を封入する。これらのモノへの愛着においてこそ，個人的で「都合のよい」(アドヴァンテイジャス)自己に対する感覚(センス・オブ・セルフ)が維持され得るのだ。記憶と結びつけられたものとしてのモノは，編集された過去の経験，現在の構築物，そして未来の抱負への志向が複雑にからみあった事柄なのである。モノと経験の記憶のあいだの直接の関係性は，持ち物に対する愛着のヒエラルキーの多くの側面を理解するのに役立つ。

　さて，ここからは，経験の一貫性を明らかにする際にモノの一群によって果たされる役割に注目してみたい。私は，自己に対する認識(アウェアネス・オブ・セルフ)は，私たちの経験の具体的な表現において明らかにされ，保持される一貫したパターン(コンシステント・パタンズ)を目撃することによって遡及的に達成されると考えている。ディルタイは同じようなことを書き表している。「このようにして私たちは，相互作用の体系(システム)として，あるいはその恒久的(エンダリング)な創造物(クリエイションズ)に内包された相互関係として，意識内に構築された世界(マインド・コンストラクティド・ワールド)を理解することを学ぶのだ」(Rickman 1976：196)。モノへの愛着を持ち始める時，人々は意識的に，あるいは無意識的に，必然的にそして避けられないこととして，それらの存在に対する彼らの志向を反映させてしまう。

　個人も集団も，特有の一体感を強調しながら，個人的に首尾一貫的で，納得のいくモノ同士の繋がりを確立するために，一貫して奮闘しているように見え

る。モノのグループ分けのどれをとっても，何らかの点で個別的であり独特なのだが，同時に，どれをとっても時間と空間の特殊な社会的影響を受けた生産物である。存在を確かめるための一貫性の承認は，この議論にとって根本的である。首尾一貫したグループ分けの一貫性を達成し維持していくための明快さ，警戒，過程は，個人や集団によってそれぞれ異なる。このようにして，ある特殊な「自己性(セルフネス)」の感覚が獲得されるかもしれない。ディルタイ（Rickman 1976）は，次のように示唆する。理解するということは，まっすぐに私たち自身を見つめるという直線の道からではなく，私たち自身の個人的な表現と他者の表現のどちらをも目撃する，より長く曲がりくねった道からやってくるのであると。それはある具体的な様式をもたらす。そこでは，私たち自身の編集された経験が，私たち自身に対して表明されるのであり，またそれによって私たちは他者との違いを知るのである。これらの対照(カントラスツ)と比較(カンパリスンズ)において，私たちは「自己」の位置をさらに明らかにする。

私たちは他者という鏡によって自己に対する承認に直面する。それは，「そうでないすべてのものや，特にそれとは反対のすべてのものから区別することで承認される特異な位置である。社会的アイデンティティは，差異を通して定義され明確化される」（Bourdieu 1984：172）。

124ページと125ページの写真は，自己と他者間の識別し得る境界(バウンダリィズ)が現れる，個人的に首尾一貫したモノのグループ分けの確立を示している。

「我が家(ホウム)」が，個別の首尾一貫した空間を確立するために，社会的にまた個人的に好ましい場を提供することは明らかだ。そこでは，「我が家は，物質上の避難場であるだけではなく，人生を意味で満たしてくれる物のための避難場でもある」（Csikszentmihalyi and Rochbeg-Halton 1981：139）。我が家を作り上げる物質上の集積(コレクション)は，「自己」に「形(シェイプ)」を与えることとして論ずることができる。

チクセントミハイは，こう書いている。「抽象的な意味での『人々』などというものはない。人々とは，彼らが参加し，彼らが大切に育て，利用するものなのである」（1981：16）。

第Ⅰ部　自己，アイデンティティ，家庭内の空間をありありと描写する

ニュージーランドの有名なアーティストはこのように言う。「私にはここが居心地がいい。たくさんの物がしょっちゅう私に話しかけてくれる。たぶんそれは，他の人たちと一緒にアイデンティティを確立していくやり方なのだと思う」。

「ここには，私が大事にしているアイテムはそれほど多くない。今は，本当にいいマウンテンバイクが欲しい」と持ち主は言う。興味深いことに，この部屋のモノは，特殊な社会的な読解を獲得する手段として，インテリアデザイナーを雇って選ばれ並べられたのだという。

　モノの意味は，モノに対する私たちの行為によって構成される。しかし同時にモノは，私たちがかかわるようになる行為と経験の型を構成する。象徴体系の中への必然的な関与はすべて，〈象徴を〉形作る人を形作ることにもなっている。「どの新しいモノも，人々が生活を作り上げ，経験する方法を変えてしまう」（Csikszentmihalyi and Rochberg-Halton 1981：46）のである。

4 触れることのできないものを映し出す

「私は,居間にいるのが好き。のんびりモノをかまって遊ぶの。ここにある物は,あなたには何の意味もないかもしれないけれど,私にとっては我が家の一部。だから,私にだけは価値があるの」。

ギタリストのブレントは言う。「これらのポスターは,僕が音楽に熱中していることを示している——これが,音楽があるところだ。私はまた,ハーレーダビッドソンにも夢中だ」。

　モノは,私たちに対して開かれている経験と,その経験が表現される方法の,どちらにも避けがたくかかわっている。モノの状態の変化,そして／あるいは,これらのモノの社会的に特徴とされた象徴性は,ただちに個人ないし集団の性質を変化させる。私は,以下のようにだけ結論づけることができる。主体と客体〈モノ〉の相互依存は,完全である。つまり,構築者は構築するが,

第Ⅰ部　自己，アイデンティティ，家庭内の空間をありありと描写する

同様に，構築物(コンストラクションズ)によって構築される存在でもある。

　関係は，明らかに対話的(ダイアロジカル)かつ弁証法的(ダイアレクティカル)である。というのも，経験は表現を組み立てる。ここにおいて，私たちは，自らの経験や自己理解(セルフ・アンダスタンディング)を基礎にして，他者と他者の表現を理解する。しかし表現はまた，経験を組み立てるのである（Turner and Bruner 1986 : 6）。

　主体と客体〈モノ〉の関係のこの密接な共振(レズナンス)から，経験を表現する一貫性が確立され，その弁証法的な相互作用において，らせん状の展開を生み出す。このダイナミックな相互関係性(インタァリレイションシップ)は，モノへの愛着の特殊な選別と編成に方向性を与える。いったんそれが始まると，ある個人とその個人のモノへの愛着の相互作用が，彼らの経験や表現に永遠に影響を及ぼしつづけるというのは筋の通った話である。

　例として，ミクロネシアにあるキリバスの航海士(ナヴィゲイター)について取り上げてみよう。その航海士は，わずかな時間の変化を観察することによって，太平洋の容赦ない広大さの中にいながら自分の居場所を突き止めることができる。流木の切れ端，夕暮れの鳥の群れ，遠い湖礁の反射に照らされて下のほうが青緑色に輝く雲，あるいは環礁に打ち上がってできる交差した波のうねりのかすかな感じ，そうしたものは彼にとってそれぞれ違った「モノ」というだけでなく，付近の低平な環礁の位置を知らせる記号(サインズ)でもあるのだ。私は，差異の承認は変化を意味づけることであると強調しておきたい。新たな社会的ないし地理的な空間が「意味する」ものは，不可解で曖昧であり，そして虚構の構築に導かれ得るのだ。

　この航海士は，鋭く観察することだけを身につけているのではない。彼が見たものを彼の文脈に照らして正しく解釈することも身につけているのである。彼が航海する環境はゆっくりとした速さでしか変化せず，彼の利用する領域の「地図」はだんだんと洗練され，数百年かけて受け継がれてきた。過去のいくつもの世代から，この航海士は，彼にとって大いに意味のある解釈のパターン

の特別な設定によって，彼の海を見るようになったのだ。ディルタイは言った。「人生への理解を促進し有用な目標に導いてくれる世界観(ワールド・ヴューズ)は生き残り，より劣ったものにとって代わる。それらの間にも淘汰は起きる。一連の世代に生き残ってきた世界観は，常に最適化されたものなのだ」(Rickman 1976:139)。航海士の社会は，彼に価値の解釈に結びつく一貫性を見ることを身につけさせ，教えてきた。彼の海が，私たちの海とまったく異なっていることは想像に難くない。私たちの経験は，浮き沈みするカヌーや頬を過ぎるささやかな風などにおいては，彼の経験と同じであるかもしれない。しかし，近くの環礁を見つけるためにそれらを解釈することにおいては，私たちは途方にくれてしまうだろう。この文脈で言えば，私たちは価値のあるものを経験していることにすら気づかないかもしれないのだ。

　海という文脈において，これらのモノは，記号として働いたり特殊な意義(シグニフィケイションズ)の代わりに見られたりする。実際，これらの現実は，記号として意味と結びつけられた時にのみ存在する。航海士は，彼の解釈が構築物であり，そして実際，さらに同じモノの妥当な構築物が，他の文脈でもたらされるかもしれないということに，おそらく気がついていない。1つのモノの現実は，最初の経験の領域とこれらの経験の象徴図(シンボリク・マップス)のどちらとしても理解され得る。モノは，ある特殊な文脈の中で社会的に生成された象徴体系の一部であるかのようだ。

　象徴としてのモノは，現在における特殊性(パティキュラリティ)から過去の一般性(ジェネラリティズ)への関係において，ただ個人の記憶と結びつけられたものとしてだけでなく，文化的構築物の仲介者(エイジェント)としての役目もする。社会的な文脈の中でのモノは，それらを見る目を持つ人にとっての明確な意味を持ち，それらの密接な関連のある含意(レリヴァント・インプリケイションズ)を理解するための背景となる。しかしながら，社会学的な構築物は静的ではない。それは経験から生まれるが，それ自体が次の経験として再び伴われる。象徴は，過去と現在の両方を例証する。それは注意を喚起するための受動的な容れ物ではない。まさにその存在によって，次の思想や記憶や経験に影響を及ぼすのである。その過程において，象徴としてのモノは，文化的構築物や伝達の不可欠

な要素となる。人々は，これらのモノをいかに読み取るかを知らずには，その構造の一部となることができない。逆に，これらの構築物の価値を知らないことは，人々を他の社会空間の中に位置づけることになる。この議論の論理的な展開は，次のような結論を導く。すなわちそれは，「社会」は象徴体系であるという，人類学の多くの現代的な概念(モダン・コンセプツ)の前提である。

ハーカーとマッコノキーは，このように論じている。「ある文化について語る時，私たちは，個人が彼／彼女の置かれている環境を解釈する仕方を規定するルールを具体化する象徴体系に言及する用語を使おうとする」(Harker & McConnochie 1985 : 22)と。象徴的な帰属(アトリビューションズ)をめぐる差異は，異なる文化，あるいはある文化における異なる単位を識別する境界を提供する。ある特別な象徴の構築物を採択し同意することが，ある特殊な現実の見方と価値の表現を導く。

海での経験は，キリバスがちっぽけなサンゴの環礁から他のことまで読み取った解釈のパターンの体系をだんだんと生み出したのと同じように，他の社会も，彼らの社会的文脈を「航海(ナヴィゲイト)」するための解釈の象徴体系を形成させてきた。象徴体系がより明確で統合されていればいるほど，社会や集団，そして個人の自分に対する感覚すらもより安定的で結合的(コウヒーシヴ)になるというのは，筋が通っている。はっきりした規定を持った象徴体系は，接近する「よそ者(ストレインジャーズ)」に対してその領域の社会や境界性(バウンダリィ)をはっきりと目に見えるようにさせ，その内部にいる者に対しては「よそ者」をはっきりと目に見えるようにさせる。

私たちが居間の写真の中で見たのは，象徴的な文化のパターンを通した人生のそれぞれの経験の表現だった。モノへの愛着を通して表された個人的に構築された首尾一貫性は，社会的な表現についての3つの要素を反映している。第1は，個人史(インディヴィデュアル・ヒストリーズ)の社会化する仲介者であり，それは存在が規定されている特有なヘゲモニーである。ブルデューは，「子どもと世界の間で，全集団が儀礼的実践の，そしてまた説教(ディスコースィズ)や言い習わし(セイイングス)，ことわざ(プロヴァーブス)のすべての領域に干渉する」と示唆している (Bourdieu 1977 : 167)。第2は，環境の物理的な性質や，入手可能な生産物を含むモノの状況から成る。第3は，理解される，

ないし達成され得る個人の選択の総計である。私は次のことを提案したい。それは，モノの状況，社会的志向，個人の意思決定のベクトルは，首尾一貫した選択が展開され維持されるパラメーターを構成するということである。

最初の経験でなければ，すべての経験は，要約と反映，そして意思疎通のために，象徴体系を頼るはずである。社会的な文脈と個人の媒介的な特性との類にない関係を明示するのは，経験の表現の中で使われる象徴体系の実践なのである。経験のすべての反映と表現は，社会集団や個人に属するある特殊な象徴体系の相互作用である。社会的な文脈は何であれ，モノへの愛着はそれ〈その象徴体系〉と直接関係する経験の1つの表現なのだ。

おそらくこれまでの歴史の中で，「自己」に対する感覚やその保護と位置づけが，これほど個別的で個人的な責任として現れたことはなかっただろう。「現代では，特に現代西洋文化において，個別的なアイデンティティは卓越している。それゆえ，自己アイデンティティと自尊心(セルフ・エスティーム)という生理学上の概念は繋がっており，また社会心理学，人格心理学，発達心理学，臨床心理学において1つの中心点(フォウカル・ポイント)となっているようである」(Rapoport 1981：11)。

モノへの愛着は，現時の消費志向社会(カンシューマーオリエンテイティッド・ソサイエティズ)における自己意識(セルフ・コンシャス)の投影(プロジェクション)，自己に対する保護と反映に強く関連している。一方で，モノは意識的に差異に結びつけられ，変化のための乗り物(ヴィーエクル)として示され，他方ではまた，安定した社会的「テクスト」としての連続性(コンティヌーエティ)の感覚を与える努力の中で，記憶を守るという負担を負わせられるのである。

私のモノは，私を通して現実を手に入れるのであるから，私がモノの声だと考えるのは空想ではない。私が自分のモノを構成するのと同じように，モノも私を構成する。もしこれらのモノが，ある程度は他の人々や物との歴史的な関係から生じているならば，世界の歴史が私に属すのと同じくらい，私は世界の歴史が生み出した生産物であると言えるだろう。このことは次の議論に戻ってくる。すなわち，そこには作用と構造の中で表現される内部と外部の力が存在するのだが，それらは分割された統一体(エンティティズ)であるというよりは動的で相互作用的な全体の一部である，というものだ。それはこのようにも論じられ得る。モ

ノとの社会的(ソウシャル・リレイションシップス)な関係は、現代西洋思想に必ずしも簡単に適応できない全体論的(ホウリスティク・ユニティ)な統一の形式のように対話的ではない。その時、「物」は社会的存在の本質的なところとなり、「物」のイメージは象徴的な意義を持つテクストとなる。

　写真術を社会学的な調査の中で使いたい人々にとっての挑戦は、写真的イメージの容易に入手可能な表面的(サーフェス・ディスクリプション)な記述を超えることであり、人を引きつける象徴関係の構築を通して、生きられた経験の触れることのできない側面に対する説得力のある読みを主張することである。写真のポテンシャルを最大限に生かすためには、探索と選択、そして意思疎通のための考慮された戦略を打ち立てることが求められる。

写真的実践と写真的イメージ

　フォト・エスノグラファーが直面している問題は、実験的で、直観的で、避けがたく解釈的なものを取り除くことではなく、興奮と生きられた経験の深さをつかみ取り有効にするようなディシプリンの確立されたアプローチを生み出すことである。

　実際には、エスノグラフィックな理解は、構成部分への言及によるコンテクストの暫定的(テンタティヴ・アセスメント)な評価に起因する。このことは翻って、コンテクストと特殊性(ザ・パティキュラァ)へのさらなる理解を再定義し、解釈の限界に向かってだんだんとらせん状に動いていく。解釈学(ハーメニューティクス)の原則は、生きられた経験と社会的な文脈化との関係を強調する枠組みを提供する。ディルタイは、「特殊性への理解は、全体性(ザ・ホウル)への理解を前提にする一般性(ザ・ジェネラル)に関する知識に依拠している」(Rickman 1976：196) と論じた。この解釈学的なスパイラルの構築において、3つの要素がきわめて重要である。つまり、エスノグラファーの生きられた経験、その他の人々の生きられた経験の客体化とドキュメント化、そしてこれらが由来し眺められる社会的な文脈である。写真と写真的実践は、これらの要素の3つすべてと関係する強力な媒体を提供する。

　歴史的に社会学者は、本来備わっている曖昧さ(インヒアレント・アンビギューイティ)を低減するため、イメージの

文脈化のために書かれたテクストに強く依存してきた。イメージは主に，ビジュアルな資源，あるいはフィールドワークの中での貢献的なデータの特殊な形態として扱われていた。しかし，表象(リプレゼンテイション)のすべての形態には，いくつものレベルで曖昧さが存在する。それらは，触れることのできる物の経験と象徴的な形態におけるそれらの再提示(リィ・プレゼンテイション)の間に，また象徴的な生産物とその鑑賞者(ヴューワー)，そして解釈におけるコンテクストの影響との間に存在する。象徴的な記号体系同士の間には，本質的な違いがあるにもかかわらず，その機能を下支えする根本的な原則(ファンダメンタル・アンダーピニング・プリンシプルズ)があり，ビジュアルな象徴性は，他のものと同じように学習され，また他のものと同じように問題がある，と私は示唆する。「すべての文化的コードは学ばれなければならず，それらにはビジュアルなものも含まれる。……つまり，芸術作品を読むことは，著作物を読むように難しく，骨の折れる過程を始めることなのだ」(Morgan 2002)。

　もし写真的イメージの内容が記号として扱われるなら，記号は，社会的に容認された慣習を通して理解されることが承認されていなければならない。従って，写真的意味は，文脈化およびイメージの中の記号の関係とかかわっているのである。記号は恣意的で関係的なものなので，写真的なイメージは単純にはっきりとした形では「語ら」ない。イメージの暗示的な意味(コノテイション)は，写真家や鑑賞者によってイメージに持ち運ばれた構築から生まれる。私たちの過去の経験と現在の構築によってのみ，これらの十分な事実の記録は意味を持ち得るのだ。

　写真は「触れることのできないものを映し出す」という本章の題名の目的を理解するために，私たちはいかに触れることのできないものの潜在的な意味が，触れることのできるものの表面の写真的な痕跡の中に明示的に展開し得るかということを検討しなければならない。以下のイメージは，相互的(インター)ないし内部的(イントラ)な連続(シークエンシング)と並列(ジャクスタポウズィング)によって，表面的な事実を超えて，生きられた経験のフローと感情の両方をビジュアルに再生産する関係性が確立され得ることを示している。これらの関係性は，首尾一貫性と時系列を強調し曖昧さを低減させるために働くことか，ビジュアルな要素の「驚くべき(サプライズ)」並列(ジャクスタポジション)を通した曖昧さを意図的に高めることのどちらかによって，構築されるのである。

第 I 部　自己，アイデンティティ，家庭内の空間をありありと描写する

　このイメージにおけるモノ同士の関係は，始まり，中間，終わりの単純な時系列において，1 つの物語を語っている。光るナイフの刃は，前景にいる生きた野生の豚から，後景の死んだ豚の体への移り変わりを作り上げている。注意深いフレーミングを通した重要な象徴的関係の構成による 1 つのイメージにおいて，時系列と経験的なものの両方が意思疎通する。

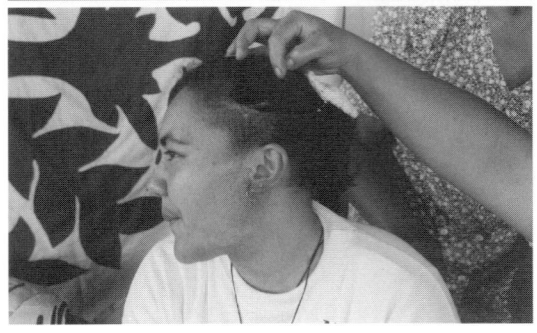

　これらの 2 つのイメージにおいて，ライム木の棘が，血まみれの，腫れあがった耳のそばに並列されている。それぞれのイメージに本来備わっている　断　絶　が強調されている。この曖昧さが，相互文脈化の中で解消されている。
ディスコンティニューイティ

4　触れることのできないものを映し出す

　前頁の例は，太平洋のニウエ島における耳ピアスを開ける儀式を，写真によってドキュメント化_フォウトグラフィック・ドキュメンテイショイン_したものである。
　感情的な共感_エモウショナル・エムパシ_，あるいは鑑賞者自身の生きられた経験の共時性_シンクロニシティ_を意図的に要求することによって，疑問が投げかけられる。これらのビジュアルな関係から生じる感情的な共振は，特殊な活動ではなく，特殊な活動をもたらす一般的な人間の状態に起因する。ニウエでの耳ピアスを開ける儀式において，ライムの棘の特殊性（触れることのできるもの）と出血する腫れあがった耳から，私たちは「痛み」を下支えすることの一般性（触れることのできないもの）を同定_アイデンティファイ_するようになるのだろう。暗示的な意味は，社会的・精神的_ソーシャル・マインド・オリエンテイティド_な構築物としての明示的な意味_デノテイション_の間の「空間」に生じるのである。新発見_リヴァレイション_の感覚は，現実の中の割れ目_クラクス_の間に形態を成すと私は考えたい。私たちが気づき，感知し，強調し，学ぶものは，イメージ制作の技能を通して写真家が始める構築的な活動から来る。鑑賞者として社会的に確立された私たちの背景は，イメージを構成するモノとの関係における個々の読みを授ける。これらの触れることのできるモノは，特殊な人間の存在の触れることのできない深さを開拓する感情と繋がりに記憶として拡張される。
　写真に収められたすべてのものは，特殊な象徴的な属性_アトリビューション_のためのポテンシャルを有している。写真を構成する触れることのできるモノは，構築された象徴体系の一部として理解され，意味を持つと論じられてきた。触れることのできない意味のビジュアル・テクストが構築されるのは，これらの「物」の関係からである。従って，写真において技能とは，適切な首尾一貫性の象徴的関係をフレーム（あるいはフレームの連続）の中で孤立させ統合することである。関係の特異な組み合わせは，その一部よりも卓越した全体論的な「読み」を生み出す。
　ビジュアルな意思疎通のためのこのような実際に役立つ戦略_ワーキング_を完全に理解し展開させるには，「モノ」の社会的な意義が象徴体系として理解され，予期されることが必須である。確かに，象徴的な属性は学ばれなければならない。しかし，このことは，その定義からして学習された象徴体系である社会に属する

第Ⅰ部 自己，アイデンティティ，家庭内の空間をありありと描写する

避けられない部分である。象徴的な記号体系としてのモノは，社会的状態の特殊な側面と一般の側面の両方において，強力な意思疎通のポテンシャルを提供する多声性(マルティヴォウカリティ)を有する。

　以下のイメージは，触れることのできない概念を伝える試みの中で，触れることのできる要素の特殊な関係を確立するために私が写真を用いてきた例である。フレーミングと並列を通して，過程的な展開，空間的な方向づけと個人的な関係の明確な情報が形成され，そして明示的になるのだ。

　ギリシア正教の洗礼の儀式の間，私は絶えずその時代かかった特質について思い出していた。明らかに，司祭がこれらの伝統の維持において中心をなしていた。私は，古代と現代の象徴の間のビジュアルな関係を「追跡する(ハント)」ようになった。この点において私は，過去と現代のイコン〈訳者補注：ギリシャ正教の聖像画〉を整列させるポテンシャルに気がつくようになった。フレーミングを通して，司祭は，不変の儀式の守護神，数世紀前の聖画像の教会と，絵の中身と似ている現代の若い母親との間の価値の守護神として，ビジュアルに位置づけられていた。

　偶然にも，教会の窓は，両者の関係を強化させながら若い母親の頭の周りのイコンの後光を反響させている。キリストの母によって持たれているように見える絵の中のキャンドルは，実際には祭壇のキャンドルの反射によるものである。過去と現在の付加的な関係が形成されているのである。この写真は，世代間の連続性における儀礼的過程の役割の，重要ではあるが触れることのできない側面について言及している。

4 触れることのできないものを映し出す

　ギリシア正教のイースターのお祝い準備を撮影しながら，成功者である神の息子が十字架に磔(はりつけ)にされ，人間の痛みのすべての苦しい受難に耐えぬいたという信仰について，私は強く意識していた。私は，人生のようであり，一方では象徴的でもある2次元の木製の切り抜きのキリストと，彼の周りにいる人々の間の関係を追求していた。十字架の後ろにいる男がキャンドルを差し出しているので，私は彼が無意識に磔刑の姿勢をまねていることに気がついた。このイメージは，「リアルな」腕の曖昧な特質と，磔刑の象徴的な表象を描いている。このイメージは，成功者である神の息子の触れることのできない概念への参照に相応しい。

　カトリック教会における子どもの初聖体拝領〈訳者補注；幼児洗礼後，その人が初めて聖体（キリストの肉体を表すパン）をいただくカトリック教会の儀式〉を写したこのイメージの触れることのできない概念は，この事例で特別に複雑で層化しているように見える自己定義と自己承認の側面に関係がある。教会，幼い少女，そして暗に彼女の両親のすべてが，定義のこの過程にかかわっている。それらは，以下のものである。再建された祭壇。幼い少女の参加，あるいは少なくとも同意。私たちが推測できるに，彼女の両親によって支給された服。それからまた，それ自身の象徴的な方法において，参加者だけでなく代理的に他の人たちにも定義を提供しながら，儀礼の証拠を構成する写真撮影。このイメージはまた，現代の技術とその技術の歴史的な実践との統合／並列に関する考えを呼び起こしている。

135

第Ⅰ部　自己，アイデンティティ，家庭内の空間をありありと描写する

要　約

　本章は，人間の社会的存在の広範で根本的なレベルにモノが巻き込まれていることを打ち立てようとしてきた。これまで強調したことは，徹頭徹尾，自己定義と自己承認の言葉で，モノが社会化する仲介者として避けがたく連座していることに関してである。

　私は，モノのグループ分け，それらの関係と明確な「首尾一貫性（コウビランス）」において，社会調査にとっての意味深い洞察が明らかになると論じた。象徴的な文化のパターン形成を通して，触れることのできるモノは，触れることのできない社会的表現の重要で持続的な媒体を構成するのである。

　写真術は，人間の社会的経験の「対象化（オブジェクティフィケイション）」を探究し，記録し，意思疎通する理想的な媒体として例証されてきた。バージャーとモーアが示唆するには，「その性質からして，啓示（レヴェレイション）は簡単にはそれ自体を言語化（ヴァーバリゼイション）することはない」(Berger & Mohr 1982：118)。社会学的な調査における重要なビジュアル・テクストとしての写真の最大のポテンシャルは，私たちの存在におけるモノの複雑な役割を，洗練された（ソフィスティケイテッド），そして敏感な正しい理解（アプリーシエイション）によって引き出し得る。この気づきは，イメージ制作への原初的な「注視（ゲイズ）」と，次に続くアプローチの両方を特徴づけるのである。

　経験の対象化は無数である。ポストモダンの議論がいかなる孤立を課そうが，愛，憎悪，幸福，苦痛，性的興奮，疲労などの共通な（コモン）人間の状態を表現することに対する私たちの共感は，他の社会的存在の生きられた経験の意味に，私たちを近づけてくれるのである。それらが再生産するイメージと感情的な共振を通して，過程と経験の両方を結びつける。写真の特殊性に根ざされ文脈化されながら，私たちは他者の生きられた経験の中に，私たちの人間らしさを新発見する方向へとたどり着く。ディルタイが上品に述べたように，「理解するということは，汝の中に私を再発見（リディスカヴァリィ）することである」(Rickman 1976：208)。

文　献

Berger, J. and Mohr, J. (1982) *Another Way of Telling*, London: Writers and Readers Publishing Cooperative.
Bourdiue, P. (1977) *Outline of Theory and Practice*, trans. R. Nice, London: Cambridge University Press.
────── (1984) *Distinction: A Social Critique of the Judgement of Taste*, Cambridge, Mass.: Harvard University Press.（＝ピエール・ブルデュー／石井洋二郎訳『ディスタンクシオン──社会的判断力批判』I・II，藤原書店，1990年）
Butler, T. (ed.) (1989) *Memory: History, Culture and the Mind*, Oxford: Blackwell.
Csikszentmihalyi, M. and Rochberg-Halton, E. (1981) *The Meaning of Things: Domestic Symbols and the Self*, Cambridge University Press.（＝ミハイ・チクセントミハイ，ユージン・ロックバーグ＝ハルトン／市川孝一・川浦康至訳『モノの意味──大切な物の心理学』誠信書房，2009年）
Harker, R. and McConnochie, K. R. (1985) *Education as a Cultural Artifact*, Palmerston North: Dunmore Press.
Harker, R., Mahar, C. and Wilkes C. (eds.) (1990) *An Introduction to the Work of Pierre Bourdieu; The Practice of Theory*, Basingstoke: Macmillan.（＝R・ハーカー，C・ウィルクス，C・マハール／滝本往人他訳『ブルデュー入門──理論のプラスチック』昭和堂，1993年）
Morgan, Sally (2002) 'The measure of yearning, of knowledge, of science, and of art', unpublished paper.
Rapoport, A. (1981) *A Cross Cultural Perspective: Identity and Environment*, in J. S. Duncan (ed.), *Cross Cultural Perspectives: Housing and Identity*, London: Croom Helm.
Rickman, H. P. (ed.) (1976) *Dilthey: Selected Writings*, Oxford: Oxford University Press.
Turner, V. W. and Bruner, E. M. (eds.) (1986) *The Anthropology of Experience*, Urbana and Champaign: University of Illinois Press.

5 水曜日の夜のボウリング
―― 農村の労働者階級文化についての省察

ダグラス・ハーパー

　本章では，以下の推定(アサンプション)を前提としている。すなわち，写真を用いた提示(プレゼンティング)によって，社会生活はより社会学的に理解可能になるという推定である。世間の常識とは部分的には相容れないような労働者階級(ワーキングクラス・カルチャア)の文化についての解釈(リーディング)を示唆するために，私は，ある社会的光景(ソウシャル・シーン)――米国のニューヨーク州北部におけるボウリング場――についての写真を提示する。写真と共に提示されるのは，労働者階級の生活についての社会学の概説と，ボウリングをしてきた長い年月の間にボウリングレーンにおいてなされてきた観察である。私が提案したいのは次のことである。すなわち，ビジュアルなイメージ，社会学的な分析，そして観察，これら3つの要素は，一種のモンタージュ写真――"ゲシュタルト〈訳者補注：部分に分けてしまうと意味をなさないまとまりのある全体的構造〉"――を構成するのであって，これは，上記の分析手段がバラバラに示すよりも多くの物事を示すということである。と同時に，短い章の中でこれらの要素を対象とするには，ある程度手短に論じられる必要がある。

　社会分析における写真の有用さについてのこれらの推定は，ビジュアル社会学の経験的(エンピリカル)な翼(ウィング)としばしば呼ばれるところのものから由来するのだが，これは，ドキュメンタリー写真と密接にかかわっている（Harper 1997）。しかしながら，ビジュアル社会学とドキュメンタリー・スタディーズに似たような仕方で写真が役立つと主張するからといって，写真というものが社会的現実の単純な表象(リプレゼンテイション)であるということを意味しない。写真を撮るということは，ジェンダー，階級，年齢，そして撮影者と対象とが有しているその他の社会学的(ソシオロジカル・

第Ⅰ部　自己，アイデンティティ，家庭内の空間をありありと描写する

属　性(アトリビューツ)の影響を受ける複雑な行為である。それはまた，写真における技術的考慮や，状況がもたらす影響についての考慮を要することである。(1) 言い換えれば，写真は見るのだが，見るように強要された仕方で見るのである。この点を論証するための最適な方法は，それらの写真がいかに撮影されたのか，そしてそれらが，他の社会学的な知識に対していかなる知識を加え，いかなる異議(コンテスト)を唱えるのか，という文脈において写真を提示することである。これがこの章の戦略である。

研　究

　1981年から90年までの間，私はボウリング・チームのメンバーであった。そのチームは，秋冬春の毎週水曜日におこなわれるリーグ戦に参加していた。控えめに言って，これは250日もの夜にボウリングしていたことを意味する。そのボウリング場が位置していたのはニューヨーク州北部の小さな町であって，そこは，私が社会学の教授をしていた人口4,000人の町からは25マイル離れていた。これは明らかに農 村(ルーラル)の 環 境(エンヴァイロメント)であって，私たちの家族はそこにまるまる参与していた。隣近所のウィリーがリーグへと誘(いざな)ってくれ，最初のうちこそ私の存在は奇異には思えなかったのだが，私はすぐに，自分が労働者階級もしくは農家出身ではない唯一のメンバーであることを悟ったのであった。

　その頃，私は，社会運動，革命的変動，社会問題，コミュニティ研究といった講座において，アメリカの労働者階級について教えていた。労働者階級の文化の中に引き込まれていくにつれて，自分が読んだり教えたりしていた分析に納得できなくなっていたことに気づいた。数十年の間，概ね1950年代から70年代に至るまで，労働者階級についての研究は一般的なものであり，その推論は激しく討議されていた。それ以来，この章では割愛するいくつかの理由のために，労働者階級への関心は減少してしまった。(2) ゆえに，労働者階級の性　格(キャラクタリゼイション)づけについての私の省　察(リフレクション)は，今とは異なった時代に属するものであるとはいえ，その大部分はいまだに反駁されてはいない。まずは，労働者階級についての社会学的な議論を手短に振り返ってみよう，たとえその議論をおこ

なっている本がどんなに時代遅れのものであったとしても。

　おそらく，最も有名な労働者階級の性格づけは，シーモア・リプセットによるものであろう。1963年のことだが，彼は労働者階級を，権威主義的[オーソリテリアン]で柔軟性のない，不寛容な存在として描いた。ショスタクとゴンバーグ（Shostak & Gomberg 1964）は，論集の中でこの見方に対して異議申し立てをおこなっているが，その中で，例えば S. M. ミラーとフランク・リースマンは以下のように書いていた。

　　今や次のように主張される。労働者階級は……満足を得ることを控えることができない，そしてその結果として，自身の地位を改善するための大きな一歩を踏み出すことができない，と。この見方にはしばしば次のような信念が付随している。すなわち，この下層の階級[ロウア・クラス]は，「非道徳的[インモーラル]」で，「市民化されておらず[アンシヴィライズド]」，「ふしだら[プロミスキュアス]」で，「怠け者[レイジイ]」で，「低俗[オブシィーン]」で，「不潔[ダーティ]」で，「野暮[ラウド]」である（Shostak & Gomberg 1964: 34）。

　ミラーとリースマンが見抜いたのは，中流階級に属する社会学者が抱く労働者階級についてのステレオタイプ[ステリアタイプ]であった。それは，節制を欠いており，知的に劣っており，習慣的に不潔で不道徳なのだ。
　労働者階級の男たちは，女性によって遂行された研究においても問題ないというわけではない。ミラ・コマロフスキー（Komarovsky 1967）とリリアン・ルービン（Rubin 1976）が注目したのは，労働者階級の男たちが自分たちの妻と意思疎通[コミュニケイト]することができず，その結婚生活において有意義な[ミーニングフル]役割[ロウルズ]を演じられないということであった。ルービンは以下のように断言した。

　　問題は次の事実にある。すなわち，彼ら・彼女らは，意思疎通のための，
　　互いを理解し合うための言語を持ち合わせていないという事実である。彼
　　ら・彼女らはある種の過程の産物なのである。その過程において，彼ら・彼
　　女らは自分たち自身のどちらか一方の側にのみ馴染むよう習慣づけられてい

る——すなわち，女性は，受動的で[パッシヴ]，優しく[テンダー]，言葉によらず[ノンヴァーバル]，非感情的な[アンエモウショナル]側に馴染むように，そして男性はといえば，能動的で[アクティヴ]，タフで[タフ]，筋が通っていて[ロジカル]，言葉によらず，非感情的な側に馴染むように，といった具合に（Rubin 1976：116）。

コマロフスキーは，夫婦の分離[アイソレイション]を力説した。

「分担することへの訓練された無能力[トレインド・インキャパシティ・トゥ・シェア]」というフレーズは，男性の口下手さ[イナァティキュレイトネス]についての不動の見方を伝えるように意図されている。彼らがそれに向けて社会化されていく男らしさ[マスキュリニティ]の理想は，自制の強調によって直接的に，そして私的なやりとり[インターチェインジ]を女らしい役割[フェミニン・ロウル]と同一視することによって間接的に，表現能力[イクスプレスィヴネス]を抑制するのである（Rubin 1967：156）。

労働者階級を心理学的に無能力な者[サイコロジカリィ・クリプルド]として最も決定的に描き出しているテクストは，セネットとコッブによる「階級の隠された傷[ヒドゥン・インジャリィズ]」を扱った影響力の大きい研究（Sennett & Cobb 1972）である。そのよく知られた議論は次のものである。すなわち，労働者階級は社会移動[ソウシャル・モビリティ]が不首尾に終わったことで自らを責めつづけており，そのために，概してこの階級は根の深い不安感[ディープ・スィーティド・インスィキュリティ]と敗北主義の感覚[センス・オブ・ディフィーティズム]とを膨らませているのである。ある程度の社会移動を果たした数少ない労働者階級の男性は，自らの成功について，自身の技能，知性，もしくは熱心な労働によるものと見なすことを拒絶する。

我々が見出したのは，自己についての満足の意思表示が，ほとんど瞬時に，自らについての以下のようなものの見方に取って代わられるということである。すなわち，自身の人生における受け身の主体，出来事の原因であるよりは，むしろその結果を受ける側にい続けた人間として，である。「私は，ちょうど適切な時機に適切な場所にいたのだ」。彼は何度もそう言うのである（Sennett & Cobb 1972：20）。

以下の点を重要視した研究も,若干存在する。すなわち,高度な鋼鉄の組み立て作業の持つ技能と危険さといった文化的要素によって,労働者階級の生活における社会的な次元に明確な影響を及ぼす友愛がどのようにして生み出されるのかに関する研究である(例えば,Applebaum 1981を参照)。しかし,こうした視角は労働者階級の研究においては間違いなく希少である。

ボウリング・リーグにおける労働者階級の文化と,この問題についての社会学的調査との間で私の気づいた相違というのは,部分的には場所と歴史の効果によるものであったかもしれない。古典的研究のほとんどすべてがアメリカ北東部の都市部もしくは都市近郊に位置づけられるにもかかわらず,アメリカ労働者階級についての論文は,その階級をひとまとまりの現象として捉える傾向がある。労働者らは,熟練小売商であるか組立工場工であるかのどちらかで,ヨーロッパ系の民族的背景を有していて,彼らのコミュニティと工場とは多民族からなっているのが普通である。先行する時期にアメリカ労働者階級を研究した社会学者は,男性で東海岸の都会人がほとんどであり(以下に述べる例外も存在する。東海岸の都市部の労働者階級についての研究を1984年に刊行した英国の社会学者,デビッド・ハレ,そしてカリフォルニア郊外の労働者階級を研究したベネット・ベルガーとリリアン・ルービン),従ってその政治的態度はニューレフト志向であった。彼らの労働者階級についての研究が重要視していたのが,次のような労働者らの失敗であった。すなわち,偏狭な私利私欲以上のことを表現するような政治に参加することの失敗,とりわけラジカルな社会的政治的変化を追求する運動において役割を演じることの失敗である。実際のところ,多くの研究者が指摘したのが,労働者階級における反動的な政治的立場,人種的偏見,さらにはファシズム的偏向なのである。

これらの研究がなされていた時代は,その上,研究のテーマや前提に強い影響力を有していた。例えば,ルマスターによる労働者階級向け居酒屋における小売商たちの描写(LeMasters 1975)は,1960年代の文化的闘争に起因する進歩的な政治活動(女性運動,ベトナム戦争における大学の共犯性に反対する学生のストライキ,戦争反対の異議申し立て一般を含んでいる)に対するアメリカ労働者

第Ⅰ部 自己,アイデンティティ,家庭内の空間をありありと描写する

らの拒絶反応(リジェクションズ)を反映(リフレクト)している。

いずれにせよ,これらの研究が大いに示しているのは社会学の先入見(プリオキュペイションズ)についてであり,特にアメリカにおける1960年代とその直後の時期のことであった。しかしそれらは,時間と場所を超えた労働者階級の文化について,人を納得させる物語(コンヴィンシング・ストーリィ)を語ってはいない。アメリカ労働者階級の現場への訪問客としての私自身の立場は,観察と写真撮影(フォトグラフィ)によって労働者階級の文化について異なった描写を与え得る利点を提供する。

状況と研究の母集団

私のリーグ仲間は,農村の労働者階級の3つの異なったカテゴリーから取り出された。最初のカテゴリーは,ボウリング場から20マイルのところにあるアルミニウム処理工場で働く男性たちからなっていた。彼らは,低収入の農村部にあっては給料のよい労働者たちであった。彼らの多くは新しい小型トラックを運転し,手入れの行き届いた家に住まっていた。彼らのほとんどすべてが非公式の仕事を持っていて,それらの仕事は決まって,バックホー,ダンプカー,ブルドーザー,トレーラー,トラクターのような機械と関係していた。彼らがこれらの副業をすることができたのは,夜間勤務によって日中の時間を追加の仕事のために用いることができたからであった。ボウリング場での会話のほとんどは,誰がどんな種類の仕事を誰のためにおこなうことができるか,すなわち,いかなる類の取引や交換によって仕事をなし得るかについてのものであった。

2番目のカテゴリーは地元の酪農家から成り立っており,彼らはたまの夜の休みも取ることができないほどには忙しくない,家族経営の酪農場を経営していた。毎年のようにボウリングをしていたあるチームは,父と2人の息子と共同経営者から構成されており,2つ目のチームには酪農家と彼の息子と雇い人が含まれていた。酪農家がしばしば必要とした技能や機械や労働力は,ボウリング場で見出された他の労働者階級男性によって提供された。取引や他の仕事のやりとりが議論の一部をなすこともしばしばであった。

5 水曜日の夜のボウリング

　労働者の最後のカテゴリーは，単独で雇用される大工，修理工，機械の操作者らである。大変成功して高価な機械を入れるガレージを持っている者もいたが，自作の家に住み，幾度となく老朽化する機械に囲まれて，必要最低限の水準で生活している者もいた。これらの労働者はまた，地方の労働者階級文化においては重要な役割を担ってもいた。というのは，彼らは上記の双方のグループが必要とする機械を修繕していたからであり，周辺の農民のために労働力と土地を提供していたからであった。また，特別な技能を持つ者もしばしばだったが，その技能は別の手段では得られないものだった。

　グループの社会学的特性は，状況によって影響を受ける。ニューヨーク北部は寒冷で孤立しており，人種的にも民族的にも同質的であった。この階級によってなされる仕事のほとんどは非熟練なものと分類されるだろうが，ボウリング場にいた男たちは，機械操作や修理には（ほぼ）完全に熟練していたし，また多くが創造力のある発明家であって，彼らは製薬会社に販売するシダー油を非合法に生産するための蒸留器のような機械を作り上げたのだった。賢いビジネスマンも多くいたが，彼らは，非公式に取引され時々売りに出される，時間と物質からなる複雑な社会的世界をうまいこと切り回していた。こうした状況で，人々は物質的な必要性の大部分を満たすことができたのであった。人々は自分の家を建てたし（しばしば特別な技能と機械を有している人と労働力を売買しながら），家族は大きな庭とたくさんの飼育中の食用動物とを有しており，そして男性は，スポーツのためというより食べるために狩猟したのであった。

　国の政治ははるか遠くの舞台で演じられているかのようであり，州の政治さえ，ほとんど神秘的な場所としてのニューヨーク市を中心としていた。そこは，訪れた者はほとんどなく（あまつさえ，訪れることを想像できた者さえほとんどなく），山々を越えての8時間のドライブの先にあったのである。ゆえに，農村の労働者階級の多くが対処していた政治というのは，以下のような地元の議題に基づくものであった。それは，湿地の統制，日用品の値段，あるいはその他の農業についての政策（農家が自らの乳牛を食用に売り出して支給を受ける酪農業の買い上げといった賛否が分かれる計画のような），そしてゾーニングや教育

委員会関連の事案であった。ボウラーの数人は地元の政治委員会の職についていて、多くの者が地方政治に参加していた。結果としてはこういうことだ。私が調査し、ボウリングを共にした農村の労働者階級は、社会学者らのコミュニティによって頻繁に調査されてきたような都市もしくは郊外の労働者階級とは、きわめて異なっていたのである。

方　法

　非公式にボウリングレーンを観察してきた数年の後に、私は自分の観察をフィールドノートに体系化(システマタイズ)し始めた。毎週毎週、毎年毎年、男性たちが話していることを聞いて、私は、彼らの生活の中からいかにしてテーマが浮かび上がってくるのかを見守った。私は、グラウンデッド・セオリー〈訳者補注：GT法とかグラウンデッド・セオリー・アプローチなどと言われるグレイザーとストラウスが創始した質的研究法の一種で、調査で収集したデータ（記録された文章）の切片（単語や事例）を切り分けてラベルをつけ（コード化）、それらを比較・分類してグループにまとめ（カテゴリー化）、特性（概念的諸要素）を引き出し、カテゴリー同士を比較し、相互に関連づけ、体系化して理論を生成していく。グラウンデッド・セオリーは、「データ対話型理論」「データに根拠づけられた理論」などとも訳される。B. G. グレイザー、A. L. ストラウス／後藤隆・大出春江・水野節夫訳『データ対話型理論の発見——調査からいかに理論をうみだすか』新曜社、1996年を参照のこと〉の戦略を用いた。そこでは、私は、会話における共通の話題を認識し、続く会話の中でそれが膨らむのを記録した。私は徐々にこれらの男性の多くをかなりよく知ることになり、彼らがしていたのと同じようなボウリング場の外での労働(ワーク)に基礎を置いた関係(ベイスト・リレイションシップ)の中に入っていったのである。だから、彼らの生活についての私の見方は、我々の共有された経験(シェアド・イクスペリエンスィズ)に基づくものでもあったのだ。

　16年間北国に住んだ後で、私は、数州ほど離れたところで職を得た。ボウリング文化を写真に収めることを考えることもしばしばだったが、レーンにカメラを持ち込むことの奇妙さ、明るい天井のイルミネーションの下、ほの暗い空間(ルーム)の中で自然光によって写真を撮るという問題、そういったことのために試

みることをためらってきたのであった。いざ地域を離れる準備をする段になって，数年間考えてきたイメージをものにするために残された機会がほとんどないことを知った。そこで，いささか不安を感じつつ，最後のシーズンの最終夜に，私は男性たちとレーンを写真に収め，この章で用いられているイメージの多くを生み出したのである。

　レーンに存在している明るさを複製するような仕方で主題を照らし出すことが難しいだろうことを，私はずっと理解していた。社会的な雰囲気（アンビアンス）と社会的な相互行為とは，疑いなく環境上の明るさ（エンヴィロンメンタル・ライト）によって影響を受ける。ゆえに，これは重要な考慮すべきことであった。

　私は，中判カメラを用いることに決めた——これ自体が大きく，機材の中で人目を引く部分であったが——そしてまた，レーンにおける風変わりで扱いの難しい明かりを和らげるためのストロボと。私は，写真自体に注意を引きつけることを決めた。私はストロボと補助光とを用いて撮影をおこなったが，ゲームの邪魔をしないように，ボウリング中の男性については自然光で撮影した。これらの照明戦略の効果は容易に見て取れる。要するに，人物はクッキリとムラなく照らし出されているが，ボウリング中のボウラーの写真は，頭上の強烈な光か，そうでなければ曖昧な影を映し出している。

　写真は，写真のキャプションに記述されているようなリーグ文化の雰囲気や規範のいくつかを伝える。それらが示すのは，こうした男性たちが身に着けているか互いに有している，衣服，姿勢，くつろぎの感覚なのである。チームのメンバーであるウィリーが，私がボウリングをしているところを撮影した（私がボールを手放した時に，ストロボ撮影が私の目をちょうどとらえている）。この写真は，レーンの社会空間（ソウシャル・スペイシィズ）という文脈におけるボウラーを提示する。

　これらの写真によって，労働者階級のボウリングの世界を垣間見ることになる。しかし，それが浮かび上がってくるのは数年間に及ぶ日常的な相互行為からであって，それが具体化するのはその期間に築かれた関係なのである。万が一，長期間グループのメンバーではなかった誰かによって撮影されたとしたら，大変異なった写真が撮影されたであろう。ボウラーは，私の写真を告別の一部

として受け取った。

　本章の最後に，男性たちの非公式労働の社会的世界を示す写真と並んで，これらの画像を提示しておいた。ただし，これらは労働者階級の文化の典型的な状況の少なくとも4つのうちの2つに過ぎない。というのは，家族生活と公的な仕事の状況が描写を完全なものにしただろうからである。

テーマ

　私は，少なくとも50回のボウリングの夜から，広範囲にわたるノートをとった。これらのフィールドノートの内容分析（コンテント・アナリシス）によって，以下の3つのテーマを見出すことができた。それを，続くコメントの中で手短に提示していこう。短い章の中で質的データを要約することは難しいことに注意し，それぞれの事例について数少ない代表的な物語（リプレゼンタティヴ・ストーリィズ）しか掲載しなかった。

　最初の会話のテーマは，家族生活を対象とした。労働者階級の男性は，自分たちの子どもの成功の物語，子どもたちの直面している難題について話したのである。彼らは，子どもたちや先生，成績，妻の仕事，家族の病気などの話をした。スポーツというのは主要な話題であって，チームが特に勝とうが負けようが，彼らの息子たちや娘たちのスポーツ参加を観戦したり，報告したりすることに，大きな喜びを覚えていた。それらの意見のいくつかを以下に示す。

　男性らは，街のホッケーリーグの競技での息子たちの経験の1つを議論していた。ギルバート・レイが言った。「そのコーチは，私が見てきた中で1番優秀なんだ。彼はみんなに競技させてやる。みんながラインの一部であり，各々のラインに同じ時間を振っている。もし子どもらが何か間違ったことをしたら，連中に言って聞かせるんだ，怒鳴るのではなくて。彼は跳んだりはねたり叫んだりしないんだ」。彼のチームメイトがつけ加える。「ああいう類のコーチには我慢ならないね——子どもをきつく叱りつけるような。コーチがそういう奴だったから，子どもに競技をさせてやろうとはしなかったな。子どもたちは本来そこらへ出て行って，楽しまなければならないよ」。「そうだな」。他のボウラーが相槌を打つ。「ビリーはゴールを決めたんだが，奴らはそれを取り上げ

5　水曜日の夜のボウリング

ちまったのさ。パックは入ったが出て行ったよ。それを連中は見てなかったんだ。息子はちょっと腹を立てちまったんだな——ラフ・プレイでペナルティ食らって——1分半の間ベンチに座っていなくてはならなかったんだ！」。共通しているのは，息子たち，時に娘たちは，男性らが通常の雇用以外でおこなう作業を一緒におこなうことである。マーフィーが彼の息子を連れてきたのは，私の家の煙突を建てるためであった。ヴァン・パットンが彼の息子（その名前は彼の仕事用ピックアップ・トラックにもまた記されている）を連れてきたのは，私の物置へ引いた新しい水道のために溝を掘ってくれた時であった。

男性たちは，子どもたちのために何かすることが大好きである。ある夜，私は，息子たちの寝室に天然のままの松の木の家具をいくつか作ってやることについて話していた。それまでほとんど話しかけたことのなかったレイ・カールソンが，桜の木でできた寝室の家具一式について話してくれた。その一式は，娘のために彼の植林地で育てていた木を用いて造ってやったものだった。仕事は思っていたより時間がかかった。そこで，自分の新しい家具について心配していた彼の娘が巻き込まれることになった。「あいつはいい大工になってきたよ」。レイが言った。「俺に安全ゴーグルを着用させるんだ。その上，あいつは溝カンナを恐れちゃいない。学ぶことが好きなんだな！」。

私が大学教授だということが知られるようになると，ボウラーたちは，10代の心配事，大学の選択，その他の家族の事案についてアドバイスを求めることもしばしばであった。私自身の娘は高校の陸上の選手であったが，彼女は何人かの男性の娘たちと共に，地元(ロウカル)の高校で3度のシーズンのあいだ，競技してきた。我々が田舎の学校で顔を合わせるのもしばしばで，そこでは自分の子どもを応援し，週に1度，勝利の喜びと失意の物語を分かち合ってきた。

私はまた，これらの男性たちの家族を何人か知るようになった。女性たちに対しプライベートな家族関係についてインタビューすることはまったくなかったのだが，私の知るところとなった家族生活は，次のような共有されたプロジェクトによって特徴づけられた。すなわちそれは，家を建てること，仮設テントを作ること，家を増築すること。それから，地元のキャンプ場や，アディロ

第Ⅰ部　自己，アイデンティティ，家庭内の空間をありありと描写する

ンダク山間部の近くでの家族用の丸太小屋で休日を過ごすこと。女性たちには特別な女友達がいることもしばしばで，我々がボウリングをする夜には，夜のビンゴ大会やその他の活動に一緒に「駆けつける（ラン・ザ・ロウズ）」人たちもいた。農家の妻たちは小さな農園の仕事にまるまる組み入れられていたが，そうした農園というのは，家族のメンバー全員による貢献に依存していた。ボウリングをしていた9年間で，私はボウラーの間でたった1組の離婚しか耳にしなかった。このケースにおいては，妻の方が，CBラジオ〈訳者補注：Citizens Band Radio，市民ラジオ，CB無線，パーソナル無線などと称される近距離通信用の無線〉を通してトラック運転手と秘密（クランデスティン）の関係を始めてしまい，夫と小さな子どもを捨てて，その運転手とともにフロリダへと発ってしまった。ちなみに，身持ちが悪い女性というのは，「トラック運転手と共に走り去る（ランニング・ウィズ・ザ・トラッカーズ）」などと言われていた。捨てられたボウラーは何か月もほとんど慰めようのない悲嘆（インコンソウラブル）にくれてしまい，他の人たちによる同情は弱まることなく続いたのであった。

　労働者階級についての社会学の文献に記述されている類の関係に似た家族関係もいくらかあること，それは分かっている。とはいえ，ボウリング場での交流を通して知ることとなった家族のあいだで，そうした家族関係というのは少しも認められなかった。私が気づいたのはまったく逆のことだった。すなわち，愛情深く（アフェクショネト），尊重（リスペクトフル）に充ちた関係，家族生活の安定，子どもやお互いに対するかなりの程度の自己犠牲（セルフ・サクリファイス）である。

　ボウリング観察の中で見出した2つ目のテーマは，男の友情からなる交渉ごと（ネゴシエイション）であり，それは，大部分が正規の仕事外になされる共有されたプロジェクトに根ざしたものだった。これらは討論における定番のネタであった。例えば，ジョー・モレラは芝刈り機を買い，小さなトラクターを買ったのだったが，それらは，アル・ダウニーのため，その藪でいっぱいの牧草地を整地するべく用いられたのであった。アルがジョーに報いたのは，ジョーが娘にフォード社の中古のムスタングを買ってやるための400マイルのドライブにつき添うことによってであった。アルはそれを壮大な冒険と描写した。すなわち，ムスタングを乗せて運ぶトレーラーを引っ張って，はるばるペンシルバニアまで行

って帰ってきたことを。

　そいつはほんとに見事だったよ，ダグ。朝早く発った。ウォータータウンでコーヒー休憩をした。南81州間ハイウェイに進路を取って……トレーラーに新しいホイールベアリングを取りつけてやった。トレーラーは俺の3/4トン・トラックの後ろに完璧にくっついてきた。俺たちはちょくちょくベアリングの様子を確認するために止まったんだが，その時にコーヒーを多く飲んだよ。遅くにペンシルバニアに到着した。そこで，29ドルのモーテルに泊まることにした。次の朝，俺たちはムスタングを調べ，ジョーは現金でそいつを買った。ムスタングを積んで持ち帰ったのがその夜，というか，朝の4時だった！　俺たちは家までの間ずっと交代で運転した。2人共，月曜には仕事があったしな。

　これらの男性たちが存在している世界は，機械を扱う能力と経験に根ざしたものであった。とはいえ，機械を扱う技能ばかりが男性たちを結びつけているというわけではない。例えば，ジョージはカントリーとウェスタンを演奏するバンドを持っているが，そのバンドは，地元の消防署でおこなわれる記念パーティーのような，家族の祝い事やその関係のたくさんの行事のために演奏をおこなうのであった。ジョージは音楽を提供するために呼び出されていたが，他のプロジェクトの折になされる手伝いをもってその謝礼に代えることもしばしばであった。

　お金というのがプロジェクトの対価となることもあるが，すべてがそうというわけではない。交換が容易に成立しない時もあったものである。時には，些細な確執が急激に悪化することもあった。しかし，私が修復しがたい断絶(イレパラブル・リフツ)を予期していたところ，驚くべきことであったが，仲間たちにとって仲直りするのが実際的である時機をとらえて，新たに結びつくのを見ることになった。家，ガレージ，離れ，道，ダム，橋，排水溝，そしてその他のプロジェクト，これらは，ボウリング場で着手され，非公式に一緒に働く男性たちによって完遂さ

第Ⅰ部　自己，アイデンティティ，家庭内の空間をありありと描写する

れたのである。私はボウリング場で出会った男性を雇ったのだが（労働の交換をおこなったことも時々あった），それは，温室の地盤を油圧ショベルを用いて掘るためであったし，40フィートの煙突を解体して再建するためであったし，家に倒れ掛かってきた木を取り除くためであった。そしてまた，水中ポンプを修理し，車，トラック，その他の機械のために大量の仕事をこなすためであった。実際のところ，ボウリング場は問題解決のための不変の拠り所であった。「誰か，俺の家の屋根からいまいましい木を取り除くための『掴み取り機』を持っていないか」。「ああ，デルバート・ヘンリーがそうじゃなかったか。彼ならあそこだが，まだ，あんたは彼を知らなかったな」。非常にしばしば問題となったのが，安価な費用のかからない労働者を見つけることではなくて，むしろ，言った通りの時間に訪ねてきて，述べた通りの仕事を完遂する専門技能を有した人を見つけることであった。ボウリングレーンの文化の一員となることによって，私は，技術を有した農村の熟練工たちの幅広いネットワークと長続きする関係を結ぶことができた。こうした具合に，私はたやすく多くの人々のうちの1人となったのであった。

　確かに，かなりの程度の自給自足が要求される状況においては，労働に基礎を置いた友情は，典型的であるばかりでなく，合理的である。それは，一般的な低収入を克服するための手段なのである。例えば，長く寒い冬の間に灯油を買うとすると，800ドルもかかってしまうだろう。だが，小さな植林地とちょっとした機材とがあれば，長い週末をかけて，ひと季節の暖をとるための木を2，3人のチームで育てることもできる。こうした共通のプロジェクトのために，人々は互いを頼りとし，重んじることになり，また彼らは長続きする社会関係を生み出したのである。これらと対照をなしているのは，工場もしくはその他の都市での非熟練労働による集合的経験から生まれてくる社会的世界である。

　ボウリング場での最後の共通の話題は，ローカルでプライベートな政治であった。これらの物語においては，下に述べるマーフィーのそれに代表されるように，労働者階級の男性たちは，人々（そして時に彼らの制度）との相互行為を

5　水曜日の夜のボウリング

描写した。被害者としてよりはむしろ，彼ら自身を何かしら提供するものを持った交渉者(ネゴッシエイタズ)として考えていたのである。

マーフィーはずっと木を伐採してきた。彼はすぐれた牽引トラックを所有していた。トレーラーに積んだボブキャット社製品，それを牽引するトラック，そして森の中で用いる小型トラクターである。彼は来年分の木をすべて伐採してしまって，それから売るための薪を数コード刈ったのだった〈訳者補注：コードは燃料用の薪の単位で，1コードだけで約3.6m³にもなる〉。彼が私たちに語る。

　エディー・バークレーが薪を欲しがったんだ。俺は奴に良いのをくれてやった。多分1コードと1/4ぐらいか。すべて良いものだったし乾いてもいた。奴が俺に電話してきた。そこで，25ドル貰うと言った。小型トラックに薪を乗せた。それで，奴がいくつか材木を置いていた場所にうっちゃっておいたんだ。仕事が終わったところであいつがやって来て言った。「あんたは，25ドル分でこの材木を束ねてくれるつもりなのだろう？　私はビジネスマンだ。こんな具合にそこらに材木の横たわっているままにはさせられないな」。

　俺は言ってやった。「もし束ねてほしければ，支払いは30ドルだな」。「とんでもない」とあいつが言う。「25だ。私はビジネスマンなのだ。私にはその材木を束ねることはできんのだ！」。「糞ったれ！」。俺は言ったね。「俺だってビジネスマンだぜ。それでもって，あんたの材木を束ねる気なんてないんだよ！」。俺はその材木をすべて積んだ。奴はそこに突っ立ってそれを見ていた。出て行く時，俺は言った。「あんた，俺の電話番号まだ持ってんのか？　捨てちまえよ。もっと木が必要だとしても，俺を呼ぶんじゃないぜ！」。

　その敵対者(アンタゴニスト)は富裕な地元のビジネスマンであったが，多くの者が彼を好きではなかった。マーフィーの話は，より高い社会的な身分(スタンディング)を有する者たち

153

と渡り合う時に自尊心(セルフ・リスペクト)を維持することについての，よく繰り返される話だった。自分たちの世界をかなりうまいこと管理している者が多かったので，一般的に，非人格的な官僚制の世界のために彼らは当惑しなかったのである（むろん，医療関係やその他の個人的な危機のために公的な援助をどうしても要するときには，こうした官僚制を受け入れなくてはならなかった）。概して，労働者階級の文化は自己主張(アサーティヴ)が強く，外部の世界と渡り合う時には尊大でさえあった。

結　論

　この章が問うたのは，社会学においてかつては非常に研究されてきたアメリカ文化の一断片(ア・セグメント)についての社会学的分析であった。私が望んだのは，こうした調査の伝統を導いてきた中心的な推定のいくつかを疑問に付することであったが，この伝統自体は，労働者階級の生活と政治への関心が低迷するにつれて衰えていったのであった。私の観察と他の労働者階級の研究の観察との相違の原因は，いくぶんかは，その，農村にあってかつ北部にあるという状況のためである。そしてまた，いくぶんかは，労働者階級の生活を異なった視点から見ていたためなのである。私は，労働者階級の文化を，本来の場所(イン・サイトュー)で，働きそして遊んでいる場所で，観察したのだが，他方で，ほぼすべての先行研究が生まれたのは公式のインタビューからであった。

　この過程で，写真は興味深い役割を果たしている。写真を用いることで，日常的な社会的空間における状況や相互行為を具体化することができる。その上，写真によって，異質な現場状況(エイリアン・フィールド・セティング)において他者と共感できる関係(エンパスィック・コネクション)を結ぶことができる。写真は，撮影者と被写体との間の社会関係の論証(デモンストレイション)となる。だから，写真はデータなのであって，それは，当該の状況下でいかに人々が相互行為するのかを伝えるのである。このようにして，写真は言葉と共に始められた理解を拡張するのである。

5 水曜日の夜のボウリング

シーズンの歴史。ボウリング場のオーナーは、プレイされたすべてのゲーム記録を注意深く保存していた。高得点はポスターの上に手書きされ、ボウリング場の壁を飾っていた。これらはシーズンの歴史となって、伝説的な偉業(レジェンダリィ・フィーツ)の記録となった。例えば、ボウラーがパーフェクトを達成した偉大な夜などの。

オーナーが維持している50個以上のボールは、サイズ、重さ、指穴の位置、質の点などで多様であり、誰の使用にも耐え得るようになっていた。長年の間、同じボールを借りて用いているボウラーが多かった。

レーンはコンピュータ化されていなかった。チームは手書きでスコアをつけていたが、それにはストライクを計算することも含まれていたし、スペア(第2投でピンをすべて倒すこと)時とオープン(ピンが第2投後にも残ってしまっている状態のこと)時に点数加算をおこなうことも含まれた。

水曜日には、我々のチームの1人の娘さんがスコアをつけるために参加してくれた。それは一定の注意と計算の技能とを要する面倒くさい仕事だったが、ジュリーはチームで重要な役割を果たすことを楽しんでいた。

コンピュータ化されていないシステムのおかげで、ボウラーたちは、ゲームが始まる前に好きなだけ練習のボールを投げることでウォームアップすることができた。モダンなシステムでは、ボールが投げられるたびに、スコアをつけ、料金を課すことを自動化してしまったために、ウォームアップするわけにはいかないし、ボウラーの多くは彼らのスコアが実際にどのように計算されているのかさえ知ることがないのである。ウェーバリアンの社会学者であれば、新しいシステムを技術利用による合理化として特徴づけるのであろう。その技術は、経験を標準化し、必要とされる人間の行為者性(ヒューマン・エイジェンシィ)を損なうとされる。

第 I 部　自己，アイデンティティ，家庭内の空間をありありと描写する

　この写真が映しているのは，スコアを記録するテーブルを囲む半円形のシートからの視点である。ボウラー（左側）は投げ終わったところであり，ボウラー（右側）は彼の投げ位置へと歩んでいくところである。この過程で，いくつか小さな儀礼(リチュアルズ)が執りおこなわれている。というのは，ボウラーは共有のタオルで手をふくが，そのタオルはタルカムパウダーのような乾燥物質を含んでいる。そして，フロア上の印をもとに足の位置を決め，2つか3つ深呼吸をおこなって，それからボウルを手放すまでにレーン上を3歩進むのである。こうした儀礼は集中力を高める手段として理解されており，すべてのプレイヤーによって重んじられているのである。私としては，これらの写真を注意深く（フラッシュなしで）撮影せねばならなかったが，それはボウラーの注意を妨害しないためであった。

　ボウラーは交代する。規範が命じるところでは，そのボウラーがボールを投げてしまうまでは，その両隣のレーンの者は何人もボールを投げてはならないのである。ボウラーたちは，ベストな姿勢，ボールを投げるスタイル，最大限の結果を出すために掛けるべきスピンの量と方向について，多くの時間をかけて言い争う。熟練したボウラーは賞賛を受けるが，未熟なボウラーだって参加を歓迎される。ハンデを設けるシステムによって，未熟なボウラーは埋め合わせを受けることができるのだが，そのシステムは大変複雑なアルゴリズムでできており，競技の場の釣り合いを取るのに役立っている。

　我がチームのキャプテンを務めるウィリーはまた，ボウリング場で旧式の機材の修理をし，ボウラーの手にフィットするようにボールに穴を開ける仕事をしていた。彼は，レーンにこっそりとやってきて，私がボールを手放した時に写真を撮影した。この奇異な出来事によって，何人かの観客(スペクテイタァズ)の注意を引くことになった。（ウィリー・ルイによる写真）

156

5 水曜日の夜のボウリング

　このチームは数年の間ずっと変わらぬままであったが，チャーリー・S（写真左）の酪農場の周辺で結成された。体格のがっしりした2人の男性は彼の息子であり，彼らもまたその酪農場で働いている。彼らの酪農場は，その時分およそ80頭の牛を搾乳していたのだったが，手工業志向であった。彼らの農場を訪れた時，私は，見たところ黒と白からなる巨獣たちに等しい群れの間を歩き，何世代にもわたる飼育場の決定についての活発な議論を耳にした。彼らは，決定とその帰結の詳細とを熟知していた。「サラは偉大な乳房を持っているが，足が良くないんだ。とはいえ，サラは今期，きっと最高で16,000ポンド（の牛乳）を出すだろうね！」。
　ジムは，この巨人たちのボウリング・チームにおいては痩身のメンバーである（ジムは言ったものだ。「私はいわば人ごみに埋もれているようなもんだ！」）。彼は父親が1950年代に造成した酪農場に住んでいた。この農場は近代化を果たすことがなかったので，ジムは，彼の土地の周囲にある大きな農場のために雌の子牛を預かるビジネスをおこなった。彼はまた，地元の大学ではフルタイムの保守係であった。ジムは多くの近隣の酪農家たちとの労働力ならびに機材の交換に深くかかわっていた。彼の主要な収入は雑役の仕事からのものだったにもかかわらず，彼の中心的なアイデンティティは酪農家としてのそれにあった。

第I部　自己，アイデンティティ，家庭内の空間をありありと描写する

2人の息子の助けを得て酪農場を経営し，チームのメンバーでもあったチャーリーが雌の子牛の世話をしている。

彼の酪農場にいるジム。後ろにいるのは，近隣の酪農家たちのために彼が養っている乳を出さなくなった牛たちである。

5　水曜日の夜のボウリング

　このチームもまた，家族経営の酪農場と進歩的な農業運動としての全国農民団体(ナショナル・ファーマーズ・オーガニゼイション)へのオーナーの長期にわたるかかわり合いを中心にして結成された。チームは例年，雇用者，息子，駆りだされた甥たち，そして友人らから構成されていた。チームの組織者にして農場のオーナーは，NFO〈全国農民団体〉のTシャツをきちんと着用していて，農場の方針と経営について議論し説教(レクチャ)する機会を決して逃さなかったが，チームの他のメンバーは普通の私服を着用していた。農場はつらい時期に破綻し，ここに写したチームのメンバーのうちには亡くなった者もいた。会話では，変わりゆく農村の光景が話題となった。そしてまた，小さな農場や近隣関係の消滅がそれと並んで話題とされた。ある日，我々が話していたのは，より大きく工業化した酪農場の出現によって何が変わったのかについてであった。ローレンという酪農家が言った。「彼らが隣人を救いたいと思っていないというわけではないのだが，彼らは酪農のことを何も知らないね。牛追いのやり方さえ分かってない！」。

159

第 I 部　自己，アイデンティティ，家庭内の空間をありありと描写する

　これらの写真の中の労働者らは，ボウリング・リーグに参加していなかった。しかし，リーグの非公式のネットワークを通じて連絡を受けたのである。多くのボウラーたちのように，彼らは典型的な，機械に基礎を置いた起業家である。

　これらの写真では，彼らは，暴風によって私の家に倒れてきた木を取り除いている。

　2枚目の写真が記録しているのは，温室への水道を引くためにバックホーを用いて溝を掘っているところである。バックホーはトラクターの後ろに取りつけられていて，その仕事には2人を要する。この写真のように，父親たちがその息子らと共に仕事に当たることは頻繁にあった。

5 水曜日の夜のボウリング

1990年の我がボウリング・チームである。私は9年間，ウィリー（写真右）のチームでボウリングをしていた。毎年，チームの他のメンバーは異なっていた。この年の場合，我々のパートナーには，気難しい酪農家と呑気（ハッピィ・ゴウ・ラキィ）な労働者階級の男性とが含まれていた。毎年，チーム内では特別な形の友情が育まれた。我々は仲良くやれるよう結構頑張ったのだが，仮にやれなかったとしてもさほどのストレスを感じなかった。

161

第Ⅰ部　自己，アイデンティティ，家庭内の空間をありありと描写する

森の仕事。
　その週はずっと寒かった。毎晩，氷点下10度であった。ビルは翌冬のための木を伐採していた。彼の使っている小さなトラクターは，1度に1本の丸太を引っ張ることができた。他のボウラーは心配して，「トラクターをひっくり返して，地面で動けなくならないよう気をつけて」と言う。ビルは彼らを嘲笑う。「あのトラクターにはひっくり返るだけのパワーはありゃしないよ！」。ウィリーが言う。「ウィスカー・ラローシュのことを思い出せよ。お前が言っているのは彼がかつて言っていたことだ。彼は1時間半の間，トラクターの下敷きになっていたんだ。ほとんど凍って」。ビルはもっと嘲笑う。「2つ以上の丸太を引っ張ろうとしたら，あのトラクターは立ち往生するだろうよ。俺のはたった20馬力しかないし，異常なまでにエンジンがよく止まるんだ。あれはひっくり返りっこないよ」。
　ウィリーの娘は，水曜日の夜のほとんどは我々のためスコアをつけてくれていたのだが，彼女は我々が木を伐採する間，はしゃいでいた。ジュリーは，ウィリーが小規模酪農家たちのためにやってやる仕事の多くに同伴したが，彼の持ち運び可能な溶接機を小さなトレーラーに取りつけることもしばしばだった。ウィリーはまたジュリーのために多くのことをしていた。例えば私が思い出すのは，この写真を撮影した後日，彼は彼女の信仰確認式(カンファメイション・セレモニィズ)のために，裁断し縫い合わせてドレスを作ったのだった。

5　水曜日の夜のボウリング

「酪農場を見にやってきた都会のすかした奴の話を聞いたことがあるか？　彼は豚を買いたかった。酪農家が赤ちゃんの豚を見せてやったところ，奴はこう言った。『その豚が気に入った。小さくて黒と白の模様の豚だ』。酪農家は子豚を手渡した。『この豚はどれぐらいの重量があるのかな？』。奴は尋ねた。酪農家は子豚のしっぽをとって自分の口に運び，子豚を前後に何度か揺り動かした（身振り）。そして言う。『26ポンドだ』。『ばかげてる』。奴は言う。『子豚が26ポンドだなんてどうして分かるんだ？』。『ほら，息子に聞いてくれ』。酪農家が言った。息子が入って来て，子豚のしっぽを口に入れて何度か前後に揺り動かしてみた。そして言う。『26ポンドだよ』。奴はまだ信じられなかった。父親が言った。『この家では俺たちみんなこうして重さを量るんだ。母さんを連れてきな』。彼が息子に言った。『母さんに子豚の重さを量ってもらうんだ』。『できないよ』。息子が言う。『母さんは，乳搾りの男の重さを量っているところなんだ』」。

163

第Ⅰ部　自己，アイデンティティ，家庭内の空間をありありと描写する

　向かいのページに映っているチームのメンバーで，写真撮影した夜には不在だった1人は，小型のフロントエンド・ローダー〈訳者補注；前側にアームとショベルがついている土木工事用のトラクター〉を所有していた。それは，我が家に木が倒れかかってきた時に壊れた煙突を埋めるために用いられたのだった。それから，アーミッシュの大工たちが屋根を葺き終えた時，彼は13歳の息子の手助けを得て煙突を再建してくれた。

5　水曜日の夜のボウリング

　ボウリングにおける振りつけ法：
　順番取りの複雑なシステムが存在している。一般的な規則は以下の通り。ボールを手にあなたがレーンへと歩を進めた時には、そのボールを投げ終えてしまうまで、両サイドのレーンに歩を進めるボウラーはいない。
　人は姿勢を正確に定め（その人のボウリングのスタイルに依存するものである）、ボウラーの手にマッチするよう穿孔された穴に真ん中の2本の指を挿入した状態でボールを抱える。ボウラーはレーンを見下ろし、フロア上の印へと視線を合わせて、次第に速度を増しつつピンの方へと3つのステップを踏むが、他方では、15ポンドのボールを優雅に背中の後ろへと振り上げ、それからすぐにボールをピン方向に手放すのである。ボールに横からのスピンをかけて、狙うのは3角形に並んだピンの頂点と2番目のピンとの間のポケットである。スピンしながらポケットに入ることはストライクの絶好の機会であり、それは第1投ですべてのピンを倒すことを意味している。
　ボウラーが本当に悪い球を投げてしまった時、例えば、すべてのピンを外してガーターに落ち込んだり、第2投時に幅広く残っていたピンを外してしまったりした時のことだが、失投者は、謝罪や言い訳のボディーランゲージをおこないながら、チームメイトと数少ない観客の方を向くのである。多分、ボウラーは拳を振っているかもしれないが、それが示しているのは、ボールの穴に彼の指が引っ掛かったということである。あるいは、以下のことを示唆すべく彼の足を動かすかもしれない。すなわち、彼のボウリングシューズのいまいましい靴裏が駄目になって、そのためにボールを手放す際にちょっとばかりスリップしたのだ、と。
　他方で、ボウラーがストライクを獲得したり、特に難しいスペア（スペアというのは、第2投で残っていたすべてのピンを倒すことである）をものにしたりした時には、彼は仲間たちからなる観　衆と向き合い、ある種の自　己　満　悦のようなジェスチャーをする。そのジェスチャーは次のようなものかもしれない。ボウリングをする方の手を握り締めて誇らしげに掲げるのだ、ちょうど右上にくる構えで。ワールド・シリーズの間、ボウリング場では毎年10月にテレビ放映されているのだが、ボウラーたちが用いるのが「ストライク」の身振りで、それは野球の審判がストライクを示す時におこなう身振りなのである。それは不可解なことではあるが、毎年起きていた。
　ストライクを取った時には、身体にタッチするチームもあった。
　3人のボウラーがストライクを取ったとしたら、4人目はストライクをとらなくてはならない（彼は「吊るされている」のだ）。さもなくば、他の者たちのために全員分のビールを買うことになる。呑みの賭けがなされていない時でさえ、先行のボウラーがうまいことストライクを取ってしまった時には、次のボウラーは「吊るされている」と言及されるのである。

165

第Ⅰ部　自己，アイデンティティ，家庭内の空間をありありと描写する

注
(1) ビジュアル・エスノグラフィーの中での写真(フォトグラフィック・エスノグラフィ)を用いたエスノグラフィーにおける社会的構築についての議論は，ハーパー（Harper 2001）を見よ。
(2) 現代の数少ない研究の1つは，ミシェル・ラモント（Lamont 2000）によるアメリカとフランスの労働者階級についての研究である。ラモントの主張は以下の通りである。アメリカの労働者階級の男性は，他の労働者階級や民族的・人種的集団に対して排他的な(イクスクルーショナリィ)態度(アティトュード)をとっている。そしてまた，専門職やその他の特権的階級に対しては，十分高度に発達した批判的(クリティカル・テイク)な見解をとっている，とされる。
(3) コミュニティ・スタディーズには，労働者階級を労働，家族，民族的集団，余暇，社会的ネットワークといったコンテクストに据えるものもいくつか存在する（最も最近のものとしてハレ[Halle 1984]，より以前の時期の注目すべき研究はベルガー[Berger 1968]を含む）。政治や，態度，労働者階級の文化についてのその他の研究としては，アロノヴィッツ（Aronowitz 1973），ガリエ（Gallie 1978），コーンブルム（Kornblum 1976），レインウォーター（Rainwater 1959），ショスタク（Shostak 1969），ショスタクとゴンバーグ（Shostak & Gomberg 1964）がある。この並々ならぬ学識の伝統(イクストラオーディナリィ・トラディション・オブ・スカラシップ)を再訪(リヴィジティング)することの魅力は，伝統が反映している豊かな経験的調査(エンピリカル・リサーチ)にあり，労働者階級の生活や文化への絶えざる関心(コンシスタント・インタレスト)にある。実際，残念なことではあるが，これはもはや社会学における成長産業ではないのである。

文　献
Applebaum, Herbert (1981) *Royal Blue: the Culture of Construction Workers*, New York: Holt, Rinehart and Winston.
Aronowitz, Stanley (1973) *False Promises: the Shaping of American Working-Class Consciousness*, New York: McGraw-Hill.
Berger, Bennett (1968) *Working-Class Suburb: a Study of Auto Workers in Suburbia*, Berkeley: University of California Press.
Gallie, Duncan (1978) *In Search of the New Working Class*, Cambridge: Cambridge University Press.
Halle, David (1984) *America's Working Man*, Chicago: University of Chicago Press.
Harper, Douglas (1997) 'Visualizing structure: reading surfaces of social life,' *Qualitative Sociology* 20(1): 57-77.
―――― (2001) *Changing Works: Visions of a Lost Agriculture*, Chicago: University of Chicago Press.
Komarovsky, Mirra (1967) *Blue-Collar Marriage*, New York: Vintage Books.
Kornblum, William (1976) *Blue-Collar Community*, Chicago: University of Chicago Press.
Lamont, Michele (2000) *The Dignity of Working Men: Morality and the Boundaries of Race, Class, and Imagination*, Cambridge, MA: Harvard University Press.
LeMasters, E. E. (1975) *Blue-Collar Aristocrats*, Madison: University of Wisconsin Press.
Lipset, Seymour Martin (1963) *Political Man*, New York: Doubleday.（＝シーモア・M・リプセット／内山秀夫訳『政治のなかの人間――ポリティカル・マン』東京創元新社，1963年）

Rainwaters, Lee (1959) *Workingman's Wife*, New York: Oceana Publications.
Rubin, Lillian (1976) *Worlds of Pain: Life in the Working-Class Family*, New York: Basic Books.
Sennett, Richard and Cobb, Jonathan (1972) *The Hidden Injuries of Class*, New York: Random House.
Shostak, Arthur (1969) *Blue-Collar Life*, New York: Random House.
Shostak, A. and Gomberg, W. (eds.) (1964) *Blue-Collar World*, Englewood Cliffs, NJ: Prentice-Hall.

第Ⅱ部

都市，社会性，脱工業化をありありと描写する

6 都市の日常の出来事を調査し記述する
―― 日記写真・日記インタビュー法へのイントロダクション

アラン・レイサム

　諸個人の相互結合は，社会の精髄(エッセンス)である。我々の日常生活は人びとのことで頭が一杯であり，是認を求めたり，情をかけたり，ゴシップを交換したり，恋に落ちたり，助言を求めたり，意見を述べたり，怒りを静めたり，礼儀作法を教えたり，援助を与えたり，印象づけをしたり，接触を保ったりしている――そうでなければ，我々はなぜこのようなことをしないでいるのかと悩んだりする。こうしたいっさいによって，我々はコミュニティを創り出している（Fischer 1982）〈＝2003：19からの引用〉。

　都市は村や小さな町と違い，本来可塑性(プラスティク)を持っている。ぼくらは都市を，自分なりのイメージの中で造形(マウンド)する。逆に，都市のほうは，ぼくらがそれに対してそれぞれ勝手なかたちを押しつけようとすると，それ自体の抵抗力(レジスタンス)によってぼくらにかたちをつけてしまうのだ（Raban 1974）〈＝1991：14からの引用〉。

　人々は，現代世界の非人間化(ディーヒューマニゼイション)，幻滅(ディセンチャントメント)，それが生み出す孤独(ソリティュード)を強調したあげくに，もはや，そこで作られる連帯のネットワークを見ることができないのである（Maffesoli 1996a）〈＝1997：123からの引用〉。

第Ⅱ部　都市,社会性,脱工業化をありありと描写する

イントロダクション

　私は,社会性(ソウシャリティ)とは何かと問いかけることからこの章を始めたいと思う。これは簡単に答えるのは難しい問いである。しかし,それは本章の核心となる方法論的な議論の必要性を理解する上で重要な問いである。最も基本的なところでは,社会性とは単に個人が日々の世界(デイ・トゥ・デイ・ワールド)を通り抜けていく際に経験する他者とのすべての相互作用として定義されるかもしれない。社会性は,友人,隣人,仕事の同僚,そして——少なくともある程度までは——スーパーのレジやショッピングモール,カフェ,パブで出会う見知らぬ人との日常(エヴリデイ)の相互作用から成り立っている。そして,社会性は,場合によってはある種の観察可能な(オブザーヴァブル)物質,または感情的な利得に対する希求によって組み立てられている(ストラクチャード)と理解できる一方,たいていは厳密には役に立たない動機(ノンインストゥルメンタル・モティヴェイションズ)から編成されている(オーガナイズド)。社会性はしばしば遊戯的な(プレイフル)調子となり,より深刻な生活の務めに楽しい合間の(プレジャブル・インタァルード)出来事が与えられる以上に明白な(オブヴィアス・パーパス)意図を供給しはしない。実際のところ,社会性の本質(エッセンス)に関する簡潔な要約を探すにあたり,ゲオルグ・ジンメルによって生み出されたほぼ1世紀も前の社会性に関する叙述(ディスクリプション)を改めるのは難しい。ジンメルによれば,社会性とは社会的な「遊戯性(プレイフルネス)」の1つの形であり,「客観的な意図はなく,内容もなく,付帯的な結果もなく……その狙いは,人となごやかな瞬間を持つこと(ソウシャブル・モウメント),そしてせいぜいその思い出以外の何物でもない」(Simmel 1950：45)。

　おそらく,主流(メインストリーム)の社会科学によって,社会性がしばしば当然のことと思われ,見過ごされてきたのは,それが多くは遊戯性に富み,単に平凡にすぎないためである。社会性のパターンとダイナミクスの研究は,ジンメル(Simmel 1950),アーヴィング・ゴッフマン(Goffman 1956=1974, 1961=1985, 1963=1980, 1971)やハロルド・ガーフィンケル(Garfinkel 1967)のような傑出した異端者(インスパイアド・マヴェリク)によって残された。それにもかかわらず,社会学者,人類学者(公平に言って,彼らは常に社会科学の他分野の研究者よりも社会性に対して関心を示してきた[Hannerz 1980]を参照のこと),そして人文地理学者によるますます広範囲にわたる研究では,社会形態(ソウシャル・フォームス)の構造化(ストラクチャリング)における社会性の重要性が認識される

ようになってきた。1つには,この更新された関心は,実践に対する
                                             リニュウド・インタレスト
リサージェント・スィオリティカル・コンサーン
生き返る理論上の関心事,つまり幅広い社会構造の生産と再生産において,日
常の相互作用の意義に対して高まる正しい理解を中心に編成される
スィオリティカル・リフォウカスィング
理論上の再焦点化を反映している。また,1つには,社会性は,現代社会に
        ソウシャル・コウヒージョン
おける社会的な結合とコミュニティの新しく姿を現したパターンを理解する
ために中心をなすものと認識されつつある。例えば,社会性の必須な要素——
                                            キー・エレメント
友情——について語っているレイ・パール(Paul 2000:11)は,「非公式の連帯
       インクリージングリィ・フラグメンテッド
は,……ますます分断された社会構造のレンガをまとめるのに必要なセメン
トを提供することによって,さらに重要になるかもしれない」と示唆してい
る。ミシェル・マフェゾリ(Maffesoli 1996a = 1997)はさらに先に進めて,
スポンティニアス   アソシエイション
自然発生する社会性は,団 体の伝統的な人員整理や,仕事,社会階級,親
                ディファレンティエイション
族関係のような 分 化 に取って代わる,現代社会における必須の
オーガナイジング・プリンシプル
組 織 化 原 理となると論じている。彼が記述するように,「様々な情報伝達
                       セクシュアル・ネットワークス
網,[婚姻などによる] 性 的 人 脈,多様な連帯,スポーツや音楽を通じた
ギャザリング   サインズ
結 合は,形成途上のエートスの数多くの指標である。人々が社会性と呼ぶこ
         スピリット・オブ・ザ・タイムス
とのできる新しい「 時 代 精 神 」を決定するのは,そうした諸々のもの
である」(Maffesoli 1996a)〈= 1997:125-126からの引用〉。

それにもかかわらず,社会性に対する社会科学的な関心が,マフェゾリが示
                                       ユニヴァース
唆する「時代精神」の何かを反映するのであれば,この新しい社会的な領 域
                 サトル   ヴァーサトル
の中に我々を導くのに役立つ十分に巧妙かつ多芸な方法論を展開することが課
                                 ザ・エヴリデイ
題となって現れる。これは,しばしばコメントされる日 常 性についての
イネファビリティ
言いようのなさ——社会性に関する多くの研究の傾向に反響して見出され,把
握しようと試みる関係性の本質の感覚を,どういうわけか失ってしまう言いよ
うのなさ——のためだけではない(De Certeau 1984 = 1987;Maffesoli 1996a =
1997, 1996bを参照のこと)。それは,多くの社会性のまさに複雑さと巧妙さのせ
いでもある。言うまでもなく,複雑さと巧妙さは社会性独自の属性ではない。
しかし,社会性を研究することは,社会の研究者に(少なくとも)3つの重大
ディレンマ   コンテクスト
な難 問を示している。簡約すると,我々はこれらの3つの難問を,文 脈,

第Ⅱ部　都市，社会性，脱工業化をありありと描写する

移動性(モビリティ)，そして生産(プロダクション)の難問と見なすことができる。

1．文脈。社会的相互作用は，それが起こる場所の文脈と深く結びついている（Giddens 1984＝2015；Pred 1986；Goffman 1956＝1974を参照）。これはほとんど取るに足らないことに見えてしまうほど明らかである。それにもかかわらず，もし我々がこの単純な事実を認識するのであれば，我々が研究している社会性が生起する文脈を調べる必要性があることは明らかである。参与観察やガーフィンケルの違背実験(ブリーチング・イクスペリメンツ)〈訳者補注：その場にそぐわない不適切な行動をとり，それに対する相手の反応を引き出すことを通じて，日々のやりとりの中で私たちが暗黙のうちに準拠する「当たり前」を明るみに出す実験〉のような方法論は，文脈の問題(プロブレム)への何らかの確立した道筋を提供するが，それらに欠点がないわけではない。1つには，我々は依然として文脈のどの要素が重要なのかという問いに取り組まなければならない。話すことか，ボディーランゲージか，特定の物体か，その答えはまったく自明ではない。さらに率直に言えば，社会的相互作用という文脈において研究者が存在することを求める需要(ディマンド)は，倫理的な理由(エスィカル・リーズンズ)であろうと，あるいは実践的な理由(プラクティカル・リーズンズ)であろうと，多くの場合，充たすことができない。これは，これらの領域が未知の領域(テーラ・インコンニタ)のままでなければならないことを意味するのか。あるいは，これらの，さもなければ見当外れの例に対する何らかの入口を獲得するために代わりのものや他の戦略を利用することは可能であるのか。

2．移動性。文脈はある特定の場所に単に結びつけられているだけではない。それはトルステン・ヘーゲルストランド（Hägerstrand 1975）が言うところの時空間経路(タイム・スペイス・パズズ)を順番に配列(シークェンスィング)することによっても定義される。人と物質が通過し特定の場所に住む配列順(シークェンス)だけではなく，彼らがそれをおこなう頻度と強度も，前述した文脈の根本的な要素である（Giddens 1984＝2015；Pred 1986；May and Thrift 2001も参照）。ここでの問いは，個人的(パーソナル)と集合的(コレクティヴ)の両方の移動性についての問いである。さて，ジョン・アーリ（Urry 2000＝[2006] 2011）が論じているように，社会科学は過去の世紀の移動性の多様な側面に関心を

抱いてきた一方で，移動性をその思想の中心に据えることはほとんどなく，より静的で定義が可能な関係に焦点を当てることを優先していた。しかしながら，もし――やはりアーリが論ずるように――我々が多くの社会的な関係を構造化する上で移動性の中心性(セントラリティ)を認識するのであれば，このような現象がどのようなものであるのかに関してかなり異なった見解を得る（Eade 1997; Appadurai 1996 = 2004; Thrift 1996; Serres 1995も参照）。これは概念的には十分に興味深い。実際的には，それは社会の研究者に，彼らが場所から場所へ通り過ぎるにつれて，どのようにして（そしていつ，そしてどのくらい長く）周りの事柄を追いかけるのか，そして異なる場所と場所を通り過ぎるものの関係性（または無関係）をどのようにして引き出すのかという一連の基本的な問いを提示する。

3. *生産*。社会性に関する古典的な論文，特にゴッフマンやガーフィンケルのような象徴的相互作用論者だけではなく，彼らに大きく依存する，より最近の理論家（Giddens 1984 = 2015; Pred 1986, 1990も見よ）の論文も数多く読むと，社会性とは本来，機械的(ミカニカル)で反復的(リパタティヴ)であるという考えが残る。これらの著者は，個人が，その中に自らを見出す社会的な文脈に適合するために，自身の個人的な振るまいを調整することに重きを置いている。しかし，社会的行為者は，単にこれらの文脈を，容易に利用できるしきたり(コンヴェンションズ)と規範(ノームズ)という事前に(プリ・)確立された枠組み(イスタブリッシュ・フレイムワーク)の中で「管理する(マニジ)」（Goffman 1956 = 1974）のではない。人々の日々の相互作用の形式と様式も，ウルフ・ハナーズ（Hannerz 1980: 229）が「世界を構築する活動(ワールド・ビルディング・アクティヴィティ)」（Ingold 2000も参照）と呼ぶところのものの一部である。日常の相互作用において，個人は，他のより過渡的な関係だけではなく，友人，親戚や同僚との関係のネットワークを実際的にまとめ，維持することに関与している。これらのネットワークの形は，ネットワークの中で誰が結びつくことになるのか（そして誰が結びつくことにならないのか）という点と，どのような種類の強さで結びつくことになるのかという点の両方で，選択の重要な要素を含んでいる。またそれは，様々な人にどのように対処するのかが，世界に対する個人のスタンスを表している（Spinosa et al

1997; Maffesoli 1991; Thrift 2002)ため,ある種の実践倫理も含んでいる。この「世界を構築する」受容能力(キャパシティ)を認めるということは,我々が,社会性には生産主義の鋭さ(プロダクティヴィスト・エッジ)——それは利己心,主観性(セルフード),そして集合性(コレクティヴィティ)の形態の生成(ジェネレイション)と結びついている(Maffesoli 1996a=1997, 1996b; Amin and Thrift 2002; Urry 2000=[2006] 2011; Hetherington 1998)——があることも認識しなければならないことを意味する。

続くページでは,私が最近の研究プロジェクトで,これらの3つの「難問(ディレマズ)」を克服するために使った一連の方法論的なツールを提供したいと思う。私は特に,個人の生活世界への経路,そして都市の中で世界を作る個々の実践を探索する方法の両方にかかわる多くのビジュアルな技法(テクニークス)の有効性に焦点を当てたいと思う。そのプロジェクト自体は,ニュージーランドのオークランドの3つのストリートに焦点を当てていた。ストリートのそれぞれが,都市の(アーバン・)公共文化(パブリック・カルチャア)の特定スタイルの中心となっていた。この公共文化は,カフェ,バー,レストランに関する中心点(フォーカス),その都市度(アーバンネス),そして明らかに自由な形をとる思いがけない社会性のパターンによって定義される。ニュージーランドは,——ある程度まで持ち続けている——憎悪を持って都市を嫌い,都市を根本的に堕落し,めめしいものと見なす支配的な大衆文化(ドミナント・ポピュラア・カルチャア)を持っているために,この物語に対してはニュージーランド独特の屈折(インフレクション)がある(Phillips 1987; Fairburn 1989を参照)。それにもかかわらず,この新興の公共文化が作られたコミュニティの形態と社会性のパターンを追跡するというプロジェクトの基本的な狙いは,選択的(イレクティヴ)なコミュニティに関する増え続ける文献と密接な類似点を共有している(Maffesoli 1996a=1997, 1996b; Urry 2000=[2006] 2011; Hetherington 1998; Adams and Allan 1998; Pahl 2000を参照)。そしてまた,それが提示した方法論的な課題は,現代の社会性に関するどのようなプロジェクトに対しても,多くの点で共通していた。都市のストリートのように分散した研究の現場には,どのようにアプローチすればいいのか。個人が自身の1日の生活経路(デイリィ・ライフ・パスズ)に特定の場所を織り込んでいく方法に関する感覚を,どのように得ることができるのか(ウィーヴ)。

その中で制定される結びつきの形態を、どのように理解すべきか。個人の多産性（プロダクティヴネス）や集合的な行為の感覚を、どのようにプロジェクトの核に取り込むことができるのか。

ブレンダ

6月1日（火）「オフィスでの朝、そしてロバートハリスでの朝のお茶。ティムと私の最初の朝食。——私たちはほとんど毎日朝食を食べに行くが、行く時間は仕事の都合によって違う。今日、私たちは10:45に朝食を食べた——遅い朝食！　サービスは、今日はそれほどテキパキしていなかった——私たちは日々サービスを比較している——。今日、店はとても忙しく、新しいスタッフが加わり、たくさん気に入らないことがあった。ここでは普段のコーヒーは本当においしいが、今日はコーヒーとミルクのブレンドがピタッと合っていなかった。人生は続く！」。

6月2日（水）「1日が終わりそうになった時に電話がなって、クイーンストリートのお気に入りの日本料理店に招待された。もちろん行きたかったので、約束の6時半まで時間をつぶすために余分な書類仕事をして残業した。もちろん車で行った——歩くには遠すぎる！　ショウチクは普段から人気がある日本料理店だ。7時半にあるテレビ番組を見るために、家に帰りたかった。揚げ豆腐と鶏の照り焼き、ビール1杯、おいしい食事に捕まり、十分に長居をして、ドラマは見損なった」。

第Ⅱ部　都市，社会性，脱工業化をありありと描写する

6月6日（日）「予期せずして，インド料理店・マサラへ足を運ぶことになった。それは長い道のりではなかった——私たち（私と2人の友人）は，7時ごろに私の家を出て，5分歩いてポンソンビーロードにあるその店に行った。私たちがいる間，レストランはすごく混んでいた。他の食事客について，おそらく気が合う人たちに見えるということ以外，形容するのは難しい」。

　ブレンダは，大手新聞社に勤務している27歳のコンピュータ・レイアウト・オペレータである。ブレンダは多くの点で，大学教育を受けた中流階級のニュージーランド人の典型(ティピカル)である。ほどほどに豊かな地方都市における何不自由なく成功した中産階級の家庭の出身で，大学を卒業後の数年間，働きながらヨーロッパを旅して暮らしてきた。2年前に，きちんとした本格的なキャリアを確立するという狙いを持ってニュージーランドに戻ってきた。最初，親戚と友人のネットワークが確立しているウェリントンに引っ越すつもりだったが，仕事のためオークランドに移った。ブレンダは，提供された仕事とライフスタイルの両方の点でオークランドを楽しんでいる。

　ブレンダは，177〜178ページの抜粋した3つの日記の筆者である。それを読むと，彼女が鶏の照り焼きを気に入っていること，外食すること，平日の朝食をカフェでとっていることも分かる。また，彼女がきわめて社交的であること，彼女の毎週の活動が広範囲に分散していること，市内のフリーマンズベイにある家をシェアして住んでいて，オークランドのダウンタウン（彼女の家から3キロ程度）で働き，ダウンタウンや（家から歩いて5分の）ポンソンビーロードで友人と会っていることも分かる。ここでのブレンダの個人誌(パーソナル・バイオグラフィ)は，多く

の点である種の知的職業に従事している20代半ばの都市居住者の典型であるだけでなく，彼女の社会生活において重要な役割を果たしているカフェ，レストラン，バーの使い方においても，都市居住者の典型である。

　社会科学は，ブレンダのカフェ，バー，レストランの使用法を研究する場合に2つの明らかなアプローチを提供する。第1の方法は，深層インタビューである。深層インタビューは，社会調査において長い間確立された位置を占めている。また，それには多くの積極的な特質がある。インタビューは安価で相対的に実施しやすく，一般的にその形式は研究対象者にとって直感的に理解しやすい。同様に，第2の方法，参与観察は，専門家でない人々にとって直感的に理解しやすい手法である。研究者は出来事と相互作用を観察し，それらに参与することにより，自分自身の観点と他の参与者の観点の双方から出来事に関する解釈を打ち立てようとする。私たちにとって残念なことに，これらの方法は共に，研究対象の社会的相互作用が空間的に分散し，そしてかなりのレベルのルーティンを含んでいるブレンダのような事例においては，深刻な限界がある。

　まずは，参与観察から始めよう。参与観察は，単独の適度に自制されたグループ，またはしっかりと定められた空間的かつ時間的な境界内で発生する活動に対処する時にはうまくいく。これはブレンダのケースには当てはまらない。仕事のある日の彼女のロバートハリスでの日常的な朝食は，頻繁で予測可能である。しかし，ほとんど形が定まらないような，彼女の仕事以外のつき合いの多くは予測できない。彼女には，多くの場合は友だちと会う，一連のお気に入りのバーやレストランがある——オークランド中心部のショウチクとポンソンビーロードのマサラは，前述の日記の引用部分で言及されているが，他にもある。しかも彼女は，ほぼこれらの場所のいずれにおいても，いわゆる「なじみ」ではない。私たちが参与観察を1つまたは複数の特定の余暇空間に集中すれば，ブレンダに行き当たる幸運があるかもしれない。しかし，これでは，私たちは，彼女の訪問の文脈，彼女の会う人，彼女が以前そこでおこなったこと，あるいは彼女がどれほど頻繁にその特定の場所に来るかに関してはほ

第Ⅱ部　都市，社会性，脱工業化をありありと描写する

とんど分からないままだろう。同様に，彼女が日々仕事に行く間，1週間程度彼女を尾行しようとしても，許しがたい侵害ととられるだけではなく，極度に時間を浪費するだろう。

　参与観察が実査遂行上の難しさを提示するとすれば，深層インタビューに伴う問題は，生み出される記述（アカウンツ）の有効性により関係することになる。一日中人についていくことが現実的ではない場合には，何のために起きたのかと何故簡単に尋ねないのだろう。もちろん尋ねることはできる。しかし，私たちは文脈——いつ，そしてどこで，物事がどのような順番で発生し，誰が関与し，どのようにして出来事が起こることになったのか——に関心があることを思い出してほしい。これらはめったにあっさりとは伝えられない細目（ディーテイルズ）である。先週自分がおこなったすべての事を書き出そうと試してみてほしい。普通，毎週の基本的なルーティンを思い出すのは簡単だ。もっと詳しい，特に偶然の出来事と1回限りの会議を思い出すことははるかに難しい。さらに，ほんのいくつかの可能性を挙げるだけでも，仕事の同僚との相互作用，友人との偶然の出会い，店員とのおしゃべりといった，日常の社交性（ソウシャビリティ）に関するプロジェクトにとって興味深い種類の細目は，ありふれており（たとえこうした出会いがしばしばこの理由で正確に評価されたとしても），大部分の人によっては当然のことと見なされている。従って，人々が友情と日常の社会性について語ることはできるかもしれないが，彼らの日常のパターンとルーティンについての一定量の情報がない場合には，これらの記述の有効性（ユースフルネス）は限定される。

　ここでの問題は，人々が自分の行動について語ることができず，自分自身の社交性のパターンへの洞察力（インサイト）を持っていない（これらの能力には，言うまでもなく個人差があるが）ということではない。むしろ問題は，ただ1回のインタビューでは回答者に，彼らが自らの日常生活世界（エヴリデイ・ライフ・ワールズ）の詳細なパターンを生産的に処理し列挙する（リカウント）ことができるだけの，十分に確固とした語りの供給源（ナラティヴ・リソーシズ）を与えられないということである。しかし，これは克服できる問題である。何がインタビューを成功させるのか——つまり，インタビューが本来は，普通の会話の技能や，自分の行為に関して記述する人々の能力を中心に組み立てられるという

6 都市の日常の出来事を調査し記述する

単純な事実——について考えれば,インタビューの基本的な前提をより広範囲な関係性へと拡張し,会話に加えて他の媒体を使用することを検討することが可能になる。これがブレンダに,日記を書き,本章の最初で例示した写真を撮るように依頼した背景にある考え方であった。基本的に,ブレンダは,日記を通して彼女の1週間に私を導く。同時に,ブレンダは,日記を書く際に自分と他者との関係性について振り返らなければならない。ドン・H・ジンマーマンとD・ローレンス・ウィダー(Zimmerman and Wieder 1977)に従って,私が日記写真・日記インタビュー法(DPDIM)と呼ぶこの技法は,オークランドでの私の調査で利用された中心的な方法論であった。続く2つのセクションで,私は,(1)基本方法——そして特にその中で写真が占める位置,(2)それを通して得られる記述をどのように使用できるのかについて説明したいと思う。

日記と生活経路

日記の使用は,社会調査の歴史において,決して目立っているわけではない。だが,おそらく最も明らかなことに,過去の期間の日常生活世界への洞察力を得るために個人の日記を活用してきた,社会史家による長い歴史が存在する(McDonald 1990; Simpson 1997を参照)。また,社会科学者は,調査の道具として日記を用いた実験をしてきた。例えば,1937年から65年まで行われた英国大量観察プロジェクト〈訳者補注:このプロジェクトは,人類学者のトム・ハリソン,詩人であり社会学者でもあったチャールズ・マッジ,映画監督・脚本家のハンフリー・ジェニングスによって,英国の日常生活を記録することを目的にマンチェスター近郊のボルトン(ハリソンによってWorktownと命名された)で1937年に開始された。1965年にいったん終了するが,1981年に復活し,現在も継続されている。また,収集した日記や調査票をはじめとするオリジナル資料,レポートや刊行物等々は,サセックス大学図書館に特別コレクションとしてアーカイブされ,利用に供されている〉では,ボランティアに,「生活のペース」や「仕事をすること」等の一連のテーマに関して調査用の日記を書くように頼んだ(Holloway and Latham 2002; Sheridan 1993)。同様に,多くの人類学的研究や社会学的研究では,回答者に日報また

は週報を記録するように依頼した（Hammersley and Atkinson 1995; Coxon 1988; Robinson 1971; Ball 1981）。方法論的アプローチとして、日記の使用については、ジンマーマンとウィダー（Zimmerman and Wieder 1977）によって、米国における対抗文化のライフスタイルに関する彼らの研究の中でおそらく最も注意深く詳説された。対抗文化的な場面に浸透する（無）能力、そしてまさにその性質からきわめて分散的で無頓着である文化の行方を見失わないことの難しさを懸念して、ジンマーマンとウィダーは多くの被調査者を採用し、彼らにこの境遇（ミリュー）の中で自らの活動に関する1週間の日記をつけてもらった。日記が、不在の人類学者の代理として働くだろうと考えたのである。綿密さと日記の記述の完全性をチェックするために、日記の執筆の後に深層インタビューをおこなった。ジンマーマンとウィダーは、日記を用いた自分たちのアプローチを、日記インタビュー法と名づけた。

　また、日記（あるいは時空間収支（タイム・スペイス・バジェッツ））は、時間地理学（タイム・ジオグラフィー）における不可欠な調査ツールでもあった。1960年代および70年代にスウェーデンから出現した人文地理学的な考え方の特徴的な学派である時間地理学は、社会を一種の「状況の生態学（シチュエイショナル・エコロジー）」（Hägerstrand 1976）として理解するための1組の概念的で経験的な道具を開発しようと努めた。前述した日記を重視する方法の多くが日記の経験に基づく次元を重視した一方、時間地理学の時空間収支は定量的なデータの収集にもっぱら集中した。時空間における個人および機関によるプロジェクトの構造化を詳細にマッピングすることによって、時間地理学は、社会が自らを維持し再生する過程に関する、入念に文脈化された理解（コンテクスチュアライズド・アンダスタァンディング）を得ようとした。この目標のために、ヘーゲルストランドと彼の同僚は、動き（ムーヴメント）と相互作用の「コレオグラフィ」（Pred 1977: 207）のマッピングをおこなうための表記言語（ノウテイショナル・ラングウィッチ）の開発に専心した（図1aと図1bを参照）。

　私の日記に対する興味に最初に火をつけたのは、このマッピングであった。マッピングは、都市環境における人々のいつも通りの棲息の文脈（ルーティン・インハビテイションズ）について考える方法を示唆していた。従って、この時間地理学の表記言語を使用すると、ブレンダのオークランドでの動きのマッピングは図1cのように見えるだろう。

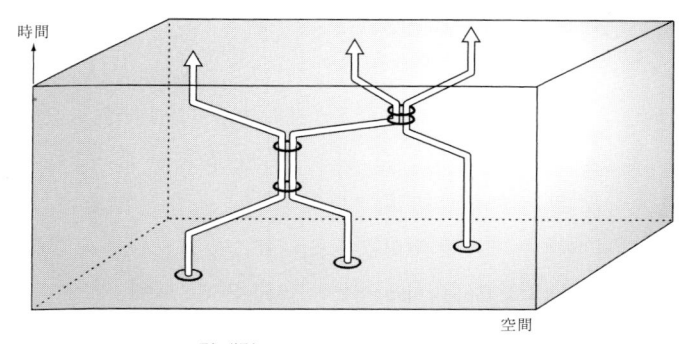

6 都市の日常の出来事を調査し記述する

図1a 時空間の「水族館」(アクェリアム)。時間地理学の基本的な次元。矢印は，時空間内の個人の1日の経路を示す（Thrift 1977：8）。

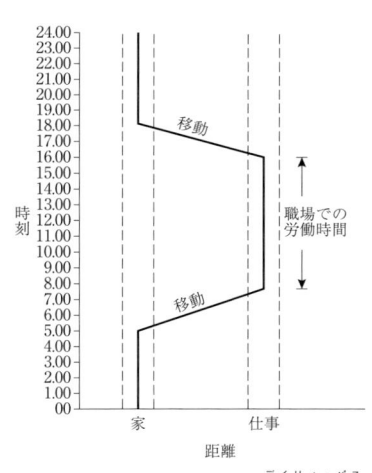

図1b 時空間内の個人の1日の経路(デイリィ・パス)

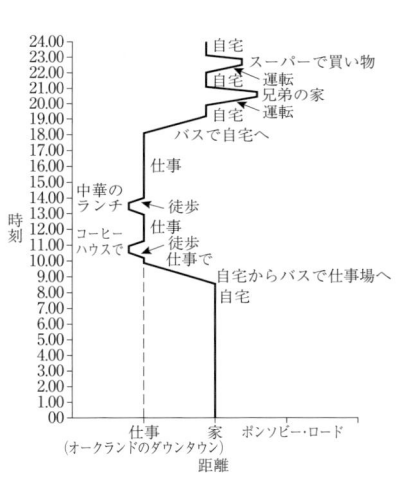

図1c ブレンダの1日の経路——5月のある月曜日

この単純な時空間の図解(ダイアグラム)は，ブレンダの1週間の時空間的リズム(スペシャル-テンポラム・リズム)に対する有用な導入部となっている。それは，私たちに，彼女がある特定の1日の過程でどこに行くのか，何をおこなうのか，そしてどのようにしてそこに行くのかを教えてくれる。明らかに，これは限界を有している。このような敷き写し(トレイシング)は，環境を通過する個人経路の乱像(ゴースティング)が発生する以上のものを提供しない。それでも，

183

第Ⅱ部　都市，社会性，脱工業化をありありと描写する

ヘーゲルストランド自身が書いたように，

> 時間地理学的な表記での人間の経路が運動中の点以上の何も表象しないように見えるという事実は，我々に，持続する現在の——言うなれば——その先端には，記憶，感情，知識，想像力，そして目標を授けられた，生きている主体(リヴィング・ボディ・サブジェクト)としての身体が立っていることを忘れさせてはならない(Hägerstrand 1982: 323-324; Gregory 1994; Pred 1986も参照)。

ヘーゲルストランドは，時間地理学的(タイム・ジオグラフィック・フレイムワーク)な枠組みの中でこれらのより肉感的(センシュアル)で知覚的／認識的(パセプチュアル/コグニティヴ)な次元を表象するツールを作成する可能性を疑っていた。そして，時間地理学の多くの批評家が焦点を当て，時間地理学は我々に機械的で精彩に欠けた社会の描写(ピクチャア)を提示すると論じたのは，まさにこのギャップである（Rose 1993=2001: 29-31を参照）。

事実，このような様式の時間地理学を退けることは，その多大な可能性を見過ごすこととなる。時間地理学の初期のバージョンが精彩に欠けていたように見えたことは，主体としての身体の日常的実践という生産主義の要素を厳密に認める技法を発達させる必要性を示唆している。そういうわけで，ジンマーマンとウィダー（Zimmerman and Wieder 1977）の先導に続いて，オークランドの都市の社会性に関する私のプロジェクトのために，カフェ，レストランやバーの——ブレンダのような——定期的な利用者が，オークランドの内外での1週間の日記を書くために補充された。日記をつける人は，都市周辺での動き——どこへ行ったのか，何時に，何の目的で，誰と一緒に行ったのか，そして誰と会ったのか——の記録を提供するように依頼された。これがオークランドを通る彼らの動きの基本的な時空間経路を提供した。また，日記をつける人は，その日の出来事に対する印象と反応を，時間と能力が許す限り詳しく叙述するように依頼された。彼らがこの叙述の作業をおこなうのを援助するため，日記をつける人には使い捨てのカメラも与えられ，興味を持った物事を撮影するように依頼した。

6 都市の日常の出来事を調査し記述する

　ジンマーマンとウィダーとは異なり、プロセスの要素記述の目的は、日記をつける人が不在の研究者の代役を務めることではなかった。むしろ、日記と添付される写真は会話を拡張する。会話は、調査者と調査への参加者の間で、この2者が初めて会った時に始められ、文書と写真からなる日記の作成の後を継ぐインタビュー・プロセスを続行させる。写真日記は、回答者の1週間のきちんとしたまとめとなるだけではなく、その後のインタビューを編成することができる語りの構造も提供する。このようにして、私が181ページで示唆したように、日記（文書と写真）を通して、日記をつける人は彼らの1週間に研究者を導く。これは、日記インタビューにおいてより詳しく繰り返されるプロセスである。さらに、このように導くことは、回答者自身の語りの能力（ナラティヴ・アビリティ）を中心に編成される——狙いは、エスノグラファーのように見ることを日記をつける人に訓練することではなく、むしろ彼らに、彼らが自身について、社会的および個人的な文脈に対する強い感覚を保持する体験談を語ることができるように、資源を提供することである（Latham 2003a; Kindon and Latham 2002も参照）。日記を記すプロセスは、回答者に、自らの1週間とルーティン、そしてそれに構造を与える相互作用に焦点化できるようにする技法を提供することを意図している。同様に、使い捨てカメラの使用は、回答者の都市での棲息の文脈と質感（テクスチャ）の感覚を捉える（さらなる）方法を提供する。写真は、日記をつける人が、自分にとって重要である場所の一種の紹介、ある種の「場面設定」（シーン・セティング）を提示できるようにする、単純かつ容易に理解しやすい媒体を提供する。写真は、「一瞬をとらえる」（キャプチャー・モメント）ためにも使用できる。つまり、写真は多くの場合、日記をつける人の1週間におけるある特定の瞬間の——色とエネルギーの——気分と雰囲気の感覚を、純粋なテキストではとらえることが難しいやり方で提示する（Harper 1998）。（このような「場面設定」の例については、6月1日（火）のブレンダの日記の抜粋に添付された177ページの写真を参照。「一瞬を捉える」試みについては、6月6日（日）の178ページの写真を参照。）

　テクスト、話、そして写真によるこうしたブリコラージュ〈訳者補注；その場にある道具や素材と対話し試行錯誤しながら、それらを組み合わせて役に立つものを作

185

り上げることや，その作り上げたもの。レヴィ＝ストロースの言う「野生の思考」は，時空間を通過する人々の動きの感覚，および動きの興奮やスタイル，そして多産性(プロダクティヴネス)の何かを同時に伝え，人々の生活経路を語るための幅広い可能性を開く。最後のセクションで焦点を当てるのは，これらの語りの可能性についてである。

写真と図解

では，日記，写真日記，そしてインタビューを通して生み出される「テクスト」のブリコラージュは何からできているのか。この問いに適切に対処する前に，私たちがどのような種類の記述の構築を希望しているのかを，もう少し詳しく定義する必要がある。しばしば，マルチテクニック法(マルティテクニーク・メソッズ)——特に参与写真(パーティシパント・フォトグラフィ)のように明らかにビジュアルな技法を使用する方法——は，それらが調査者に認めているトライアンギュレーション〈訳者補注：異なる調査手法や，データ源や，調査者や，理論的立場を並行的に用いること〉によって正当化される（Kindon 2003; Young and Barrett 2001）。それらは，回答者の記述の全般的な正確さ(オウヴァロール・ヴァラシティ)を比較し，評価する機会を提供する。しかしながら，都市の公共的な(アーバン・パブリク)社会性(ソウシャリティ)の骨組み(テクスチャ)とリズムを研究する日記写真・日記インタビュー法を開発する上で，日記，写真およびインタビューをひとまとめにして，個人のより完璧な描写を提供するとは考えられなかった。むしろ，人類学者のティム・インゴルド（Ingold 2000）が叙述したやり方と同様に，世界の意味を完全に捉えるか論じ尽くすことを必要としない一方で，方法のそれぞれに異なる要素が，種々の幅広く補足的なやり方で，日記をつける人の世界に私たちを導くように設計されている。

例えば，写真日記を取り上げてみよう。媒体としての写真の明らかなリアリズムにもかかわらず，写真日記は——既に言及されたように，写真は確かに特定の場所と瞬間を枠づける(フレイミング)非常に分かりやすいやり方を提供するのだが——日記をつける人によって訪問された場所についての類を見ないほどに信頼できる(オーセンティック)記述を提供することは企図されていない。日記をつける人の写真は，しばしば

質が悪く，不完全なものであった（例えば，177～178ページの写真を参照）。それでも，写真日記の有用性は，個々の写真が何をしているかを捉えることに失敗するのと同じくらい，見出すことができる。具体的で，明らかに独立し，感情に動かされない観点を示すことで，写真は，日記をつける人とインタビューアーに写真を撮った場所または状況を議論するための出発点，つまり何についての写真であるのか，そして日記をつける人が描こうとした内容を捉えるのにどのように成功したか否かの基準を提供する。そして，いったん日記を書き上げることになると，写真は叙述されている世界の物質性の背後に導く豊富な実例となる細目を提供する。

　私たちを再びある種の語りに連れ戻すことは，日記，写真およびインタビューのテクストを形づくる。日記とインタビューから語りを分析し表象するための戦略は，日記写真・日記インタビュー法にとって中心をなす開放性の感覚を持ち続けることを必要とする。実際に，この方法からの加工していない素材が明らかにブリコラージュのような性格を持つように，それは――私が考えるに――類似したやり方で加工していない素材から作り出されるある種の最終的な記述を考察することが生産的である。おそらくこれは，ブレンダに立ち返ることで例証するのが最もよい。ブレンダの日記と続いて起こった彼女とのインタビューから，彼女のオークランドでの経験についてのいくらか型にはまったエスノグラフィックな記述を作成することはできる。しかし，このような確立されたテクニックに加えて，あまり型にはまらない戦略を利用することもまた生産的である。私たちは既に，彼女の日記を通してどのようにすれば時間地理学の図解（図1cを参照）を使って，オークランドを通り抜けるブレンダの1日の経路を描くことが可能であるのかを議論した（182～184ページ）。これは，ブレンダの1日の構造とリズムのいくらかを伝えている。ただし，ブレンダの1日は，それを通して生きられている肉感的で経験に基づく要素を欠いており，オークランドにおけるブレンダの棲息の詳細に結びつく社会性の種類についてはほとんど教えてくれない。しかしながら，ブレンダの日記，写真日記，インタビュー（研究者自身の観察に加えて）から基本的な1日の経路図に向けられた

第Ⅱ部　都市，社会性，脱工業化をありありと描写する

細目を重ね合わせることによって，ブレンダがオークランドを通り抜ける動きの肉感的で感情的な要素のより大きな感覚を伝える図解を生み出すことが可能となる。このような図解はまた，型にはまった時空間図解によるものより，ブレンダのオークランドでの棲息が，それによって編成されている空間的―時間的な褶曲〈フォールディングス〉〈訳者補注：しゅうきょく。地層などが曲がりくねっている様子〉の位相的な複雑性〈トポロジカル・コンプレクシティ〉が有するとても豊かな感覚を与えることができる（Latham 2002）。

　紙幅の制約上，1つの図で示される可能性〈ダイアグラマティカル・ポシビリティ〉についてだけ議論しよう。図2は，ブレンダの生活におけるある1日を示している。その基本的な構造において，それは図1cにかなり似ている。縦軸が時刻，横軸は距離である。このようにして，図解は時計の時刻とユークリッド空間の周りに相変わらず方向づけられていたままである。

　これは，ブレンダの1日を組み立てるルーティンの感覚を依然として伝えるため，重要である（そしてこれらのルーティンは，多分に時計に基礎づけられている）。例えば，あらゆる仕事日の8時間，ブレンダは主にオークランドのダウンタウンにある彼女のオフィスに詰めている。彼女の仕事の時間と場所は，かなりの程度，いつ，どこでそしてどのくらいの時間，彼女が友人に会って社交的に過ごすのかに影響する。ただし，ブレンダの日記からの引用とコメント（共に活字体）は，研究者が添付した（手書きされた）注釈〈コメンタリィ〉に加えて，彼女が何をしているのか，なぜしているのか，この活動が彼女にとってどの程度典型的なものか等々を説明し，解説するために盛り込まれている。ここでの写真の使用は，場所や瞬間の感触と質感の感覚を，言葉ではほとんど達成しえない簡潔さで伝えることができるため，特に実りが多いものである。かなり議論された写真の表象上の限界にもかかわらず（Rose 2001; Harper 1998），写真画像は，世界の物質性を対抗するのが困難なくらいの具体性〈コンクリートネス〉と共に読者に注目させる。さらに，写真と注釈を加える作業〈コメンタリィ・ワーク〉は，図の基本的なグリッドの時刻とユークリッド幾何学の円滑さを乱すために作用する。それらはさらに，より複雑な空間的―時間的な位相の中でのブレンダの日々の動きを突き止めるのに役立ち，彼

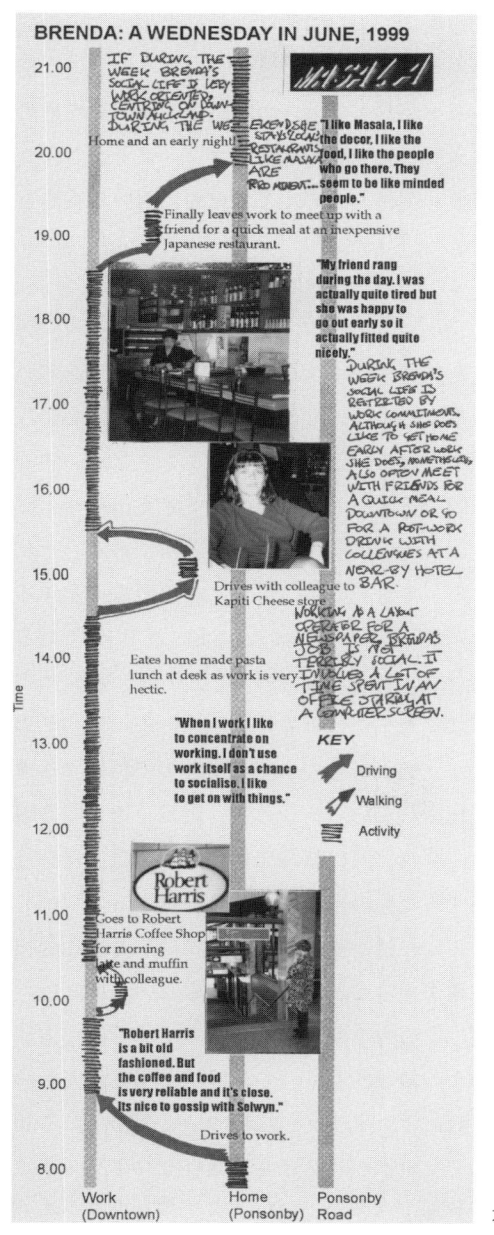

6　都市の日常の出来事を調査し記述する

図2　ブレンダ——1999年6月のある水曜日

女の行動の文脈，ブレンダの個人誌の意味(センス)，そして彼女の1日のすべての瞬間が同じではない，あるいはそれらがすべて同じ時間の感覚を占めないという感覚を与える。最後に，注釈と図は——ブレンダの1日の経路を叙述するための手書きされた矢印の使いやすさに加えて——少なくとも，ブレンダと彼女の周囲の世界とのかかわり合い(エンゲイジメント)，そして彼女が住みやすくするために用いる戦略と戦術のいくらかを伝えている。

結論

　図2のような図解は，型にはまった記述——エスノグラフィックな，あるいは他の方法による——に取って代わられるようには作られていない。このような図解の強み——それらの基礎となっている日記写真・日記インタビュー法のように——は，社会科学者が，経験的な質問を，それを通して考え出そうと試みることのできる一連の新しい語りの資源と可能性を提供する点にある。それらは，主体としての身体が，それによって世界の中に自らの居場所を用意する時間—空間の複雑な織り込み(ウィーヴィング)を，（たとえ部分的にでも）はっきりと認める「経験的なもの(ザ・エンピリカル)」を通して考え，経験的なものにかかわり合う新しい種類のやり方(ウェイズ)を提供する。このような図解はまた，この世界を作ること(ワールド・メイキング)が，すべての種類の空間的で時間的なルーティンや，個人がその上でさまざまに制御する構造を通して行われる——そして構造化されている——という認識を通しても編成される。手短かに言えば，図解は，それと共に議論を始めた，文脈，移動性，そして生産という3つの問いに対処するための一連の道具を提供する。

　もちろん，日記写真・日記インタビュー法が基礎づけられている方法論的様式にまつわる，幾通りもの限界と困難があることは言うまでもない。それは，調査回答者と調査者に高度な関係づけ(コミットメント)と努力を要求する。本章で提示した方法の側面を特徴づける明白な方法論的かつ経験的な素朴さ(ナーイヴティ)に異議を唱える人もいるかもしれない。特に，日記写真・日記インタビュー法において使用される相対的に方向性がない参与写真，そしてそれがベースとする素朴なリアリズムは，どのようにしてこのようなデータを処理すべきかについても，多くの問いをお

そらく請い求める。確かに,このような写真の出典の位置について,さらに考える必要がある（Rose 2001；Harper 1998を参照）。しかしながら,経験的に方向づけられた社会科学者にとって,ビジュアルな技術と実践が現代社会で占める中心的な場所をさらに積極的に認め,かかわり合わせる同等な必要性,おそらくよりいっそう重要な必要性がある（ノールズとスイートマンによる本書の序論を参照）。写真日記のような視覚に基礎を置いた技法を,書かれた日記やインタビューのような,より型にはまったアプローチと組み合わせて使用することは,私たちがこれらの確立されたアプローチの適用範囲と有用性を発展させるのに役立つだけでなく,私たちが日常の可視性(ヴィジュアリティ)にかかわり合うことを後押しする。

文 献

Adam, R. and Allan, G. (eds.) (1998) *Placing Friendship in Context*, Cambridge: Cambridge University Press.
Amin, A. and Thrift, N. (2002) *Cities: Reimagining the Urban*, Cambridge: Polity.
Appadurai, A. (1996) *Modernity at Large: Cultural Dimensions of Globalization*, Minneapolis: University of Minnesota Press. （＝アルジュン・アパデュライ／門田健一訳『さまよえる近代——グローバル化の文化研究』平凡社, 2002年）
Ball, S. (1981) *Beachside Comprehensive*, Cambridge: Cambridge University Press.
Coxon, A. (1988) 'Something sensational …: the sexual diary as a tool for mapping detailed sexual behaviour', *Sociological Review* 36(2): 353-367.
De Certeau, M. (1984) *The Practice Of Everyday Life*, Berkeley: University of California Press. （＝ミシェル・ド・セルトー／山田登世子訳『日常的実践のポイエティーク』国文社, 1987年）
Eade, J. (ed.) (2004) *Living the Global City: Globalization as a Local Process*, London: Routledge.
Fairburn, M. (1989) *The Ideal Society and Its Enemies: the Foundations of Modern New Zealand Society, 1850-1900*, Auckland: University of Auckland Press.
Fischer, C. (1982) *To Dwell among Friends: Personal Networks in Town and City*, Chicago: University of Chicago Press. （＝クロード・S・フィッシャー／松本康・前田尚子訳『友人のあいだで暮らす——北カリフォルニアのパーソナル・ネットワーク』未来社, 2002年）
Garfinkel, H. (1967) *Studies in Ethnomethodology*, Englewood Cliffs, NJ: Prentice-Hall.
Giddens, A. (1984) *The Constitution of Society: Outline of the Theory of Structuration*, Berkeley: University of California Press. （＝アンソニー・ギデンズ／門田健一訳『社会の構成』勁草書房, 2015年）
Goffman, E. (1956) *The Presentation of Self in Everyday Life*, Harmondsworth: Penguin.

(=アーヴィング・ゴッフマン／石黒毅訳『行為と演技——日常生活における自己呈示』誠信書房, 1974年)

―――― (1961) *Encounters: Two Studies in the Sociology of Interaction*, Harmondsworth: Penguin. (=アーヴィング・ゴッフマン／佐藤毅・折橋徹彦訳『出会い——相互行為の社会学』誠信書房, 1985年)

―――― (1963) *Behavior in Public Places: Notes on the Social Organization of Gatherings*, New York: Free Press. (=アーヴィング・ゴッフマン／丸木恵祐・本名信行訳『集まりの構造——新しい日常行動論を求めて』誠信書房, 1980年)

―――― (1971) *Relations in Public: Microstudies of the Public Order*, New York: Basic Books.

Gregory, D. (1994) *Geographical Imaginations*, Oxford: Blackwell.

Hägerstrand, D. (1975) 'Space, time and human conditions', in A. Karlqvist, L. Lundquist and F. Snickars (eds.), *Dynamic Allocation of Urban Space*, Westmead: Saxon House.

―――― (1976) 'Geography and the study of interaction between nature and society', *Geoforum* 7 : 329-334.

―――― (1982) 'Diorama, path and project', *Tijdschrift voor Economic en Social Geographie* 73(6) : 323-339.

Hammersley, M. and Atkinson, P. (1995) *Ethnography: Principles in Practice*, 2nd edn, London: Routledge.

Hannerz, U. (1980) *Exploring the City: Inquiries Towards an Urban Anthropology*, New York: Columbia University Press.

Harper, D. (1998) 'On the authority of image: Visual methods at the crossroads', in N. Denzin and Y. Lincoln (eds.), *Collecting and Interpreting Qualitative Materials*, London: Sage.

Hetherington, K. (1998) *Expressions of Identity: Space, Performance, Politics*, London: Sage.

Holloway, J. and Latham, A. (1976) 'Using the diary diary-interview method in human geography', manuscript available from the author.

Ingold, T. (2000) *The Perception of the Environment: Essays on Livelihood, Dwelling and Skill*, London: Routledge.

Kindon, S. (2003) 'Participatory video in geographic research: a feminist practice of looking?', *Area* 58(1) : 14-22.

Kindon, S. and Latham, A. (2002) 'From mitigation to negotiation: ethics and the geographic imagination in Aotearoa New Zealand', *New Zealand Geographer* 58(1) : 10-18.

Latham, A. (2002) 'Re-theorising the scale of globalization: topologies, actor-networks, and cosmopolitanism', in A. Herod and M. Wright (eds.), *Geographies of Power: Placing Scale*, Oxford: Blackwell.

―――― (2003a) 'Research, performance, and doing human geography: some reflections on the diary-photo, diary-interview method', *Environment and Planning A* 35 : 1993-2007.

―――― (2003b) 'The Possibilities of performance', *Environment and Planning A* 35: 1901-1906.
McDonald, C. (1990) *Women of Good Character*, Auckland: University of Auckland Press.
Maffesoli, M. (1991) 'The ethics of aesthetics', *Theory, Culture, and Society* 8: 7-20.
―――― (1996a) *The Time of the Tribes: the Decline of Individualism in Mass Society*, London: Sage. (＝ミシェル・マフェゾリ／古田幸男訳『小集団の時代――大衆社会における個人主義の衰退』法政大学出版局, 1997年)
―――― (1996b) *Ordinary Knowledge*, New York: University of Columbia Press.
May, J. and Thrift, N. (1996) 'Introduction', in J. May and N. Thrift (eds.), *Time-Space: Geographies of Temporality*, London: Routledge.
―――― (2001) *Time-space: Geographies of Temporality*, London: Routledge.
Pahl, R. (2000) *On Friendship*, Cambridge: Polity.
Phillips, J. (1987) *A Man's Country? The Image of the Pakeha Male: a History*, Auckland: Penguin.
Pred, A. (1977) 'The choreography of existence: comments on Hägerstrand's time-geography and its usefulness', *Economic Geography* 53: 207-21.
―――― (1986) *Place, Practice, and Structure: Social and Spatial Transformation in Southern Sweden, 1750-1850*, Cambridge: Polity.
―――― (1990) *Lost Words and Lost Worlds: Modernity and the Language of Everyday Life in Late Nineteenth-Century Stockholm*, Cambridge: Cambridge University Press.
Raban, J. (1974) *Soft City*, London: Collins Harvill. (＝ジョナサン・ラバン／高倉平吾訳『住むための都市』晶文社, 1991年)
Robinson, D. (1971) *The Process of Becoming Ill*, London: Routledge and Kegan Paul.
Rose, G. (1993) *Feminism and Geography*, Cambridge: Polity. (＝ジリアン・ローズ／吉田容子訳『フェミニズムと地理学――地理学的知の限界』晶文社, 2001年)
―――― (2001) *Visual Methodologies: an Introduction to the Interpretation of Visual Methods*, London: Sage.
Serres, M. (1995) *Angels: A Modern Myth*, Paris: Flammarion.
Sheridan, D. (1993) 'Writing to the archive: mass observation as autobiography', *Sociology* 27(1): 27-40.
Simmel, G. (1950) *The Sociology of Georg Simmel*, ed. K. Wolff, New York: The Free Press.
Simpson, T. (1997) *The Immigrants: the Great Migration from Britain to New Zealand, 1830-1890*, Auckland: Godwit Publishing.
Spinosa, C., Flores, F and Dreyfus, H. (1997) *Disclosing New Worlds*, Cambridge, MA: MIT Press.
Thrift, N. (1977) *An Introduction to Time-Geography*, Norwich: Geoabstracts.
―――― (1996) *Spatial Formation: Theory, Culture and Society*, London: Sage.
―――― (2002) 'Summoning life', manuscript available from the author.
Urry, J. (2000) *Sociology Beyond Society*, London: Routledge. (＝ジョン・アーリ／吉原直

樹監訳『社会を越える社会学――移動・環境・シチズンシップ〈新装版〉』法政大学出版局, [2006] 2011年)
Young, L. and Barrett, H. (2001) 'Adapting visual methods: action research with Kampala street children', *Area* 33(2): 141-152.
Zimmerman, D. and Wieder, D. (1977) 'The diary: diary interview method', *Urban Life* 5(4): 479-498.

7　眼で聴き取る
――都市の出会いの窓としての肖像写真術

レス・バック
写真：ニコラ・エバンズ
　　　アントニオ・ジェンコ
　　　ジェラルド・ミッチェル

　写真は，与えられるのだろうか，それとも獲得されるのだろうか。私たちが人々の話を聞く時，彼らが私たちに物語を与えるのだろうか，それとも私たちが彼らから物語を手に入れるのだろうか。
　社会的風景をありありと描写することは，これらの問いに直面することを意味する。なぜなら，すべての社会調査（ソウシャル・インヴェスティゲイション）の核心には，盗みと心づけ，盗用と交換の間の弁証法的（ダイアレクティカル）な緊張が存在するからである。これらの力の間のバランスは，一見するよりも複雑である。この後に続くのは，交換の空間を開き，調査対象者と観察者の間の互酬（レセプロシティ）の形態を発生させる手段としてのストリート写真の使用についての記述である。本章は，2001年2月に，写真家であり，映画製作者であり，文化社会学者（カルチュラル・ソシオロジスト）であるポール・ハリディによってファシリテートされたアバウト・ザ・ストリート・プロジェクトを中心に置く。彼は，大都会の文化生活（メトロポリタン・カルチュラル・ライフ）の盛衰を反映するビジュアルな物語を生み出すために，南ロンドンのクロイドン・カレッジで学ぶ自分の学生たちを連れて来た。舞台は，東ロンドンのブリック・レーン〈訳者補注：ロンドンとは通例，シティ・オブ・ロンドン（単にシティとも言う）に32あるロンドン特別区を加えたグレーター・ロンドン（総面積約1,600 km²，人口約800万人）を指す。シティをはさんで西隣（特別区で言えばシティ・オブ・ウエストミンスター）に"ウエスト・エンド"，東隣（同じくタワーハムレッツ）に"イースト・エンド"と呼ばれる極めて対照的な地区が存在するが，「東ロンドン」は，このタワーハムレッツをはじめとして，シティの東側に位置する地域一帯を指し，移民や低賃金労働者が多く暮らすロンドンの下町と言える。1980年代以

第Ⅱ部　都市，社会性，脱工業化をありありと描写する

降のドッグランズ再開発や2012年のロンドンオリンピックにおけるオリンピック・パーク建設などの巨大開発により急変貌を遂げているエリアでもある。ブリック・レーンは，タワーハムレッツにある東ロンドンの中心地である〉。ポールが，20年以上にわたって幾度も写真を撮ってきた場所である。東ロンドンのこの場所は，フランスのユグノー教徒〈訳者補注：16～17世紀の近世フランスにおけるカルヴァン派の新教徒〉からヨーロッパのユダヤ人，最近ではベンガル系のコミュニティ〈訳者補注：ベンガル語を母語とするバングラデシュやインド西ベンガル州などからの移民の集住地〉まで，ここを住みかとしてきた多くの移民の痕跡を留めている。ブリック・レーンはまた，ロンドンの他の場所からの週末の"遊　走"（マイグレイションズ）を引きつける磁石にもなっている。日曜の朝に，人々は郊外から市場に集まる。革製品や「被服産業」（ラッグ・トレイド）の産物から安タバコまで，すべての物を買いに，彼らはしばしば川を渡るのである。ポールは，彼の学生をブリック・レーンに連れて来て，ストリートに大きな型のカメラをセットした。フル回転の市場と共に毎週巡ってくる日曜日の午前，肖像写真を供給してもらうために，彼らはしばしば，買い物して物をたくさん持った人たちを招いた。

　私のこのプロジェクトとの最初のかかわり合いは，都市文化理論，特にヴァルター・ベンヤミンの仕事から導き出される考え方を学生たちに教え込むことにあった。2001年，最初の日曜日，それは奇妙な見世物だったに違いなかった。ブリック・レーンの北の端にあるベーグル・ベイクを出たすぐのところで，「歩道の個人指導」（ペイヴメント・チュートーリアル）がおこなわれた。私は学生たちに，ヴァルター・ベンヤミンの古典的なエッセイ「歴史哲学テーゼ」(1)の簡単な要約をした。その間，私の息子は私の肩の上に座ってジャム・ドーナツを食べ，私の髪に砂糖をまき散らしていた。写真家たちは，地球外生物のメッセージに同調させるかのように，混雑する道路から空に向かって露出計を設置した。

　この最初のセッションの後，写真家のうちの3人が，アイデアを思いつき，自分たちでそれを実行した。彼らはそれぞれ，グループの成果にすばらしい貢献をした。ニコラ・エバンズは調整力を持ち，平穏な存在だった。アントニオ・ジェンコは技術の錬金術師であり，ジェラルド・ミッチェルは人々をレン

ズの前に呼ぶ都市のコレクターだった。ジェラルドはこう表した。

　1人の人間が責任を負っていたわけではない。そのことは，写真家の<ruby>尊さ<rt>プレシャスネス</rt></ruby>を奪い取ったのである。なぜなら，私たち全員がイメージに貢献していたからである。それはシャッターを押した人の幸運な出来事であり，私が思うに，これらのイメージはすべて私たちのものである。それはまるで，芸術学校のパンクバンドのようだ。エレキ・ギターとドラムの代わりに，私たちはカメラを持っていたのだ。[2]

　2年の期間を超えて，グループは，ほとんどの日曜日に時代がかった外見の装備を携えてブリック・レーンに戻り，文字通りストリートにそれをセットした。カメラのマントに隠れて，世界は文字通り上下を逆さにした。カメラ・オブスキュラである。ビクトリア朝のカメラは，それを見た者すべての注目を引いた。ある時，旅行者がこのカメラを買えるかどうか聞いたことがあった。人々は，カメラの古めかしいアウラに引き寄せられたのだ。時には，人々がストリートに列をなして，レンズの前に立つ順番を待つことさえあった。本章は，「<ruby>逆さにされたイメージ<rt>インヴァーテッド・イミジ</rt></ruby>」を直し，それらが呼び返すものの特性を議論する試みである。大きな4×5インチのフィルム・フォルダーが，撮影の前に準備された。それはまるで，都市の生活を映し出し，固定するために，文化的な鏡に磨きをかけるようなものであった。

一握の砂

　見事なまでに憂鬱な著者テオドール・アドルノはかつて，真実は<ruby>一握の水<rt>ア・ハンドフル・オブ・ウォーター</rt></ruby>のようなものだと述べた。私は，アドルノは正しい<ruby>類推<rt>アナロジー</rt></ruby>を選んだが，水という化学組成は間違っていると思う。真実は，一握の砂との類推によってよりよく考えられるだろう。ほとんどの粒は私たちの指からこぼれ落ちてしまうが，いくらかは手のひらにくっつき残るのである。これらのピュアな粒を握り続けようとする必死な試みの中で，そして知り理解したいという欲望によって

第Ⅱ部　都市，社会性，脱工業化をありありと描写する

生み出される強烈な興奮の中で，レンズは模造されるのである。それは，その成分を形成する真実の粒と，それを形作る手によって等しく創り出されている。

　私は，この隠喩(メタファー)はここでの仕事がなされたやり方に相応しいと考える。なぜなら，イメージはすべて，世界との対話を始めるために世界へと繋がるかかわりを共有するからである。このかかわりは，すべての肖像写真にとって明白である，強烈な存在感を生み出す。図版1では，ポール・W・ボウトン牧師が，スピタルフィールズのキリスト教会の前で写っている。彼は，レンズを通して静かに私たちを眼差し返している。彼の教会の木製の背景と釣り合って，イメージの中には静寂が存在する。4分の1秒から8分の1秒の間の遅いシャッター・スピードを用いる必要から，写真家たちは対象者全員に対してじっとしているように頼んだ。あの瞬間に，存在，あるいは肖像が伝達されるのである。ジョン・バージャーが解説したように，「存在は売られるためにあるのではない。……存在は買われるのではなく，与えられなくてはならない」。静寂は，動力の実在性(リアリティ・オブ・ダイナミック)や時には無秩序の都市性(アナーキク・アーバニティ)に対して配置される必要がある。ロンドンのこの地区は，過去10年間に注目に値する物理的な転換(フィジカル・トランスフォメイション)を経ている。スモークグラスでおおわれた商業の大聖堂(スモークト グラス・カシードラル・オブ・コマース)が，ほとんど毎月のペースでコンクリートから芽をふいた。2000年から2002年の間のロンドンにおけるすべての商業開発の40％以上が，この地区でおこなわれていた。この肖像写真に含まれている静寂さは，この騒動の最中における人間存在の貴重な証拠である。ここでは，資本の高速度な循環(ハイスピード・サーキュレイション)がこのイメージにおける都市の風景(シティ・スケイプ)を形作っている。しかし同様に，これらの写真は実在しない場所からの景色(ヴューズ)ではない。つまり，これらは有利な地点(ヴァンテイジ・ポイント)から創り出されるのであり，写真家の手によって——完全には管理されてはいなくとも——導かれるのである。

　私たちは，レンズに自分たちの存在を提供した人たちのことを，どのくらい知ることができるだろうか。これは，ここでは完全には答えられない複雑な質問である。私たちが確かに言えることは，すべてを知ることはできないということである。実際には，本プロジェクトの魅力の1つは，これらの肖像写真を生み出したいくつかの出会いが，つかの間の性質(フリーティング・ネイチャ)を持っていたことである。二

7　眼で聴き取る

図版1

コラ・エバンズがこの方法に引き付けられたのは，この一時的だという特性である。「それは，日常生活――つい今しがたのほんの一瞬，あなたが認識する顔，あなたが出会いそして二度と会わない人――に取りつく私のすべての固定観念にぴったり合う」。この言葉は，肖像写真に描かれたものの

第Ⅱ部 都市,社会性,脱工業化をありありと描写する

部分的な性質を私たちに気づかせる。ビクトリア朝のカメラの大きさはまた,カメラの前に行った人たちに,彼らが写真に撮られたことを気づかせた。技術そのものが,ごまかしを妨いだのである。ニコラは,このことを以下のように釈明する。「彼らはカメラの前に来なければならない。これは,こそこそしたものではなく,本当に正直なものである。これは,まさしく本物なのである。『写真を撮ってもいいですか。イエス・オア・ノー。分かりました,レンズの前に立って下さい』」。

これらの肖像写真にはっきり分かる人間の存在は,必ずしも語られる必要はない。私は,このことは写真の素晴らしい利点の1つであると思う。すなわち,写真は――ある意味では――,解説されるよりも単に見せられる必要がある。イメージの特性は,言語と世界のしきたりの外部に作動するのである。だが同時に,これらの沈黙の肖像写真の中に,聴かれなければならない何かがある。これらに説得力があるのは,今すぐには聴き取ることができないが,確かに存在する声を肖像写真が含んでいるということである。私たちは,私たちの眼と共にそれらに耳を傾けなければならない。

レンズの中に話す

「現実」であるものの定義を概説し決定するためにカメラがどのように作動するかについては,多くが書かれてきた。映画製作者のアナスタシオス・カバァソスは,カメラは武器のようだと解説した。アナスタシオスが撮影する時,彼はレンズを通して見なかった。彼はカメラを向け,ファインダーをのぞかずとも操れる感覚を発達させた。他の人たちは,脆弱なコミュニティがカメラを向けられることに乗り気のないことを指摘した。このプロジェクトにかかわった写真家たちは,ベンガル系の対象者,なかでも若い女性にアプローチすることを難しいと感じた。これは,ある程度は写真家の過敏さの結果である。彼らは,押しつけのように思われるかもしれないことを恐れて,若いベンガル系のロンドンっ子をレンズの前に招くことに気が進まなかったのだ。同時に公共空間は,そこに住む他の人々に対してと同じようには,ベンガル人女性

7 眼で聴き取る

に対して開かれてはいない。モニカ・アリは，このジェンダーとして
特徴づけることを閉じ込める感覚を，若いバングラデシュ人女性の物語を描い
たブリック・レーンという彼女の小説の中で捉えている。この小説の主人公に
とっては，バングラデシュからロンドンへの移住よりも，家からストリートへ

図版 2

第Ⅱ部　都市，社会性，脱工業化をありありと描写する

の道程(ジャーニィ)の方が長いのである。[8]

　これは，若いムスリム女性がストリートの公共世界に存在していないと言っているわけではない。物語はいつも，一般的な原理(ジェネラル・プリンシプルズ)によって理解されるよりもずっと複雑である。図版2は，若い2人のムスリム女性——ザリナとシリーン——を示している。彼女たちは，ペチコート・レーン・マーケットの近くで，買い物したたくさんのものを持ちながら撮られた。この日の朝，彼女たちは，服を買うために，南ロンドンのノーベリー——彼女らが住んでいる——から川を越えた。このプロジェクトのすべてのイメージの中で，この写真が最もひそかなものである。これは美しいイメージである。彼女たちが着ている明るく輝くピンクと青のスーツの鮮やかさは，何とかして白黒の写真に置き換わっている——それは，文字通り輝いているように見えるのだ。しかしまた，他のイメージにはない不安な心理状態(ナーヴァスネス)が写真の中には含まれている。アントニオはこう説明した。

　　私たちがこの2人の少女を見た時，彼女たちは父親と幼い娘と一緒にいた。私たちは，以前私たちが撮影した写真のアルバムを見せ，写真を撮っていいかどうか尋ねた。私たちは最初に家族の写真を撮り，次に2人の少女を撮った。最初の写真はただの家族のスナップ写真の類いのものだった。でも私たちは，どうしても2人の少女の写真を撮りたかった。私たちはこう言った。「あなたたちの服装はとても素敵ですね。あなたたち2人一緒の写真を撮っていいですか」。1枚目は古典的な家族写真だったが，2枚目はある程度〈プロジェクトに〉かみ合っているように見える。[9]

　多分，彼女たちは私たちの企みを感じ取っており，それがこのイメージのためらいがちな感じを説明するだろう。

　私が論じたいことの1つは，レンズは必ずしも対象者の統制と固定(コントロウル・アンド・フィクシング)であるとは限らないということである。写真を単に技術を管理することだと考えるのは，レンズのどちらかの側で展開するドラマの不安定さと複雑さ(インスタビリティ・アンド・コンプレクシティ)

7　眼で聴き取る

図版3

を理解しそこなうことになる。最近のインタビューで，ブラジル人写真家のセバスティオ・サルガドはこう解説した。「時々，人々があなたに，写真を与えるかのように呼びかけることがある。まるで彼らがマイクの前に話に来るように，人々があなたのところ，あなたのレンズのところに来る」。私は，レンズ

が一方通行であると考えることは間違いであると思う。これらの肖像写真の中の人物たちは，見返す(ルク・バァク)。彼らは私たちをにらみ返す(ステア・バァク)のである。この文脈において，カメラはストリートを覗く窓のようなものであり，ストリートはその窓を通して中を見ようとするのだ。たぶん窓は，レンズに少し似ている。私たちが，都市の中でお互いに通り過ぎ，視線を交わす(アイ・コンタクト)ことを拒否する一方で，これらの肖像写真は，眼と眼同士の承認のようなものを伝える。たとえ対象者が，眼そのものの網膜を覗くようにレンズの口径の先の暗い隙間を覗くとしてもだ。

アバウト・ザ・ストリート・プロジェクトはまた，普段〈存在を〉認められていない人々に承認を提供する。図版3のバリーの肖像写真は，良い事例である。バリーは，彼の全人生を通して，母親と一緒にペチコート・レーン・マーケット近くのミドルエセックス・ストリートに住んでいた。そこは，人々がその地域から出たり入ったりするにつれ小さくなっている，東ロンドンのユダヤ系コミュニティの一部である。ジェラルドはこう説明する。

　もし［バリーが］，例えば，ストリートに配置されたファッションの撮影用カメラを見たら，バリーはそこを通り過ぎて，彼の母親に会いに行ってしまっただろう——それは，彼のためにはならないからである。しかし，彼は私を見て，そして私たちが写真撮影をしているやり方，4×5インチの大判カメラや万事について，私たちとおしゃべりをした。バリーは，私たちがしていたことの全体の雰囲気に引き込まれていた。彼は，毎週日曜日の午前11時に買い物をする。私たちがそこにいたことは，彼にとって重要な意味を持った。[11]

人々をレンズに招くことを通したこのような類の承認や「気づき」は，簡単に忘れられてしまうだろう。写真のイメージを作ることあるいは人々の物語を集めることを通して，丁寧に耳を傾けることの価値は，容易に見落とされてしまう。バリーのような人々に耳が傾けられ注意が払われるのは稀で，ある意味では特異なことである。同様に，このイメージにおいて確かなことは，写真がその対象者を英雄的な人物にしようとしていないことだ。

7　眼で聴き取る

　2002年11月12日に，（その地区の郵便番号から取られた）*E2肖像写真*と題された写真の展示会が，オールド・スピタルフィールズ・マーケットのスピッツ・ギャラリーで開催された。多くの「対象者」が，展示された自分自身の写真を見るためにその場にいた。それは特異な催しだった——私は，社会学的あるいは人類学的な手続きを背景にした，似たような催しを想像することはできない。調査の参加者が，彼らの人生が議論されている社会学の会議に出席することは稀なことなのだ。どういうわけか，「対象者」の存在は，彼らの表象を戯画的に整えることを不可能にするのだ。人々とイメージは悪徳と美徳の平凡な混合物でいることを許され，彼らはいらいらするほど人間であることを許されたのだ。これは，大切なことである。だが同時に，バリーのような人間は，おそらく初めて，彼らが承認され真剣に受け止められたと感じた。ジェラルドは，こう思い出した。

　　スピタルフィールズでの展示会の夜に彼が来て，その展示の中に彼自身を見た時，バリーの眼には涙が浮かんでいた。その展示会にいたことが，彼の人生にとって重要だった。そのことは，私の気分を良くさせた。[12]

　これらの肖像写真は，瞬く間に過ぎていってしまう人の人生において，レンズの口径が露光されている1/4秒か1/8秒の一瞬をとらえる。しばしば，写真は"取られる_{テイクン}"と言われる。前述の引用においてサルガドが写真は"与えられる_{ギヴン}"と言ったのは，私にとって興味深いことだ。これらの写真が与えられるということには，少なくとも2つの意味がある。まず，動詞の与えるという意味においてである。〈カメラに向かって〉見返している人たちが，それらを与えている。つまり，彼らの外見は受け取られる贈り物なのである。次に，形容詞の意味において，前提として推量される何かである。これは，完全にははっきり言い表せない存在することの感覚の輪郭を描く，状況の描写である。

第Ⅱ部　都市，社会性，脱工業化をありありと描写する

図版 4

生活への墓碑銘

　これらの写真は贈り物であり，その中で，カメラのレンズに対して存在が演じられ示されるのである。これは，このような「印　象　操　作」が
　　　　　　　　　　　　　　　　　　　　　　　　　インプレッション・マネジメント
本物でないことを意味しない。なぜなら，すべての社会関係はこのようなもの
イノーセンティク

7　眼で聴き取る

図版5

なのである。ある意味で，社会分析の「完全な真実(ホウル・トゥルース)」バージョンのうぬぼれの一部は，それをすべて知っていると主張することである。(13)これらの社会的自己が，不完全で部分的なものであるということは進歩的なのである。なぜなら，社会的自己は提示され劇的に表現(ドラマタイズド)されるからである。私たちは，それをすべて

第Ⅱ部 都市,社会性,脱工業化をありありと描写する

知っていると主張することはできないが,しかし類似しているものをまったく知らないということでもない。図版4のジャッキーの肖像写真は,これ以上には演じられない。彼女はカメラに言い寄り,彼女の場所を取り,彼女のポーズを決める。ニコラはこう覚えていた。

　彼女はとても堂々としていた。それは,「私をどのように欲しがっているの」というような具合だった。彼女は,準備ができていた。彼女は彼女がいた場所でポーズを決め,そこにはイメージの演出はなかった。彼女はこのような類いの人間であった。彼女は誰に対しても「ハニー！」と呼んでいた。[14]

　ジャッキーは,毎週日曜日に,安いタバコを買いにペッカムの彼女の家からブリック・レーンに来る。彼女のすべての大胆さと身のこなしにもかかわらず,彼女にはその厚かましさのうわべの下に,何か不透明なもの,多分隠れた傷か秘密の弱点がある。ロラン・バルトは,かつてこう書いた。「レンズの前では,私は同時に,私が私だと考えている私であり,他の人が私だと考えている私であり,写真家が私だと考えている私であり,写真家が彼の芸術を展示するために使う私である」。[15] イメージの表面で演じられているのは,アイデンティティと存在の内側と外側である。しかしそれはまた,過ぎ去ってしまった存在でもある。

　ペルーの詩人のセサル・バリェホは,詩の中でかつてこう問いかけた。「私たちは毎秒,死ななければならないのだろうか」。[16] もちろん,これらのイメージの中で輪郭を描かれた人生は,生活の中で過ぎ去っていく見せかけの人生(ファントム・ライフ)である。生活の中で過ぎ去っていく人生を記録することの長所は,簡単に忘れられるか嘲笑されてしまうかもしれない。実際のところ,私はこのような点が見出されるところに,まさにこのプロジェクトの倫理的な価値があると思う。写真は,生活への墓碑銘(エピタフ・トゥ・ザ・リヴィング)のようである——肉体とは異なり,写真は年を取らない。ドナの風変わりな肖像写真（図版5）はまた,私たちの肌が記憶のキャンバス(キャンバス・フォア・リメンバランス)となり得ることを私たちに思い起こさせてくれる。

208

彼女は，彼女の二の腕の内側に刻まれたタトゥーを見せている。そのタトゥーは，完全には隠されてはいないが，いつもは彼女の腕によって覆い隠されている。私たちが，見ることを通して聞くべき音楽は，スティービー・ワンダーの「イズント・シー・ラブリー」のメロディである。ドナは，南ロンドンのウェスト・ノーウッドに住んでいる。彼女は，1997年のクリスマスに脳のガンで亡くなったリリックという彼女の名づけ娘を追悼するためにタトゥーを彫った。ドナは，その赤ちゃんの親と一緒に，リリックのベッドの横で寝ずの看病を続けた。「イズント・シー・ラブリー」は，リリックが病気になる前に，彼女たちがリリックに歌って寝かしつけていた子守唄であったが，病院においてもその歌で彼女をあやしていた。ドナは，リリックが亡くなる前に腕の内側で彼女を抱いていたので，その場所にタトゥーを彫ることにした。「私は私のタトゥーを抱いていると思う」と彼女は言った。肖像写真において，彼女はその楽譜とメロディを外へ向け，私たちに向かってそれを見せている。入れ墨師の針は，彼女の内面と外面に穴をあけた。それらをもたらした深い悲しみと喪失を考えれば，いつまでも残るこれらの音符の代価は，相応の身体的な痛みなのである。ドナの外見は，強い存在感を含んでいる——それは，はかなく，神聖である。

　ニコラとアントニオとジェラルドは，写真を文字通り贈り物であると考えた。彼らのカメラに向かって存在(プレゼンス)を示した人にはすべて，そのお返しとしてプリントした写真が贈られた。しかしながら，1人だけ例外がいた。図版6のビルは，ベーグル・ベイクのそばで写真を撮られた。当時，ビルはホームレスだった，あるいはより正確に言えば野宿をしていた。しかし，これは窮乏(デスティトゥーション)の写真ではない。実際，ビルはベーグル店の前で，彼自身の世界を作っていた。プロジェクトの最初から，ビルはカメラの仕組みに魅了され，プロジェクトに加わることを望んでいた。ニコラは，思い出す。「ビルは，私たちをストリートまで追いかけて来て，『私の写真を撮ってくれないか』と言った。彼は，私たちに『あれは何，あれは何』と言い続けた」[17]。

　ビルは，日曜朝の登場人物の常連の1人になった。時間が経つにつれ，彼は

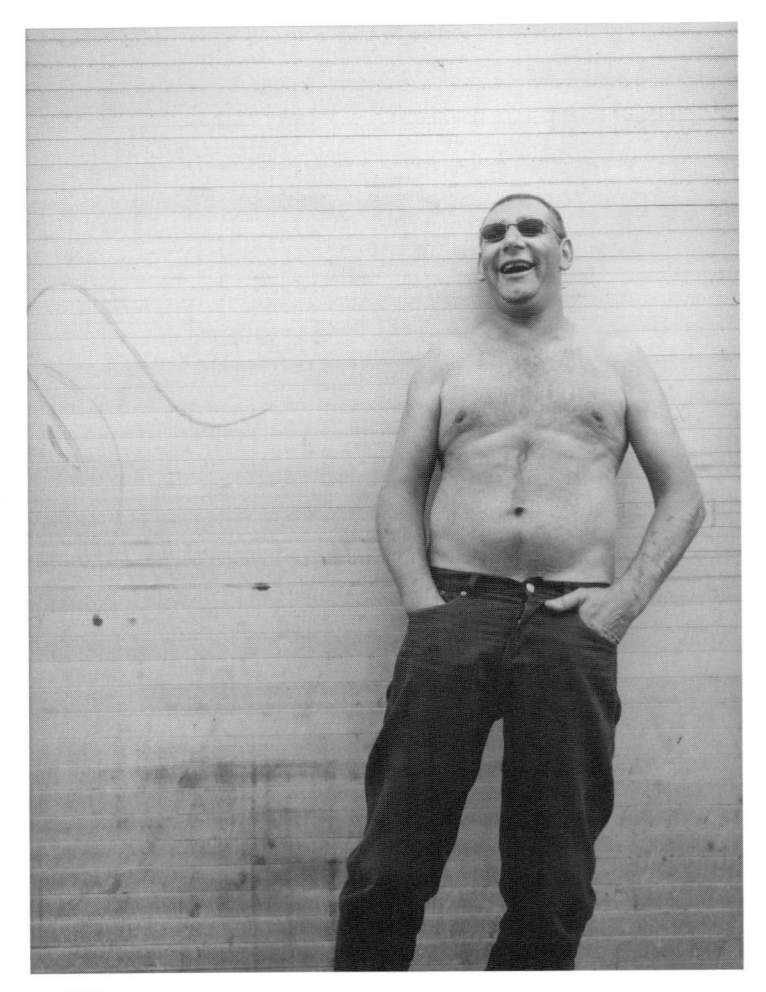

第Ⅱ部　都市，社会性，脱工業化をありありと描写する

図版6

自分自身のための場所を形作るようになっているように見えた。「我が家(ホウム)」の感覚は，住所なしでも存在し得る。それは，「世界の中心——地理的ではなく，存在論的な意味において」である。この点で，ビルはベーグル・ベイクの前で「住まいにいた」のだった。彼は，ほとんどはがらくたである小さなアクセサ

210

7　眼で聴き取る

図版 7

リーの露店を立てて，他の人たちが捨てたものを扱う商人になった。もっとも，彼はほとんど何も売らなかった。ジェラルドはこう表した。

　あなたは，その人がストリートに暮らしている人だとは考えないだろう

第Ⅱ部　都市，社会性，脱工業化をありありと描写する

　　──そこには人生があり，彼は人生に見切りをつけていなかった。ベーグル店はある点で彼の宇宙の中心にあった──彼はまだ自分自身を楽しんでいた。ある意味で彼は，彼の一区画，人生における彼の場所を見つけたのである。(19)

　ここで重要なのは，ベーグル・ベイクが出会いの場所であることである。そこは，24時間営業している。ロンドンの人生のすべての種類が，ある夜にそのドアを通って来るのである──ナイトクラブの常連客，警察，路上生活者，タクシーの運転手，新聞配達人など，あらゆる人たちが，ベーグル，オニオン・プラツェル，ショコラ，ロックス，つんとする英国マスタードがついたソルト・ビーフ・サンドウィッチを安く手に入れるために来るのである。この店は，この類いのものでは最も古い店であり，文字通り「人生」を意味する大きな金色の「チャイ」のシンボルを胸のあたりにつけたイスラエル人がその店のオーナーである。

　ビルの近しい仲間の1人は，図版7に写っているノビーである。ノビーは，毎週日曜に，商売をするためにブリック・レーンにやってくるユダヤ人の「オールド・ボーイズ」の1人である。ノビーは，元々ボウ〈訳者補注：ロンドンのタワー・ハムレッツ地区にある町〉出身で，若い時はフェザー級のボクサーだった。彼は，東ロンドンの有名なギャング・スターのクレイ双子と知り合いでもあった。彼は，仲間として，また護衛者として，犬のスヌーピーを連れていた。彼の胸のまわりには，金のチェーンとリングが「売り物」としてあった。ノビーは，地元の知識の重要な情報源である──彼はこの地域のすべての人を知っており，アントニオは彼と特別なラポールを築いた。スピッツ・ギャラリーで写真を展示するにあたり，写真家たちはすべての参加者に連絡を取ろうとした。アントニオはこう覚えていた。

　　ビルは，住所を持っていなかった──私たちは，オープニングにすべての人たちに来て欲しかったので彼を探したが，見つけることはできなかった。私は彼の写真のプリントを持っていて，展示会の数日前にノビーと話した。

彼は私に,「2週間半前に,ビルはストリートで殺された——車が彼を轢き,彼の頭を強打し,それで終わりだった」と言った。私が携帯していた写真では,彼は生きているように見えた。でも,彼は逝ってしまったのだ。[20]

ビルの写真は,今では感動すら帯びている。まるで,死者から生者への二度と交換することができない贈り物のようである。

時間の都市

　*E2 肖像写真*は,都市とその市民についてのものである。逆説的に,これらの個人的な肖像写真を通して,私たちは,普段見ることがない場所や風景について学ぶのである。またこのプロジェクトの核心は時間——シャッターの時間,長い露光時間——についてである,と私は考える。写真家たちがブリック・レーンで活動していた2年間に,彼らは合計で200の写真を撮影した。すべてを合計すると,彼らの古くさいカメラが露光されたのは1分以下であった。「私たちは,時間から事物を集めていたのである」とジェラルドは解説した。

　　私たちは時間の構造を解体しているが,来週までの間に正常になり,そしてまた考え,次に時間の構造を再び心配するようになる。写真を撮る時,本当に時間を意識するのである。[21]

　写真はまた, 関　与（エンゲイジメント）についてであり,時間を過ごすことについてである。しかし,各セッションの律動的（リズム）な動きは統制することができないし,写真は演出することができない。ある日,写真家たちは特定の人々と設定を探すかもしれないが,それらは見つからないかもしれない。彼らは,ストリートの律動的な動きに応答しなければならない。これらの肖像写真は,ニュー・ロンドンの法人によって作られた宣伝資料とウェブサイトの中に見てとれる商業用パノラマに対抗して,役を割り当てられた。パノラマそれ自体は,自然の道理（ナチュラル・オーダァ）に関する「完全な真実」を再表象する試みの一形態である。これらの肖像写真は異な

る物語を語り，同じ方法では品位を落とされることはない。⁽²²⁾

マーシャル・バーマンはこう書いている。

> 知識人にとって，日常生活の事柄やフローとの接触を失うことは，彼らの政治性とは無関係に，職業上の危険であると私は考える。しかし，特にこれは左派の知識人にとって特別な問題である。なぜなら私たちは，すべての政治的運動の中で，人々に気づかせること，彼らを尊敬すること，彼らの声を聞くこと，彼らの要求に注意を払うこと，彼らを団結させること，彼らの自由と幸福のために闘うこと，に特別な誇りを持っているからである。人々が世界を見，感じ，体験するように，私たちが人々を承認する方法を知らなければ，私たちは彼らが自身を承認し，あるいは世界を変えることを助けることはできないだろう。もし私たちがストリートの記号(サイン)を読む方法を知らなければ，『資本論』を読むことは何の助けにもならない。⁽²³⁾

バーマンについて元気づけられることは，都市文化に関する彼の仕事が，反ヒューマニズムとそれらの様々な仲間たちの影響下で作られた，あきあきしたシニシズムと対比的であるということである。バーマンは，このことに鋭く気がついていた。

> 文化に関する左翼〈知識人〉のほとんどの著作が意地悪く辛辣であるということは，まずい事態である。時には文化が，それ自体に啓発的なものや価値のあるものを何も含まない，搾取と抑圧(エクスプロイテイション・アンド・オプレッション)の一部門であるかのように聞こえる。……「覇権主義的／反覇権主義的な言説」(ヘジェモニク/カウンター・ヘジェモニク・ディスコース)に関するいくつかの文章を読むか，読もうとしてみよう。それはまるで世界が彼らの側を通り過ぎるかのように，彼らは書いているのである。⁽²⁴⁾

バーマンは，ストリートの中の記号を試し，そして読むように，私たちを喚起する。これは，ここでの仕事が既に予期していたことである。それは，ジ

7 眼で聴き取る

ョージ・オーウェルからベア・キャンベルに至る文化に関する著作の，左翼の遺産の一部でもあったようなある種の英雄的な没頭(ヒロゥイク・イマージヤン)を避ける。同時にそれは，人生のありふれた状況の中で人々に関与する欲望によって動かされているのである。

かつてジェームズ・クリフォードが警告していたように，自然主義に戻るためには，私たちはまずそれと決別しなければならない。(25) これらの写真は，「問題意識のない実在論者」(アンプロブレマティカリィ・リアリスト)のイメージではない。なぜなら，これらは多くの人たちの手で作られているからである。これらに関して説得力があるのは，まさに対話への注目であり，記号に達し記号を読もうとする，しかし常に特定の観点からの方法である。都市は，このレンズに新しく映る領域(グラウンド)である。要点をくどくど論じているのかもしれない。しかし，ビル，ジャッキーやシリーンからここで引用しない理由は，彼らは彼らの写真を通して私たちと意思疎通を取っているからである。彼らは，公衆電話ボックスのように永遠への直通電話回線と共に，カメラの前にやってくる。ヴァルター・ベンヤミンの有名なフレーズから言い換えると，重要なのは，彼らが何を言うかではなく，彼らが何を示すかなのである。(26) これは，社会生活にアクセスし調査(インヴェスティゲイティング)することにおける写真のあるべき場所について考える，もう1つの方法である。ここにおいて，イメージは「眼の保養」(アイ・キャンディ)ではなく，メッセージの本質を含む。写真はまた，感覚のより広い幅の中で，単にビジュアル面で考慮すべき事柄を超える読解(リーディング)を呼び込む。もちろん，写真は無音の形態である。そこには，音も匂いも感触もない。しかし私は，これらの写真の中にはまた発せられる招待があると考える。これらの写真に宿る市民の静かな声を聴くために，私たちはそれらを見るように聴かなければならない。私たちは，外見を私たちに直接話しかけてくる人たちのぼんやりしたおしゃべりを聴くために，私たち自身を写真に投影する必要があるのである。

注
(1) Walter Benjamin, 'Thesis on the philosophy of history', in *Illuminations* (London:

Fontana, 1992).
(2) インタビュー、2003年4月15日。
(3) John Berger, *The Shape of a Pocket* (London: Bloomsbury, 2001), p. 248.
(4) インタビュー、2003年4月9日。
(5) インタビュー、2003年4月9日。
(6) 特に、以下を参照。John Tagg, *The Burden of Representation* (Basingstoke: Macmillan, 1987).
(7) アナスタシオン・カバァソスは、以下の会議に参加した。The Street Signs Conference, Parfitt Gallery, Croydon College, Croydon, 20 November 2001.
(8) Monica Ali, *Brick Lane* (London: Doubleday, 2003).
(9) インタビュー、2003年4月9日。
(10) 以下からの引用。'Salgado: the Spectre of Hope', *Arena*, BBC2, 30 May 2001.
(11) インタビュー、2003年4月15日。
(12) インタビュー、2003年4月15日。
(13) Erving Goffman, *The Presentation of Self in Everyday Life* (London: Allen Lane, 1969) (=アーヴィング・ゴッフマン/石黒毅訳『行為と演技――日常生活における自己呈示』、誠信書房、1974年)
(14) インタビュー、2003年4月9日。
(15) Roland Barthes, *Camera Lucida* (London: Verso, 2000), p. 13.
(16) César Vallejo, *The Complete Posthumous Poetry*, translated by Clayton Eshleman and José Rubia Barcia (Berkeley: University of California Press, 1978), p. 219.
(17) インタビュー、2003年4月9日。
(18) John Berger, *And Our Faces, My Heart, Brief as Photos* (New York: Vintage International, 1991), p. 55.
(19) インタビュー、2003年4月15日。
(20) インタビュー、2003年4月9日。
(21) インタビュー、2003年4月15日。
(22) 以下を参照。Walter Benjamin, *The Arcades Project*, (Cambridge, Mass. and London: Belknap Press, 1999), p. 6. (=ヴァルター・ベンヤミン/今村仁司・三島憲一訳『パサージュ論』岩波現代文庫、2003年)
(23) Marshall Berman, *Adventures in Marxism* (London: Verso, 1999), pp. 168-169.
(24) *Ibid.*, p. 260.
(25) James Clifford 'Introduction: part truths', in James Clifford and George Marcus, *Writing Culture: the Poetics and Politics of Ethnography* (Berkeley, Los Angeles and London: University of California Press, 1986), p. 25. (=ジェイムズ・クリフォード、ジョージ・マーカス/春日直樹他訳『文化を書く』紀伊国屋書店、1996年)
(26) ベンヤミンは、彼自身の仕事と特に彼のモンタージュの使い方について批評している。「私は、言うことはなく、ただ示すだけである」。Susan Buck-Morss, *The Dialectic of Seeing: Walter Benjamin and the Arcades Project* (Cambridge, Mass.: MIT Press, 1991), p. 73.

8 アムステルダムとシカゴ
―― ジェントリフィケーションのマクロな特徴を見る

チャールズ・スーシャール

1985年以来,筆者は,イリノイ州シカゴの都市近隣住区にあるリンカーン・パークの転換を,さらにもっと最近では,オランダのアムステルダムにおいて隣接した近隣住区であるヨルダーンとウェスタン・ハーバー地域を,調べてきた。リンカーン・パークはかつての労働者階級のコミュニティであって,元々は20世紀の変わり目以前に,ドイツ,アイルランド,イタリア系移民が定住するようになったところである。写真のドキュメント化とエスノグラフィックなフィールドワークを組み合わせたリンカーン・パークでの調査は,居住者ごとのコミュニティ,住まい,アイデンティティの意味について調べた論文シリーズの刊行をもたらした(例えば,スーシャール〔Suchar 1988, 1992〕を参照)。リンカーン・パークと同様,労働者階級の遺産を共有している近隣住区であるヨルダーンもまた,過去四半世紀にわたって,重要性に富んだジェントリフィケーション〈訳者補注:低所得層が多く住む停滞/荒廃した大都市の都心近接地域が「高級(住宅地)化」する現象〉とコミュニティの変化を経験してきた。これらのコミュニティは他にも類似点を有しているので,比較調査の対象とすることにした(Suchar 1993)。

リンカーン・パークとジェントリフィケーション――ミクロな分析

リンカーン・パークは,広範囲にわたる転換のプロセスを経験した最初のシカゴ中心部の都市近隣住区の1つである。このプロセスによって,シカゴ内部の多くの他の近隣住区,すなわち,切れ目なく連続しているばかりでなくより

第Ⅱ部　都市，社会性，脱工業化をありありと描写する

離れた地域においても，何年にもわたって，コミュニティ再開発(リーディヴェロプメント)は大きな影響を受けてきた。それは，ジェントリフィケーションとコミュニティ開発について，工業国やどこか他のところで起きているジェントリフィケーションへの潮流の先導的な事例として，他の研究者によって認識されてきた。[1]

リンカーン・パークにおける私の初期の写真調査(フォトグラフィック・イグザミネイション)が注目したのは，ジェントリフィケーションの社会的・文化的な意味であり，また，次の3つの異なる居住者グループにとっての近隣住区の物理的な転換であった。まず「古い居住者(オウルダ・レジデンツ)」。彼らはこの近隣住区に25年以上ものあいだ居住してきたが，そのことこそが，ジェントリフィケーションに向かうコミュニティの大きな変化よりも優先すると考えていた。次は「都市の先駆者(アーバン・パイオニア)」であり，彼らは10年以上前にこの近隣住区へと移ってきた人々であり，都市が現在の状態へと変化するのに寄与してきた。最後は「近年やってきた(リセントリ・アライヴド)」居住者であり，若くて未婚もしくは既婚の専門職であった。彼らにとってこの近隣住区は，他と明確に区別できるライフスタイル，社会経済的な地位，アイデンティティを有した，非常によく発達したコミュニティとしてきわめて魅力的であった。

土地に生じたささやかな物理的転換についての写真と，これらの（写真）資料に基礎を置いた居住者へのインタビューを通して，私は，この近隣住区の再開発に内在していた社会的・文化的な主題のいくつかを発見することができた。この近隣住区の建造物(ストラクチャアズ)と物理的な転換についての膨大な写真調査(フォトグラフィック・サーヴェイ)に加えて，50組の家族――約75名の居住者――を写真に収め，写真誘出インタビューイング(フォト・イリシテイション・インタビューイング)の手法を用いることで，私は以下に起因する社会的意味のいくつかを解明することができた。それは，コミュニティのメンバーによって知覚された，その近隣住区に生じた物質文化的な人工物(アーティファクツ)と物理的・物質文化的な変化に起因するものだった。物理的な建造物，コミュニティの居住者，彼らの個人的な所有物，アパートや住まい，これらの写真は，態度(アティトゥーズ)，価値(ヴァリューズ)，信念(ビリーフス)，個人的な知覚(パーソナル・パァセプションズ)についてのミクロな世界への進入点(エントランス・ポイント)として機能した（Suchar 1992; Suchar and Rotenberg 1994）。例えば，私は，その他の特有な偏愛(スピシフィク・プレディレクションズ)の持ち主のみならず，「ビクトリア朝様式」の住まい，飾

りつけや装飾品を好む信念と価値との混合物(アマルガム)でできている「都市的ロマン主義(アーバン・ロマンティシズム)」のような態度のセットをはっきり見分けることができ，それを，コミュニティならびに居住者仲間についての態度と結びつけることができたのだった（Suchar 1997）。

ヨルダーンとの比較分析――マクロ的アプローチの必要性

　1970年代の半ばのこと（リンカーン・パークについての調査とドキュメンタリー写真の前のことであるが），私は，幸運にも，国立科学財団（NSF）とNATOによる博士号取得後の調査研究をアムステルダム大学の社会学研究所でおこなうこととなった。妻と私はアムステルダム中心部に1年以上住んでいたが，歩いていける距離にあった近隣住区がヨルダーンであり，その時でさえ私にリンカーン・パークを大いに思い出させた。リンカーン・パークも，1971年に私が大学生活とアカデミック・キャリアを始めたデポール大学の主要なキャンパスが位置していた近隣住区であった。これらの近隣住区は，実際，それぞれの第2次世界大戦後の住民(ポピュレイションズ)の社会階級的な輪郭(ソウシャル・クラス・プロファイルズ)と人口統計学上の観点と共に，1970年代初めから半ばまでの間に開始されたように見える退化(デヴァルーション)と近隣住区の再活性化(リーヴァイタライゼイション)の軌跡(トラジェクトリィ)という観点から，多くの類似した特徴を明らかに共有していた。

　1980年代後半と1990年代の前半から半ばを通して，アムステルダムとヨルダーンへの再訪は，実際には双方の近隣住区がかなり類似しているものの，いくつか際立って異なる転換も経ているという事実を私に確認させた。この時までにおこなったリンカーン・パークでのより詳細な調査(リサーチ)によって，私は，高級住宅地化した(ジェントリファイド)コミュニティにつきものである社会的文化的な特徴について鋭く意識し，それに対して敏感であることができた。範囲を拡大した写真のドキュメント化による現地調査(フィールド・トリップ)で，特に1992年の夏にヨルダーンでこれらの同じ特色を観察して写真に収めることによって，アムステルダムとシカゴにおけるコミュニティの変化とジェントリフィケーションを比較しながらビジュアルにドキュメント化するための土台を築くことができた（Suchar 1993）。

第Ⅱ部 都市,社会性,脱工業化をありありと描写する

　しかしながら,1990年代の半ばには既に,私の社会学的・写真的な関心は,本来はより「マクロで」構造的であるジェントリフィケーションの核心を映し出すドキュメンタリー写真の能力に移行していた。このことによって,経験的な問いのみならず構造的‐理論的な問いもまたいくつか生じてきた。広範囲にわたるジェントリフィケーションを被った近隣住区において,プロセスのエンド・プレイ〈訳者補注:コンタクトブリッジや単にブリッジと呼ばれるトランプゲームで,通常終わり頃に使われる相手を不利にさせる様々な戦法〉として何がおこなわれるのか。とりわけ,脱工業化し住宅開発と切れ目なく連続することもしばしばであるような回廊地帯や地域において何が生じるのか。包摂するそれぞれの都市で起きている変化と再開発にかかわっているこれらの近隣住区で,ジェントリフィケーションはどのようなものか。主として1960年代から70年代に始まった都市的転換は,80年代と90年代における転換,すなわち社会的な過程としてのジェントリフィケーションの軌跡に対していかなる影響を持ったのか。新たな千年紀の最初の10年間にこれらの都市に影響を与えることになる変化にとって,何を予示することになるのか。

　これらの理論的で実質的な都市社会学的な論点と同程度に興味深いのが,これに対応する方法論的な論点のセットであった。それに関係しているのが,ドキュメンタリー写真はどのように,かくも人を悩ませる問いに対して答えを与える手助けとなり得るのか,ということである。私が特に引きつけられたのは,居住者の個人的・家庭的な環境や私的で意味に充ちた世界の記録の先にある,ジェントリフィケーションの構造的な外観と特徴を写真が記録するための異なる方法についての方法論上の論点であった。私は,フォトジャーナリストやドキュメンタリー写真家,フィールドエスノグラファーによって共通に用いられていたフィールド上の戦略を統合するための基本的な方法として,写真誘出インタビューのような方法論を探究していたし,既に,グラウンデッド・セオリー・アプローチを撮影台本と並行して活用していた。[2] より最近のことになるが,私はこれらのビジュアル・メソッドやその潜在能力と有効性に影響を及ぼす特徴について執筆していた (Suchar 1997)。これらの新たな構

造的で都市社会学的な論点について探究する機会は，他のビジュアル・メソッドをさらにテストし適用する可能性を秘めている。現在のプロジェクトによって拡張されるのはこの方法論的探究(メソドロジカル・エクスプロレイション)であり，同時にそれによって，願わくば，目下調査中のジェントリフィケーションと比較に基づく都市開発に関しての実質的な問いに対する答えを与えることである。

研究の論点

多くの高級住宅地化した近隣住区は，中心部(ダウンタウン)の工業化した回廊地帯や，長年，急激な経済的衰退(エコノミク・ディクラインズ)と物理的荒廃(フィジカル・ディトリオレイション)を経験してきた地域――シカゴやアムステルダムのような都市で見出される脱工業化の「赤さび地帯(ラスト・ベルト)〈訳者補注：さびれた工業地帯〉」あるいは「茶色い大地(ブラウン・フィールズ)〈訳者補注：土地汚染の可能性のある工場跡地〉」――にきわめて近接(イン・クロウス・プロクスミティ)している。第2次世界大戦後の時期に，工場が閉鎖し，工業が都市の境界の外へと移転してしまう（あるいは，場合によっては違う都市へと移転してしまう）につれて，こうした中心都市における工業的／製造業的なゾーンの多くは，無人地帯(ノウ・マンズ・ランズ)と化し，非常に望ましくない地域となった。異なる都市における，かくのごとき地域に見出される変化と転換のパターンは何であるのか。アメリカとヨーロッパの経験の間に相違はあるのか。これらの基本的な問いと上述したことは広範囲にわたる一般的な撮影台本の基礎を形作ったが，その台本は，私が1997年に開始し2001年に結論を出した，これらの近隣住区についての写真を用いた調査を構造化したのである。(3)

これらの過去の工業地区，その例として，リンカーン・パークにおけるクライボーン・コリダーやヨルダーンに隣接するウェスタン・ハーバー地域の双方があるが，そうした地域は，一般にジェントリフィケーションと再開発の過程の中で転換を被る近隣住区の最後の部分である。このことには多くの理由があるのだが無視できないのは，これらのかつての工業的な(インダストリアル・パーセルズ)1区画は，通例最も魅力的ではない，にもかかわらず最も大きく，ゆえに一般的には最も費用のかかる利用可能な1区画であるという事実である。中心都市地域(セントラル・シティ・エリア)にある不動産が評価し直され，「再び値をつけられる(リィ・ヴァロライズド)」（Smith 1986; Hannigan 1995; Wittenberg

1992)時でも、これらの特別な1区画は、所有者や自治体その他の政府当局(ミュニシパル・アンド・アザー・ガヴァメント・オーソリティ)によって、どこよりも長い間、手放されることがない。そして、彼らは建造物や土地の荒廃について相争い、やっかいなクレームをつけかねないのである（例えば、アメリカの都市の場合、税金滞納処分や裁判所命令に基づく財産移転のような手段を通して、土地が複雑な所有権の委託管理下に置かれるなど）。このために、再開発をおこなうことが難しくなるか、少なくとも経済的にリスクのあることとなる。ところによっては、上記のかつての工業地帯に隣接した土地の価値がとても低いことの原因が、アメリカ政府当局による公営住宅（今なお著しく荒廃している）の建設のせいであるという事実のために、再開発の話が政治的に物議を醸す争点という地雷になる可能性がある。このために、地元住民の利害に対抗する民間の開発勢力が、多くは怒りっぽい対話や討論の参加者としての地元市民や居住者グループや政府当局と争うことになる。

　シカゴとアムステルダムのこれらの2つの近隣住区についてのマクロな論点に注目することによって、私は都市開発と構造的影響の新しいパターンを見出すことができた。実際のところ、それぞれのコミュニティについての写真画像(フォトグラフィック・イミジズ)を比較すべきセットと見なすことによって、中心都市におけるかつて軽んじられるか価値を下げるかした地域で起こり得る評価変更(リーヴァロリゼイション)の2つの極を明示できる、と私は確信する。

写真を用いる方法とドキュメンタリーに基づく分析枠組み

　社会学的フィールドワークに、グラウンデッド・セオリー・アプローチをドキュメンタリー写真と共に合体させることについての小論の中で、私が「質問原則」(インタラゲトリィ・プリンシプル)と呼んでいたものを用いることによって、ドキュメンタリーの意味を以下のように定義した。

　　写真とは、写真の中の情報を特定の問い(パティキュラァ・クエスチョンズ)に対する答えであるような推論的事実(ビュータティヴ・ファクツ)として論じることが可能である限りにおいて、ドキュメンタリーである。……この問いと答えのプロセスが――フィールド観察もしくは

文書調査に基づいていて，発見のプロセスに携わっているのだが——，ドキュメンタリーの意味の欠くべからざる特徴なのである。(Suchar 1997:34)

従って，ドキュメンタリーの作業は，写真画像を，特定の問いに対する答えとしてか，特定の現実(リアリティ)についての問いを尋ねるための基礎として用いるプロセスと見なすことが可能である。写真誘出インタビュー——インタビューでの探りとして写真を用いること(プロウブス)——は，後者の仕方で質問原則(イントロゲトリィ・プリンシプル)を操作的に適用することを代表する。撮影台本（特定の主題についての概念的に基礎づけられるか理論的に基礎づけられた問いのリストであり，その主題に対しては写真が可能性のある答えを提供することが見込まれている）を用いることは，前者を代表する。

現在のプロジェクトに関して，私は，焦点を当てられている(ビーイング・アドレスド)理論的問いに対して応答するために，写真によるドキュメンタリーの可能性をどのように働かせるのが最善かを決める必要があった。いかにして，理論的な問いを適切なドキュメンタリーの手続きに適合させるのか？　私が用いることを選択したのは，今では古典となった『ビジュアル人類学——調査方法としての写真』(Collier et al. 1986)の中でコリアーらによって示唆されたドキュメンタリー技法をいくぶん修正した方式であり，それが「写真目録(フォトグラフィック・インヴェントリィ)」である。私は，リンカーン・パークとヨルダーンに直に面するウェスタン・ハーバー地域の双方において水路に隣接する，比較可能なかつての工業地域に位置する代表的な物理的建造物(リプレゼンタティヴ・フィジカル・ストラクチャァズ)の系統的な写真目録を導いた。

フィールド調査の戦略は実質的(エッセンシャリィ)に，用法，機能，転換の比較可能なパターンを識別することを目的として，コミュニティの物理的な建造物をサンプリング／目録作成しながら，かつての工業地域を街区(ブロックス)ごとに系統的に写真撮影するというものであった。私が利用した標本抽出の手続きは，「理論的サンプリング(セオリティカル・サンプリング)」と呼ばれているものを反映している。これは，カテゴリーのコード化が徐々に展開するのに基づき，それによって標本を観察（そして写真撮影）するプロセスである (Suchar 1997)。このプロセスを通して生み出される写真は，一般的に次のような作業中の疑問に応答する。「これらの近隣

第Ⅱ部　都市，社会性，脱工業化をありありと描写する

住区の街区や，地域の支配的なもしくは代表的な建造物や特色を最もよく表現するために，ここで撮影されるべき写真は何か」。日々の写真撮影によるフィールドワークのための枠組みを提供する撮影台本が，双方の地域で構築された。撮影台本は，これらの探索(フォーレイズ)の内容の検討(レヴューズ)に基づいて改訂され，記述(ディスクリプティヴ)／カタログ化(キャタローギング)，コード化(コウディング)の作業が遂行された。この作業の方法の正確な手続きについては，以前に概要を述べておいた（Suchar 1997）。結果として生じた写真のコレクションは，比較可能な目録の一部として制作され収集されたものであり，社会的・政治的・経済的・文化的な意味のパターンを見出すべく検査されるであろう。

　このプロジェクトのための写真撮影は，最小限の機材を用いて遂行された。1980年代に，リンカーン・パークにおける物質文化の室内撮影の際に私が採用したのは，三脚に乗せた中判カメラと大判カメラ，スタンドに乗せたストロボアンブレラであった。これは，環境の描写において可能な限り上質な細部と対応する解像度を得るためであったが，その時とは対照的に，現在は35 mmカメラとレンズ（28 mm）1つで写真を撮影している。こうした作業用装備によって可能となる持ち運びやすさと機動性のおかげで，比較的短期間に大変多くの写真を撮ることができるのである。ゆえに，フィールドでの撮影を促進する撮影台本上の問いに応答する代表的なイメージを求めて，街区にくまなく入り込むことが大いに容易になった。

クライボーン・コリダーとウェスタン・ハーバー——ビジュアルな比較

　最初に何枚かの写真を目にすることが有益である。というのは，多くの類似点と相違点が，地理的に距離のある都市と近隣住区にあるこれら2つの地域の間に存在しているからである。双方の地域は水路に面しているが，水路はそれぞれのコミュニティでの工業面の動脈を形作っていた。双方の地域は，それぞれの都市のかつての中心業務地区(セントラル・ビジネス・ディストリクツ)〈訳者補注：CBD〉に適度に近接している。リンカーン・パークのクライボーン・コリダーは，シカゴ・リバーの北の支流に相対的に位置しているために，19世紀の鉄鋼業とその他の次のような

工業に影響を与えた。それは，原材料や製品の運搬の手段並びに不可欠な(インテグラル)エネルギー源や加工補助としての双方で，その川に依存していた工業である。一例が皮なめし産業であるが，その名残，残留建造物のいくつかを目にすることができる（図版1と2を参照）。アムステルダムの初期の歴史から20世紀初期に至るまで，プリンス・アイランド付近のウェスタン・ハーバー地域は船舶修理と造船の用途に充てられ，そして，機能的な漁業と商業の港湾地域であった。通りの名称は，明らかにこうした歴史を反映している（例えば，Zeilmakerstraat——船造り通り，Drieharingen Brug——3匹のニシンの橋，Blokmakerstraat——船舶巻き上げ通りなど）。概ね私的なヨット遊びとボート遊びを顧客にサービスしながら，名残となる建造物や住居(イスタブリッシュメンツ)がまだ少し残っている（図版3と4を参照）。

西部の"ドク"もしくはハーバー地域——写真目録からのサンプル

　アムステルダムの，この脱工業化したかつての港湾地区における建造物と地域の写真目録を再吟味し終えて（代表的な建造物と地域についての375～400枚の写真），集合的に(コレクティヴリィ)，ウェスタン・ハーバーを特徴づけ始めた特定の主題と根本的な(アンダライング)パターンが現れ始めた。この章のスペースの限界のために，若干数の代表的なイメージしか検討することができないにもかかわらず，主要(メイジャァ)パターンは要約され得る。

　注目すべき重要な点は，アムステルダムでの都市開発は大部分が政府によって管理されているという点である。アムステルダムそしてオランダが，一般に示している都市開発のパターンは，アムステルダムや調査中の近隣住区の多くを含めて，都市地域の再設計(リーディザイン)における意義深い役割を政府が演じているということである。市は，きわめて積極的な「公営住宅(ソウシャル・ハウジング)」政策をとってきたが，それはヨルダーンとその隣のウェスタン・ハーバー地域を含むアムステルダムの都市全体に影響する住宅供給と，その他の物理的開発のために助成金を提供してきた。より最近の政府の政策は成長中の自由市場部門(フリー・マーキト・セクタァ)を標的とし，この都市区域(セクション)における社会政策と開放的で自由な市場による住宅供給との70対30

第Ⅱ部　都市，社会性，脱工業化をありありと描写する

の比率を，事実上逆転するに至っている。(5)このことにもかかわらず，大部分が目に見えるものとして，都市のこの地域における現在の転換は，20世紀最後の四半期における地域の評価変更のより特有なパターン形成(パターニング)の証拠を提供する。社会計画(ソウシャル・プランニング)と管理された開発(コントロウルド・ディヴェロップメント)によって明らかになるのは，経済的に多様で，多目的で，家族に基礎を置いた住民を対象とした中心都市のコミュニティであるが，その目印(マーカーズ)もしくは指標(インディケイターズ)は，ドキュメンタリーの目録によって調べるとたやすく明らかになる。

住宅供給

　この都市の範囲を定めた地域に関する数百枚の写真を再吟味した際の私の最初の印象は，港湾地域内の大きな建造物を改修し変換する(リノヴェイション・アンド・コンヴァージョン)仕事のみならず，新築件数の総計の多さであった。そうした建造物の多くは，ロフトアパートへと変換(コンヴァージョン)されたかつての倉庫である（図版5を参照）。新しい開発は，集合住宅の建物(マルティユニット・アパートメント・ビルディングス)や，多テナントを擁し／種々雑多な収入層に属する顧客のために再設計され改修／変換されたユニットを，大抵いつでも含んでいる。これは，地域の多様性(ダイヴァシティ・オブ・ザ・ロウカル・エリア)を高めることを狙いとした政府の方針——より大きなスケールでの建物の再生(リーハビリテイションズ)においても見られる——に従っているのである。1つの例を図版6に見出すことができるが，それは，かつての異常に大きい穀物貯蔵庫(イノーマス)が，居住とオフィスの空間へと再開発されたことを示している。これらの徴候(サイン)が知らせるのは，プロジェクトの一部が「自由部門(フリー・セクター)」もしくは市場による住宅供給だけでなく，「公営住宅」のためにも確保されているという点である。多テナントを擁し，種々雑多な収入層の住むアパートの街区を新たに建設することのみならず，かつての工業用地を，多テナントを擁するアパートの住宅に変換することもまた，きわめて理解しやすい。この近隣住区を撮影した5年間に私が観察したのは，船の保管や修理施設のような工業的な建造物の多くがアパートへと変換されたこと，そして無数の新しい住宅建築が，かつてぼろぼろで「錆びついている(ラスティング)」船修理屋によって占有されていた土地に建設されたことであり，これらの修理屋は，新しい建造物やそ

8 アムステルダムとシカゴ

図版1 ウェブスター・ストリートとシカゴ・リバー，グートマン皮なめし会社。残存する数少ない皮なめし会社の1つが，この川の区画に沿って位置していた。かつて，皮なめしというのは，シカゴにおける動物と食肉加工の中心地としての著しい発達によって影響を受けた工業の1つであり，それは近隣住区の地域経済の重要な一翼を担っていた。2000年春に撮影。

図版2 キングスベリー・ストリート2000ブロック A。フィンクル・アンド・サンズ・カンパニー。近隣住区に残存する数少ない鉄鋼生産と加工プラントの1つ。20世紀の最初の10年において，この近隣住区は金属工業関連の何万もの雇用を支えていた。フィンクル・アンド・サンズは，この門のような物理的な記念物を建造するのに主要な役割を果たしてきたが，それらによって，コミュニティはその産業の歴史的な意義を思い起こすのであった。2000年春。

図版3 ビケルスグラハト運河とレアーレングラハト運河の合流点付近。概してレジャー用の小型船舶を保守点検するボート修理施設。2000年と2001年の写真撮影によるフィールドワークで分かったのは，このように残存する船仕事のガレージや修理のための建造物の多くが，ビケルスグラハト沿いの至るところで住宅へと変換したということである。1999年12月。

図版4 ビケルスグラハト沿いの船の小さなモーターを修理する施設。オーナーが私に教えたところでは，ここはウェステルドク地域に未だある最後のその種の施設だという。2001年12月，この近隣住区を最後に訪問した折には店は閉まっていて，売りに出されていたようであり，住宅ユニットへと変換されつつあった。1999年12月。

227

第Ⅱ部 都市,社会性,脱工業化をありありと描写する

れに付随する居住機能へと道を譲るために「取り壊されて(トーン・ダウン)」きたのである。

年齢層を超えての娯楽

　写真目録は,元商業的・工業的建造物から建てられるか改修されるかした住宅ユニットの優勢(プリドミナンス)を明らかにしたことに加えて,新たに建てられた建造物の2番目に主導的カテゴリーをも明らかにした。

　それは,官民を問わず,入念に計画された娯楽施設(リクリエイショナル・ファシリティズ)についての膨大な事例であるが,それらは種々雑多な年齢層の居住者への提供が意図されており,大部分は特に子ども向けのものであるものの,しかしまた,大人たちの

図版5　バレンツ島のザウトケーツグラハト沿いの住宅施設。変換した倉庫だけでなく新たな建造物も写真から確認できるが,これらは社会政策による住宅ユニットと市場による住宅ユニットの双方を含んでいる。最近のユニットについて言えば,都市のこの区域(セクター)ではますます多くの施設が,市場価格による住宅供給のために保持されている。1999年12月。

図版6　住宅兼オフィスの大規模複合施設(マッシヴ・ビュージュ)に変換しつつある巨大な元穀物貯蔵庫。看板が示しているように,開発は公営住宅と市場価格による住宅ユニットの双方を提供している。開発は,近隣住区の住宅会社,アムステルダム市,公営住宅供給部局,民間部門の基金の組み合わせられた取り組み(コンバインド・エファト)である。1999年12月。

228

8　アムステルダムとシカゴ

図版7　レアーレングラハト沿いの遊び場とローラーブレードの広場。1998年12月。

図版8　ウェステルドク近隣住区の中心地域にある遊び場／児童公園。1998年12月。

多様化した関心にも対応している。1平方マイルにも満たない地域に様々な種類の数多くの遊び場があることは注目に値し、印象的である。私の写真目録が収めているのは、2ダース以上の相異なる遊び場、バスケット・ボールのコート、サッカー場、スケートボード場、子どものための小さな動物園、その他諸々である（例えば、図版7と8を参照）。明らかに、このかつての工業地域の開発は、家族に基礎を置いた社会環境を前提として、子どもと若者をそのうちに含んだ住民のために計画されている。小さな地域内で比較的最近建設されたいくつかの小学校の存在が、このことを証明している。子どもと若者のための施設に加えて、スカッシュ・クラブ、劇場／芝居小屋、数少ない「エスニック」レストラン、バーもまた、ウェスタン・ハーバー近隣住区のこの小さな地域に点在している（例えば、図版9を参照）。5年間の写真目録は、かつての居住／商業／工業的に混在した用いられ方をした特性のものから、より密集して住まわされ、家族に基礎を置いた、様々な収入層によるコミュニティへと急速に変換しつつある近隣住区の姿を明らかにしたが、そこではアパートの住宅ユニットと開発が物理的な風景を支配しつつある。この地域の造船所に直接関連するサービスと港湾機能の終焉に続くすっかり周辺的で価値低下した土地の評価変更もしくは再評価は、断固として社会的に意識的な行動計画を通して成し遂げられたのである（大いに拡張され近代化された港湾施設はこの地域の

第Ⅱ部　都市，社会性，脱工業化をありありと描写する

図版9　「スカッシュ・シティ」──スカッシュとラケットボールの競技／社交クラブが位置しているのはホランゼタイン・ストリートであり，これは，ウェステルドク地域へ入る道（歩行者と自転車のための道）の1つである──中央駅地域の西部へ続く鉄道橋の下を通過することで近づく。この近隣住区は，5年間に及ぶ観察期間中，増大する居住人口向けの多数の社会的・娯楽的な施設を増やした。1999年12月。

ちょうど西に建設されてきたが，他方で，船舶産業のほとんどは実際にはロッテルダムの南へと移転してきた。ロッテルダムは，オランダばかりでなく世界においても最大の港湾都市であり港湾施設である）。

リンカーン・パーク，シカゴ・リバーとクライボーン・コリダー──写真目録からのサンプル

　リンカーン・パーク，すなわちシカゴ・リバーに隣接したコミュニティの西部，そして「クライボーン・コリダー」と呼ばれるようになった場所についての写真目録によって明らかになったのは，非常に異なる再開発と評価変更のプロセスとパターンである。

　目録が施された5年にわたって，この地域は，異なる優先度のセット，異なる政治的・経済的・社会的な機能と勢力のセットを示す転換と変化に見舞われてきた。それが現れたのがこの場所，シカゴで最も激しく高級住宅地化した近隣住区の1つなのである。注目すべきは，この都市はこの地域の一部を

8 アムステルダムとシカゴ

「工業保護ゾーン」、あるいは公的に言うと「シカゴ工業回廊地帯」
であると宣言していることである。数少ない大きな工業企業、最も知られたと
ころでは、フィンクル・アンド・サンズ・スティール・カンパニー、ジェネラ
ル・アイアン、そしてレイキン・インダストリーは、前世紀の変わり目には4
万人を超える労働者を雇用していた工業地域であったところに生き残っている。
この地域はしかしながら、高級住宅地化した周辺のコミュニティと開発業者の
立案の双方の圧力に屈し、コミュニティにとって役割と機能の最も興味深い
セットを引き受けることになった。

住宅供給

　ヨルダーンのウェスタン・ハーバー拡張地域に似て、シカゴ・リバーに沿っ
た元の工業地域とリンカーン・パーク西部は、いくばくかの住宅供給目的の再
開発を被った。ただし、住宅供給のタイプと形態、他の建造物に対する住宅ユ
ニットの割合、誰のために開発され建築されるか、それが政治的・社会的・経
済的に映し出しているのが何かは、すべて決定的に異なっている。この地域の
再開発の大部分を決定している自由な、もしくは開放的な市場経済は、ビジュ
アルで目に見える不一致と時代錯誤をいっぱいに詰め込んだ社会的・物理的な
風景を生み出してきたのである。

　ヨルダーンのウェスタン・ハーバーに似て、この地域には、かつて大変小さ
なコテージのような労働者階級の家族の建造物がいくらかあったが、それはま
だ存在している（図版10を参照）。新しい住宅が作られたところでは、古い建物
と新しい建物との間のスケール面での不一致が無視できないこともしばしばで
ある（図版11を参照）。新しい住宅は、1家族で私的に所有される建造物である
点が重く強調されていて、かなり大きい。多くの住宅は、高所得層が住む
郊外の情景では場違いではないが、脱工業化した環境の中に置かれて見られ
ることがあれば、いくらか稀な隣り合わせの位置と眺めを提供することになる
（図版12を参照）。

　だが、住宅供給は、クライボーン・コリダー地域の建造環境のかなりマイ

ナーな要素にすぎない。商業的な開発に比べ，再開発の計画あるいは，それ故にこの近隣住区の西部が持っている特性(キャラクタァ)の中では，それが突出しているわけではない。これから見ていくように，何といっても商業的な開発と娯楽こそが，コミュニティの再開発部分の支配的な定義づけと性格づけ(ドミナント・ディファイニング・アンド・キャラクタァライジング)を与える目印をなしているのである。

商業開発——ショッピング・モールが立ち並ぶ街路

　リンカーン・パークのクライボーン・コリダー地域の写真目録によって明らかになったのは，この地域における開発の支配的なパターンであった。ゾーニング実践，集中した民間開発，ローン制度による重点的な金融的支援(フィナンシャル・バッキング)の合流(カンフリューエンス)，そしてこれを可能とするために必要な政治的な意思決定によって，この地域は，1つの広大な商業ゾーン(ヴァスト・コマーシャル・ゾーン)——別のところでは「消費ゾーン(コンサンプション・ゾーン)」と呼ばれてきたもの——(7)となった。写真目録によって「街路沿いモール(ストリップ・モールズ)」がかなり多数存在することが明らかになったが，それは田舎(ザ・カントリィ)の至るところの郊外地域でなされている無数のよく似た開発を強く想起させるものである（図版13と14を参照）。ひと続きの街路沿い商業モールでは——文字通り，目（とカメラ）の届く限り——（今では）ありふれた(ステレオティピカル)スター・バックスのコーヒーショップ（図版15を参照）から，考え得るすべてのチェーン・ストアのアウトレットや「ボックス・ストア」に至るまで，いろいろな商業開発（図版16を参照）をこの地域において見出すことができるが，それは写真目録によってドキュメント化された，建造物(ビルト・ストラクチャァ)の最も支配的な形態であった。
　街路の両側に並列する(ストリート・パラレリング)，商業的な街路沿いモールの様子や形態(シェイプ・アンド・フォーム)は（コミュニティのその他の場所では得難いアクセスの利便性を提供する路地裏の駐車場と共に），その地域に画一性の外観(ア・ルック・オブ・ユーニフォミティ)を与えたが，それは，コミュニティの残りの部分と取って代わられた工業的な環境の双方と著しく対照的であった。この地域の出現，商業開発の非常に純粋な集中(ザ・シァ・コンセントレイション)，コミュニティにおけるその場所(ロウケイション)，そして都市の他の近隣住区と比べての位置決め(ポジショニング)，疑いもなくこれらは，偶発的(アクシデンタル)でも付随的(インシデンタル)でもなかった。アムステルダムのウェスト・ハーバー

8　アムステルダムとシカゴ

図版10　クライボーン・アベニューの1700 N ブロック。19世紀の労働者のコテージ。1997年から2001年の間の時期に，何ダースものこれらの小さなコテージが取り壊され，新しい住宅，コンドミニアム，アパートといった建物と同様に，リンカーン・パークのシェフィールド／クライボーン，ノース・アベニューにおいては，商業的なショッピング施設にも置き換えられた。2000年春。

図版11　コンコード・プレイスの900 W ブロック。より古いコテージと取り壊された建造物に取って代わった新しい建築／住宅施設の典型的な寄せ集め。2001年春。
ティピカル・コレクション

図版12　N・マグノリア・ストリートの2000ブロック（マグノリア・ストリートとクライボーン・ストリート）。元の工業地域内の旧工場や旧倉庫の寄せ集めのかなり近くに新たな建造物が立地したために，多少驚くべきビジュアルな不一致が生み出されている。工業用の地所，建築，そして商業開発に面している，100万ドルの価格に近づいている住宅。2000年春。
ザ・ミリオン・ダラァ・ヴァリュー

233

第Ⅱ部　都市，社会性，脱工業化をありありと描写する

広域(リージョン)におけるように，計画の立案，構想(コンセプション)もしくはビジョンは，ここにおいて明白に作用した。だが，1つの点がオランダの対応物(ダッチ・カウンタァパート)とは劇的にかけ離れていたのである。

　代表的な商業関連企業(コマーシャル・エンタァプライズィズ)の種類を精査してみると，クライボーン・コリダーの街路沿いモールの商店から明らかになるのは，販売される有形財(マテリアル・グッズ)の卓越(プリドミナンス)であり，なかでも衣服と家具の店舗(エスタブリッシュメンツ)が最も普通(コモン)であった。また，無視できない数の「ライフスタイル」の店があって，ここではきわめて限られた種類の専門品を販売している。例えば，ビールとワインを造るための道具(パラフェネイリア)の店，旅行関連の本とアイテムの店，骨董品店，画廊，有機と輸入食品の店，真鍮製品に特化した家屋改修の店などである。目録でドキュメント化された最重要(プリンスパル)なサービス店舗は，驚くほど多彩な娯楽と興行(エンタァテイメント)の店舗から成り立っており，なかにはレストランとバーが一緒になったものもある（図版17を参照）。

考察——ジェントリフィケーションという論点

　シカゴのリンカーン・パークにおけるクライボーン・コリダー広域とアムステルダムのヨルダーン近隣住区に隣接するウェスタン・ハーバー地域についての写真目録で分かったのは，いくつかの明らかな開発のパターンであった。両地域間の時代と「最盛期(ヴィンテジ)」という重要な相違にもかかわらず，かつての工業的なアイデンティティから今ある特性への転換は，おおよそのところ，年代順に見れば互いに似ている。しかしながら，再開発のパターンと性質(ネイチャ)は著しく異なっているのである。

　アムステルダムのウェスタン・ハーバー地域は，*社会的な評価変更と再開発のパターン*を代表する。ここでの最重要な黒幕(バウァ・ブロウカァ)と意思決定者(ディシジュン・メイカァ)は，国，都市，自治体の計画官庁(プランニング・エイジェンシィズ)であって，それらは都市再開発においてアムステルダムでなされる社会政策や政治的な意思決定を左右する。一般に，地方や広域の政府当局と住宅組合(ハウジング・アソウシエイションズ)は，〈困難が〉現れている(イマージング)インナーシティ〈訳者補注：都心部のCBD周辺に位置する住・商・工が混在する市街地で，「遷移地帯

(Zone in Transition)」でもある〉において，よりバランスのとれた人口構成と認められるものに適応させるよう，種々雑多な収入層と開発計画の方針，並びに家族と多様性のための必要(ニード)に関する意識的な決定を通して，公営住宅要件を処理する。代表的な建造物と物理的な転換の写真目録は，子どものいる家族を優遇するパターンの他とまったく別なセットや住宅供給の選択肢の経済的に多様なセットと共に，アパート開発の見通し(デンス)にくいパターンを明らかにした。

シカゴのリンカーン・パークにおけるクライボーン・コリダー地域は，より純粋な資本家による*経済的な評価変更*のプロセスを代表する——このプロセスは，開放的で自由な市場経済的な再開発に基づいており，民間開発業者や金融機関の利害，そして都市の「生産物(プロダクツ)」に対する最高入札者の必要(ニーズ・アンド・ウォンツ)や要求こそが，中心都市の都市組織化(アーバン・オウガニゼイション)の将来の方向性を規定する。写真目録は，商業開発を優遇する重要なパターン化を明らかにした。これは，工業用の不動産を保護するという公に宣言された目的と一緒にシカゴの「計画された製造業地区(ブランド・マニファクチャリング・ディストリクツ)」の1つとしてクライボーン・コリダー地域が指定(ディジグネイション)されたこと，そしてまた，表面上は地域内の住宅供給，商業，工業の発展を釣り合わせているにもかかわらず，である。

この商業開発の密度(デンシティ)と広がり(イクステンシヴネス)は重要であり，それを地図上に描き，周囲の都市景観(ザ・サラウンディング・シティスケイプ)と並置(イン・ジャクスタポジション)して，そしてその景観と関連させて(イン・コンテクスト)眺めてみ

図版13　ショッピング・モール，クライボーン2000ブロック——西側。2000年春。

図版14　シェフィールドとノース・アベニューの角にあるショッピング・モール。2000年春。

235

るならば、マクロな開発のパターンを理解するための無数の示唆が提供されるだろう。

とりわけここで興味深いのは、多核的に高級住宅地化している地域での巨大開発を可能にするために採られる暗黙の戦略である。シャロン・ズーキン（Zukin 1991）によって述べられているように、ここで開発者は、中心都市の経済的な転換を上位中流と上流階級のための「消費ゾーン」として強化しようと努める。控え目に言っても、クライボーン・コリダーとウェスタン・ハーバー地域は、21世紀のインナーシティの社会的・経済的・文化的な組織化に対する2つのかなり異なった解決を代表している。その上で比較に基づく写真目録とそれに続く分析は、コミュニティの転換とさらにジェントリフィケーションについてのいくつかの追加された特徴を明らかにした。

とりわけ、今やアムステルダムとシカゴの多くの異なる近隣住区間に「はみ出した」ジェントリフィケーションが拡大しつつあるような広域の再開発という近隣住区のマクロ・レベルにおいては、このプロセスは「マクロな開発」パターンを辿り、都市再開発のこのプロセスを拡大するために、一体化して統合する特色としての「隙間〈訳者補注；interstitial space 隙間空間, interstitial advertising 隙間広告〉」なり、「連結構造」なり、「ゾーン」なりを利用する。クライボーン・コリダーがその例であるような、経済的な「評価変更」の形態において、「消費のゾーン」は、コミュニティ間の「連結組織」か「橋」として設置される。これらは具体的には、街路沿いのショッピング・モールや「興行ゾーン」を含むが、それらは高級住宅地化した近隣住区の開発を促すのが常である商業や「観光産業」を引き寄せるのである。

アムステルダムのウェスタン・ハーバー地域においては、広域政府が新たなアパート街区に道を譲るために、古い建造物の再建と以前の工業用地の清算によって住宅供給の再開発を支援してきた。最近、広域政府はまた、運河で取り巻かれたセントラム〈訳者補注；アムステルダム旧市街地の、文字通り中心に位置する地区。なお、ウェスタン・ハーバーはセントラムの北西に隣接している〉の

8 アムステルダムとシカゴ

図版16 「ウェブスター・プレイス」ショッピングセンターとバーンズ・アンド・ノーブル・ブックストア。ウェブスターとクライボーン・アベニューの南西角。2000年春。

図版15 スターバックス・コーヒー・ショップ。ウェブスターとクライボーン・アベニューの北西角。2000年春。

　ますます高価となっている市場に対する，大変魅力的な代替物および付加物^{オータァナティヴ・アンド・アディション}とこの地域を見る民間の市場勢力に反応して，いくばくかの民営化^{プライヴァタイゼイション}を推進する政治的立場を採るようになった。後者のトレンドは，ジェントリフィケーションが浸食していることの明確な徴候と，オランダの都市とアムステルダム・ユトレヒト・ハーグ・ロッテルダムによって結び合わされた都市地域——ランドスタット——に強い影響を与える，社会的な評価変更の政策と純粋に経済的な評価変更との間で高まる緊張^{インクリースィング・テンション}を証拠だてている。民営化を強める傾向の勢力と，国に支援され補助金を支給された公営住宅政策とのあいだのこの緊張はまた，オランダ並びにその他のEU国家が，「新たなヨーロッパ」におけるグローバル化とそれぞれの「地位」^{プレイズ}の問題に取り組んでいることに強い影響を与えるより大きな社会的・政治的・文化的勢力と，より広範に基礎づけられた関係性を有している。
(8)

237

第Ⅱ部　都市，社会性，脱工業化をありありと描写する

　シカゴにおいては，「隙間の」商業的な買い物と興行ゾーンの創出が，以前には物理的・社会的・文化的障壁によって分断されていた近隣住区における高級住宅地化したコミュニティ開発を合体させる都市の結合組織を与えることになった。かつては，州間ハイウェイ，シカゴ・リバー，赤さび地帯の無人地帯，小数民族の居留地によって，ウィッカー・パーク，バックタウン，ローガン・スクエアといった近隣住区が，リンカーン・パークと東に向けて変化しつつある近隣住区（大雑把に言えば，東西の回廊地帯に沿っている）から分断されていた。ところが，上記した新たな街路沿いショッピング・モールは，地理的配置と共に連続的な近隣住区の開発を「架橋する」のに役立つのである。ショッピング・モールは，上流階級向けの住宅開発と残留物，すなわちこの地域の退化した工業的な事業との間の緩衝装置として機能し，双方の必要を満たすのである。

　それらはまた，つい最近の南から北への「はみ出し」あるいは中心都市の再開発の拡大を含む，近隣住区開発の他の軸を合体させるのにも役立つ。例

　図版17　「クレイジー・ホース・トゥー」──キングスベリー・ストリートの1500．Ｎブロックのジェントルマンズ・クラブ。大変多様な興行店舗の寄せ集めであるが，クライボーン・コリダー地域のこの南の区画に位置している──わずかに残留する工業／製造業の施設と建造物のみならず，バー，ナイトクラブ，レストラン，若い独身者向けの運動と社交のクラブ，場外馬券売り場でもある。1999年春。

238

えば，チャイナ・タウンを含む，サウス・ループや南に向かう地域における開発である。これらすべてによって生み出されるのが，限りなく新しく変化しつつある中心都市(ヴァストリィ)なのである。

考察——都市のパターンについての写真によるドキュメント化

　広域の建造物，風景，地形についてのビジュアルな調査(サーヴェイ)とドキュメント化を提供する写真目録は，地理学者，地図製作者(カァタグラファ)，都市計画者(シティ・プランナァ)や同種類の人々を含んだ多彩なディシプリンと専門家によって活用される手法である。今回の特別なプロジェクトは，少なくとも私としては，都市景観をビジュアルに／写真によって調査することに存する意義深い可能性(シグニフィカント・ポテンシャル)を確証した。それは，変化しつつある都市を目立たせる社会的・政治的・経済的・文化的なパターンと特徴を明らかにするための可能性である。このようにして明らかにされたパターンは，都市の社会的転換についてのよりきめ細かな理解(テクスチャアド・アンダスタァンディング)を確立する手助けとなるような構造的な現実(ストラクチュラル・リアリティズ)やマクロなプロセスへと連結させ得るものである。目録内容についての徹底的なふるい分け(インテンシヴ・スィフティング)と比較から浮かび上がってくる概念的で理論的なパターンを識別するために，グラウンデッド・セオリー・アプローチと組み合わせられる時，写真は，細部(ディーテイル)の描写と社会的・文化的な意味に富んだ意義深い経験的なドキュメント化を生み出すのである。都市の変化についての社会学的で比較に基づく分析のための基礎として，写真によるドキュメント化が系統だって遂行されると，構造的な転換のより大きなパターンをその上に立って見るための優れた基礎を提供する。そしてこのパターンを形作るのが「より大きな描写(ビガァ・ピクチャァ)」であり，21世紀の幕開けにおいて都市生活に何が起きているのかに関するマクロな視角なのである。

　より具体的に言えば，この研究において写真を用いたドキュメント化が指し示したのは，研究対象となった2つのコミュニティ地域における非常に特有な物理的・社会的パターンである。アムステルダムのウェスタン・ハーバー地域の写真は，商業的で工業的な機能と目的から他の機能と目的への建造物と空間の特有な転換としての，そして居住者グループの社会的な構成(ソウシャル・コンポジション)並びに自治

第Ⅱ部　都市，社会性，脱工業化をありありと描写する

体と広域の住宅政策の帰結としての，住宅開発と構造的な再開発のパターン形成に関する詳説された(ディーテイルド)ビジュアルなドキュメント化を与えたのである。総じて言えば，マクロ・レベルにおいて写真が証明したのはインナーシティの再開発のパターンであり，それは都市（ヨルダーン）の隣接した区域(セクタァズ)において既に生じていた事態を「拡張した(イクステンディド)」。これらのドキュメンタリー写真によって，「評価変更」概念の概念的な明確化にとって，その実体と特性(サブスタンス・アンド・キャラクタァ)において「経済的」であるよりは明らかにより「社会的」であるような，その示差的(ディスティンクティヴ)・誘意性と質(ヴェレンス・アンド・クォリティ)に特に言及することが可能となるのである。

　リンカーン・パークのクライボーン・コリダーについての写真目録は，「消費のゾーン」の機能についての理論的な理解を裏書きするパターンを明らかにし，そして，評価変更のプロセスに対する市場主導(マァキト・ドリヴン)もしくは「経済的な」解決と帰結(ソルーションズ・アンド・アウトカムズ)として，これらのゾーンの発現(マニフェステイション)に意義深い細部の描写を与える。建造物と再開発の特有な立地と空間的な位置に関する写真画像の細部の描写は，近隣住区の転換についてのマクロな視角を形作る手伝いをした。商業店舗，そして販売されているグッズやサービスの特有な特色と特徴は，他のいかなる方法でも獲得することが難しかったであろうコミュニティの社会的な特質(ソウシャル・ディスティンクションズ)と「物質文化的な」特徴の点において浮かび上がってくる絵姿(イマージング・ポートレイト)に，意義深いビジュアルな細部の描写をつけ加えた。実際，私は，写真が物理的で物質的な現実についての永久的な画像(ピクチャァ)を提示するその能力によって，このような題材(サブジェクト・マタァ)をドキュメントするのに最適な方法であることを論じようとした。

　カミロ・ホセ・ベルガラの『新たなアメリカのゲットー』(Vergara 1995)，オントナゴンにあるアッパー・ミシガンの町における社会的・経済的・文化的変化をドキュメントしたジョン・リーガーによる作品 (Rieger 1996) のような写真家—社会学者による写真を用いたドキュメント化は，特に有効な戦略を明らかにしている。都市と町の景観(シティ・アンド・タウンスケイプス)に加えられる変化を明らかにすべく数十年にわたって再—撮影を含む写真目録を活用することは，他のいかなる方法論よりも社会的／都市的な変化についての浮かび上がってくるパターンと特有な事

例の詳細な理解を獲得することに貢献できる。『マテリアル・ワールド――グローバルな家族の肖像』(Menzel 1994) でなされたピーター・メンツェルによる写真目録の作品もまた，物質文化についての豊かできめ細かなドキュメント化と，社会階級と起こり得る階層化の特徴についての比較分析の例として思い浮かぶ。

　社会的世界を共同で調査（ジョイントリィ・インヴェスティゲイト）することによる写真と社会学の可能性については，多くのことが書かれてきた。(9) 両者は，都市問題（アーバン・イシューズ）と都市変化のパターンの描写という共通の関心（コモン・インタレスト）を共有している，とつけ加えられてよい。ドキュメンタリー写真の伝統は，ほぼ2世紀――その歴史全体の大部分――にわたって都市生活を記録してきた。そして，その偉業の記録（リコード・オブ・アカンプリシュメント）は強い印象を与えるものである。(10) だからこそ，いささか驚かされるのだ。都市の変化と転換のパターンとプロセス，「生活様式としてのアーバニズム」（アーバニズム・アズ・ア・ウェイ・オブ・ライフ）を調査するためにドキュメンタリー写真戦略を用いた都市社会学的な調査があまり多くはないということに。私の希望は，このことが正され改められること，そして我々の世界中の都市で惹起している変化を理解するために，この方法論が提供する多くの発展の可能性（ポシビリティズ）によって，社会学者が励まされ刺激を受けること，なのである。

謝辞

　このプロジェクトでの支援と補助（サポート・アンド・アシスタンス）のゆえに数名の方に，手短かなお礼の言葉を。ジェニファー・フーバー，彼女の教えのおかげでここに掲げた写真画像をデジタル化する知識をさらに得ることができた。ファッシル・デミッシェ，アムステルダムでの毎年12月の留学コースで一緒に教えた時の絶え間ない同僚としての能力（コリジアリティ）と支援に対して。ミシェル・メイジー，彼の同僚としての能力と理解のおかげで，長年にわたる12月の間，自らの副学部長としての責任を逃れて，大学の留学プログラムとこの調査に従事することができた。そして，最後になってしまったが，妻のエディー，すべてにおいての惜しみない支援，導き（ガイダンス），助言（カウンセル）に対して。これらの助力（ヘルプ）と支援にかかわらず，このプロジェクトの責任はすべて私にあることは言うまでもない。

第Ⅱ部　都市，社会性，脱工業化をありありと描写する

注
(1) 例えば，フィデル（Fidel 1992），ハニガン（Hannigan 1995）を参照。
(2) 撮影台本ならびにドキュメンタリー写真に対するグラウンデッド・セオリー・アプローチについての議論は，スーシャル（Suchal 1997）を参照。
(3) アムステルダムでの写真撮影と調査は，大学の留学プログラムへの私のかかわりによって促進された。これは，同僚と私とで展開したアムステルダムをベースとした3週間の留学プログラムである。アムステルダムでは，毎年（12月の休みの間）の3週間を費やして，学生の一団に比較に基づく都市開発についてのコースを教えていた。また，折を見て，写真を用いてのフィールドワークをおこなった。このプログラムは現在，1997年から2002年まで7年間継続している。アムステルダムでの写真撮影は，1997年から2001年にかけての期間におこなわれた。対応するリンカーン・パークでの写真撮影は，この期間の後の春におこなわれた。
(4) アムステルダムの物理計画ならびに都市計画の簡潔な歴史については，きわめて有益な資料が当該の計画部局から英語で出版されている。『発展過程の都市——アムステルダムにおける物質面での計画』（Amsterdam: Dienst Ruimtelijike Ordening, 1994）。この本が検討しているのは，ウェスタン・ドクおよびイースト・ドク／港湾地域を含む，都市の成長と転換に影響を及ぼす様々な開発計画，住宅政策，地方と広域の政治方針とプログラムである。
(5) レオン・デベン教授からの個人的なやりとりと情報提供による。彼は，アムステルダム大学社会学研究所，並びに大都市環境アムステルダム研究センター（メトロポリタン・インバイロメント）（Centrum voor Grootstedelijk Onderzoek）あるいはAMEの所属である。デベンほか（Deben et al. 2000）も参照。
(6) 注意しなくてはならないのは，この近隣住区は，徒歩で10分以内，自転車に乗って2, 3分のところにアムステルダムの中心が，カフェ，コーヒーハウス，レストラン，ショップ，バー，観光「テーマパーク」のアトラクションと一緒にあり，それらが年間を通して群れとなって集まる巨万の人々にとって，アムステルダムを特に魅力的なものにしているのである。
(7) 高級住宅地化したコミュニティにおけるこうした消費のゾーンもしくは空間の意味についての議論は，例えば，ズーキン（Zukin 1991），とりわけ267〜70ページを参照。
(8) 例えば，以下を参照。マニュエル・カステルの「ヨーロッパの都市，情報社会，そしてグローバルな経済」，ポール・クラヴァル「構造再編化の大都市における文化的次元（リーストラクチャリング）（カルチュラル・ディメンション）——アムステルダムの事例」，エドワード・ソジャ「わずかながらある混乱の刺激（ア・リトル・コンフュージョン）（スティミュラス）——アムステルダムとロサンゼルスの同時代の比較」，ウルフ・ハナーズ「世界の窓としての都市」，これらすべては，デベンほか（Deben et al. 2000）『アムステルダムを理解する——経済的な活力，都市生活，都市の形態についての試論』にある。
(9) 例えば，ベッカー（Becker 1986）とハーパー（Harper 1988）を参照。
(10) 例えば，ベイルズ（Bales 1984）を参照。

文献

Bales, Peter Bacon (1984) *Silver Cities: the Photography of American Urbanization 1839-1915*, Philadelphia: Temple University Press.
Becker, Howard S. (1986) 'Photography and Sociology', in Howard Becker, *Doing Things Together: Selected Papers*, Evanston, Ill.: Northwestern University Press.

Collier, John and Collier, Malcolm (1986) *Visual Anthropology: Photography as a Research Method*, Albuquerque: University of New Mexico Press.

Deben, Leon, Heinemeijer, Willem and van der Vaart, Dick (2000) *Understanding Amsterdam: Essays on Economic Vitality, City Life and Urban Form*, 2nd rev. edn, Amsterdam: Het Spinhuis.

Fidel, Kenneth (1992) 'End of diversity: the long-term effects of gentrification in Lincoln Park', in Ray Hutchison (ed.), *Research In Urban Sociology: Gentrification and Urban Change*, Vol. 2, Greenwich, CT: JAI Press.

Hannigan John A. (1995) 'The post-modern city: a new urbanization?', *Current Sociology* 43(1): 152-214.

Harper, Douglas (1988) 'Visual sociology: expanding sociological vision', *The American Soclologist* 19(1): 54-70.

Menzel, Peter (1994) *Material World: a Global Family Portrait*, San Francisco: Sierra Club Books. (＝ピーター・メンツェル／近藤真理・杉山良男訳『地球家族——世界30か国のふつうの暮らし』TOTO出版，1994年)

Planning Department, City of Amsterdam (1994) *A City in Progress: Physical Planning in Amsterdam*, Amsterdam: Dienst Ruimtelijke Ordening.

Rieger, Jon H. (1996) 'Photographing social change', *Visual Sociology* 11(1): 5-49.

Smith, N. (1986) 'Gentrification, the frontier and the restructuring of urban space', in N. Smith and P. Williams (eds.), *Gentrification of the City*, Boston: Allen and Unwin.

Suchar, Charles S. (1988) 'Photographing the changing material culture of gentrified community', *Visual Sociology Review* 3(2): 17-21.

——— (1992) 'Icons and images of gentrification: the changed material culture of an urban community', in Ray Hutchison (ed.), *Gentrification and Urban Change. Research in Urban Sociology*, Vol. 2, Greenwich, Conn.: JAI Press.

——— (1993) 'The Jordaan: community change and gentrification in Amsterdam', *Visual Sociology* 8(1): 41-51.

——— (1997) 'Grounding visual sociology research in shooting scripts', *Qualitative Sociology* 20(1): 33-55.

Suchar, Charles S. and Rotenberg, Robert (1994) 'Judging the adequacy of shelter: a case from Lincoln Park', *Journal of Architectural and Planning Research* 11(2): 149-165.

Vergara, Camilo Jose (1995) *The New American Ghetto*, New Brunswick, NJ: Rutgers University Press.

Wittenberg, Patricia (1992) 'Perspectives on gentrification: a comparative review of the literature', in Ray Hutchison (ed.), *Research In Urban Sociology: Gentrification and Urban Change*, Vol. 2, Greenwich, Conn.: JAI Press.

Zukin, Sharon (1991) *Landscape of Power: From Detroit to Disneyworld*, Berkeley: University of California Press.

9　視覚的なものと言語的なもの
――文化変動の探究に関するイメージと議論の相互作用

デヴィッド・バーン

アイダン・ドイル

イントロダクション

　本章で記述するプロジェクトは，筆者が英国のダラム州の風景に生じた劇的な出来事を書き留めた時に始まった。1993年，最後に残った炭鉱――北海の下の石炭を採掘していた大変巨大で深い沿岸炭鉱――の閉鎖のほとんどすぐ後に，その地域の全風景を形成してきた石炭採掘の建造物が，速やかに物理的に除去された。それを目撃した人々にとって，その除去はそれ自体劇的なものだったが，多くの人にとって，より長期的な影響はその風景における欠如の感覚だった。例えば，デヴィッド・バーンは，ゲーツヘッドにある彼の家からサウスシールズにある母の家までドライブをしていた。日曜日のおきまりの訪問である。中間地点で，何かがなくなっていることに気づいた。クラウンタワー（図版1，2）が，スカイラインから姿を消していた。それは先週取り壊され，風景全体が変動していた。炭鉱業の「除去」計画は大変速やかに進行した。サウスタインサイドの採掘地域には，1970年代まで4つの大きな近代的な炭鉱があり，歴史的に石炭採掘が男性にとって最大で唯一の雇用源だった。そこには，1920年代の最高時に12,000人以上が炭鉱夫として直接的に雇われ，間接的にも鉄道労働者・湾港労働者・石炭船水夫として同じくらいが雇われ，1993年に終焉した時もなお2,000人以上が雇われていた。それにもかかわらず，現時点では，こうした1つの産業のものよりも，現代の経験といかなる歴史的関係も持たない，紀元前4世紀終わりのローマ占領に属するビジュアルな物証の方が多く存在する。

第Ⅱ部　都市，社会性，脱工業化をありありと描写する

石炭資本主義(カアバニファレス・キャピタリズム)に基づく工業経済(インダストリアル・イコノミィ・アンド・カルチァア)と文化から他の何かへ移るこの意味深い変動(プロファウンド・チェインジ)を——人々がどのように感じたかを，私たちは明らかにしたかった。これら感情の構造(ストラクチャ・オブ・フィーリング)を突きとめる1つの方法として，イメージが使えるかもしれないと私たちは考えた。変動のイメージ(イミジズ・オブ・チェインジ)——物事がかつてどうなっていたかと今どうなっているかに関するイメージ——は，変動に対する人々の反応を引き出すために使い得る。

遺産としての炭鉱の表象は例えばダラムのビーミッシュ博物館にあるが，しかしこのような表象は，個人的な経験からはるかにかけ離れた，「歴史化された(ヒストーリサイズド)」遠い過去の炭鉱労働生活を時代区分するにすぎない。サイドは，こうした文化的表象の真正さ(オーセンティシティ)を問う。なぜなら，「文化産業で働く……新中間階級は，……ローカリティの再構築(リーコンストラクション)を試みたい気に非常によくさせられるから」だ（Said 1993：97）。ジェンキンス（Jenkins 1992）は，無害でステレオタイプなコミュニティのイメージが提示される衛生化(サニタイジング)の過程に関心を示す。炭鉱コミュニティの表象は，消費しやすくするために単純化されるが，生きられた経験(リヴド・イクスペリエンス)の'リアリティ'とは必ずしも一致しない。このことは，ポストモダンの準拠枠(フレイム・オブ・リファレンス)を通して現在を理解する過程の一部であるようだ。歴史のなさ(ヒストリィレスネス)や深みのなさ(デプスレスネス)は，ポストモダンの恒常的な特色(コンスティトゥーティヴ・フィーチャズ)である。すなわち，すべての歴史が代替可能な質量(ファンジバル・マス)に均質化される。ケイは，次のように言及している。

　　ポストモダニストは，同時代の経験(コンテンポラリィ・イクスペリエンス)を過去との断絶(ディスコンティニュアス)として描くだけでなく，西洋と世界の文化と歴史に「永続的(パーマネント)な変動が起こっている」と主張する。本質において，彼らはまた，現在，すなわち私たちの現代的経験が，終焉(エンディング)あるいは，実のところ，結び(アフタワーズ)を表象する，と断言している（Kaye 1991：147）。

私たちが扱うのは「結び」という固定化された時代(タイム)ではなく，実際に生きられた変動の経験，何か他のものになる過程だ，と私たちは考えた。私たちは，

246

9　視覚的なものと言語的なもの

トムスンによって使われた用語の意味において,「経験」の時代(ピリォド)を扱っている。

　経験は,社会的存在(ソウシャル・ビーイング)の内に自然と生まれる。だが,経験は思考なしには生まれない。経験が生ずるのは,(哲学者だけではなく)人間が理性的(ラショナル)であり,自分たちと世界に生じている出来事について思考するからである。……変動は社会的存在の内部に起き,それが変動した*経験*を生み出す。経験が実在する社会意識(ソウシャル・コンシャスネス)に圧力をかけ,新たな問いを提起し,より精密な知的(インテレクチュアル・)営為(エクササイズ)がなされる多くの素材(マテリアル)を提供するという意味で,このような経験は決定的(ディターミニング)である。経験は証明という科学的(サイエンティフィック・)な言説(ディスコース)の手続きに差し出す原材料(ロウ・マテリアル)のある部分をなす,と人は想定する。実際,知な実践家の中には,自分たち自身に経験を与えた者もいる(Thompson 1978：200)。

　私たちは次のように考えた。かつて存在したものを示すイメージを用いることで,変動のナラティブ(ア・ナラティヴ・オブ・チェインジ)を構築することが可能である。次に,人々の生きられた経験の語り方に関して,このビジュアル・ナラティブが引き出すものを知ることが可能であると。理解を引き出すためのイメージの利用は,人々が知っていることを語るという単純な原理に基づく。炭鉱のイメージが展示される展覧会で,人々は前に進み出て,展示されたことに関する自分たちの理解を説明する。ビジュアル・イメージは,炭鉱夫の様々な表情や炭鉱労働生活を表象する展覧会のために選ばれた。　外の世界で手に入る炭鉱の風景の多くは,立坑周辺の建物(ヒープステッド・ビルディングス)と捨石(ディトライテス)〈訳者補注；石炭を採掘する際に生ずる砕屑物,いわゆるボタのことであり,これが集積してボタ山になる〉に関係している。地下への入り口という点で,鉱山(マインズ)は坑外に出現する。石炭が地下から採掘された後,廃物は捨てられる――立坑の導抗(ピット・ヘッズ)〈訳者補注；炭鉱の入口付近〉とボタ山(スポイル・ヒープス)に。産業が終焉し,建物が除去された時,残されたものは荒廃した風景だけである。主要な土地改良(ラァンド・レクレメイション)計画の一環で,今やそれさえ消滅している。炭鉱の現実の活動は,人目につかず(オン・アンシーン)――地下(ビロウ・グラウンド)で――視野の外で(アウト・オブ・サイト)――隠されて(ヒドン)おこなわれた。

247

第Ⅱ部　都市，社会性，脱工業化をありありと描写する

炭鉱イメージの利用可能性

　写真の重要性とそれらが伝えるものを検証することは，それらの存在理由についての問いを提出する。どのように，そしてなぜそれらが撮られるのか。誰によって，何の目的で撮られるのか。ビーミッシュ博物館のアーカイブは，少なくとも200,000のイメージを所蔵している。そのうち，40,000以上が，炭鉱と炭鉱コミュニティに関するものである（Doyle 2001）。そのコレクションにおける写真は，炭鉱がどのように写真に描かれるかを示す一般的な型(ジェネリック・タイプ)に分類できる。これらの中には，地理学的文脈(ジオグラフィカル・コンテクスト)において産業活動を位置づける地誌的視点(トポグラフィカル・ヴューズ)が含まれていて，町との関連で立坑周辺の建物を示している。それらのいくつかは家族写真であり，付随的(インシデンタリィ)にあるいは偶然(アクシデンタリィ)に炭鉱が背景に入り込んでいる。炭鉱コミュニティを描いている社会的事件の写真の中には，追い立てやストライキの写真がある。いくぶん皮肉だが，炭鉱労働者の生活に最も忠実な写真はストライキ中に撮られたもので，廃棄された石炭をほじくり出しているボタ山の上にいる人々を描いている。休業時の炭鉱夫を記録している写真は，空虚で生気のない画像(エンプティ・アンド・ライフレス・ピクチャアズ)を提示している。

　労働者(ワーキング・ピープル)個人の肖像写真を含む人々の写真。鍛冶屋や井戸掘り人のような労働者集団(ワーカァズ)の写真。仕事中の労働者集団や個人(ワークメン)の写真。記録的な生産性をあげた大物チームのような新聞用の記念写真。そして，特別なイベントの写真。地下の仕事(アンダアグラウンド・アンダアテイキング)の広大さの感覚を与えられる写真はない。炭鉱コミュニティを描く他のイベント型(イヴェント・タイプ)の写真は，大惨事の際に撮られたジャーナリスティックな画像である。これらの写真はしばしば，報道(ニューズ)——視野外で生じていることの——のために，坑道入口(ピットヘッド)で待つ人々の集団を提示している。何らかの意図的な介入(デリヴァレト・インタヴェンション)なしに，炭鉱労働がビジュアルな記録を手に入れることは決してできないのである。

　ビーミッシュ・コレクションの中で，地下の労働生活の「現実(リアリティ)」に最も接近した写真は，チューリップという名前の炭鉱夫により1930年代に撮影されたものである。作業場は，土の天盤や支柱から吊されたマグネシウムリボンの燃える紐によって照らされている。それらは，彼の「相棒(マァラズ)」あるいは仕事仲間の

9 視覚的なものと言語的なもの

画像であり，古い作業方法をはっきりと表している。その他の地下の写真は，少年の訓練用「手引書(ハウ・トゥ)」の写真，機械の写真，商業流通用プラントの構築物や建築物の写真を含んでいる。これらは脚色されており，炭鉱機械メーカーあるいは炭鉱会社が提示したがっていた視点を示している。ある写真は，場違いの対象，あるいは危険な状況にある対象を描いているかもしれない。これらは正確である一方で，写真の総監者(コミッショナァ)が描き出したいものではない。

採掘写真の問題(プロブレム)は，産業が大変暗い場所で維持され，その明かりが日常の労働目的にとってさえ問題になるということである。当然，写真製版を作動させるには光を必要とする。石炭採掘の写真を撮るに十分な光を生み出すために，様々な手段がとられる。すべてのフレームランプが保護された炭鉱では，フラッシュ写真は禁じられている。爆発しやすい大気では，電気インパルスが火花を起こす危険があるためである。バッテリーに本来備わっている安全な囲いと共に，特別に設計された地下のフラッシュ・ユニットが必要とされる。バッテリーは地下に近づけないかもしない。同様に，機械シャッターがついた安全なカメラを使わなければならない。フラッシュが焚かれる前に，ガステストをおこなわれなければならない。その代わりに，例外的に高感度な白黒フィルムの(イクセプショナリィ・ファースト)長時間の露出が，感光過程(デヴェロピング・プロセス)における性能の限界に陥れながら，周囲の光の実体をとらえる。この技法(テクニック)が使われる時，キャップランプからの方向指示灯の光が写真を焼きつくすが，結果は実際の視覚経験(ヴィジュアル・イクスペリエンス)に近づく。一方，作業を光で充満させるフラッシュ写真は，そこにあるすべてのものを見せるだろうが，実際に地下では決して目撃されない完全な画像を目に見えるようにする(メイク・ヴィジブル)だろう。

私たちは，19世紀初頭以降の利用可能な写真から引き出された一連のイメージを用いた。私たちは，できる限りイメージの連続体——同じ場面を異なる時間に撮影したイメージ——を用いようとした。こうして，私たちはサウスシールズの中腹にある聖ヒルダ炭鉱の一組を用意した。それには，1841年のヘアーによる彫版印刷物(イングレイヴィング)，1900年の坑道入口の写真，1993年に保存された記念物と同じ坑道入口のイメージが含まれる。私たちは，地下でフラッシュライト写真を

用いて撮られた一揃いのイメージも持っていた。それらは，そこで働く人々によっては普通(ノーマリィ)決して見られない方法で，隠れた場面を「明らかにする(リヴィールド)」ものである。そのフラッシュライトは，普通は炭鉱夫のランプの焦点の合った光(フォウカスト・ライト)によって照らされただけだっただろう全体の景色をより明るくした。

方　法

　このプロジェクトで，私たちはフォーカスグループに対する刺激物としてビジュアル・イメージの利用を試みたかった。つまり，私たちは，グループに絵画・写真・単純なグラフィック表現を見せ，特定のテーマに関してこれらが伝えるものを話してもらいたかった。私たちは「まとめ役(モデレイタァ)」としての調査者の利用を保持した。だが，その手法(アプロウチ)は，たいていの社会学的な調査がグループ・ディスカッションで用いるよりも指示的なものではない。それは「非構造化(アンストラクチャァド)」インタビューの手法に似ている。そこでは，個人にインタビューする調査者は，単にトピックを特定するだけで，それに関する議論に専念する。その議論は，インタビューされている人の関心により前に進められる。これは，一連のトピックをインタビュアーが用意する「半構造化(セミストラクチャァド)インタビュー」と対照させることができる。イメージはある文脈をあてがう。議論の内容は，その文脈に対する人々の反応から出現する。この技法は「写真誘出法(フォト・エリシテイション)」として述べられてきたが，ハーパー（1998：35）は次のように記述している。

　　このインタビュー形式では衝撃的なことが起こる。つまり，その作り手（しばしば暗室でその制作にあくせく働いていた）として，彼らもしくは彼女らの写真を知っている写真家が，彼女もしくは彼がそのイメージに盛り込まれた文化的な情報に関してほとんど，もしくは何も知らないという認識に突如として直面することになる。描かれた人（あるいは描かれた世界から来た人）がそのイメージを解釈する時，典型的な調査役割(ティピカル・リサーチ・ロウルズ)が逆転した対話(ダイアロウグ)が生まれる。調査者は，聞く人(リスナァ)であり，対話が継続するよう元気づける人になる。

9 視覚的なものと言語的なもの

　商用の調査者が「フォーカスグループ」調査でイメージを用いることはか
なりありきたりだが，彼らの利用は私たちのものとは根本的に異なる。商用の
調査者は，広告に用いられた効果イメージが人々の行動に及ぼす影響に関心
がある。どのようなイメージが人々を誘導するかを，彼らは確かめたいのだ。
私たちは，人々が何をするかではなく，人々が物事について何を感じるかを探
ること，原因よりも意味をはっきりさせることに興味を持っていた。意味の
確証のための「至適基準」方法は参与観察である。この手法は非常
に考慮すべき価値を持ち，私たちの調査と同じ実体的な話題を扱う著作
(Hudson 1994) で用いられた。しかしながら，私たちは単純な観察の届く範囲
を越えて捉えたかった。
　エスノグラフィックな仕事の流儀は，観察者に特権を与える。その記録
は観察者によるもので，結果として生じる解釈もまた観察者によるものである。
さらに，観察者が探究するのは，社会過程の時代を超越した性質からはずっと
離れた，明確な同時代の認識であり，エスノグラフィックな仕事の一般的
特徴は，社会的行為のルーティン，一般的で進行中の特徴を強調することであ
る。私たちの関心は，進行中のものではなく，900年の歴史の終焉を伴った意
味深い社会変動の社会的・文化的な帰結にあった。私たちの興味は，日常性に
あるのではなく，分岐点での生きられた経験を伴った日常性の
遮断にあった。そのイメージは，今あるものとは対照的な，かつてあったも
のである。私たちは，まさにその遮断，不連続に対する反応を求めた。
　意味の社会的な構築は，限りない複雑性の過程と連動している。ブ
ルデューの「ハビトゥス」概念は，定着した社会構造が，個人的かつ個人
間の振る舞い・思考・感情・判断と同様に，文化的に媒介され
身体化された図式に基づいてパターン化されることを説明する
理論枠組を提供する。ハビトゥスは社会的に習得される。その
社会的に構成された性向は，文化的な条件づけに由来する。それは，見
解・意見・身体化された現象に現れる。これらの（習慣的な）図式は特定の状
況や出来事に対し有意味で適切と見なされる思考や振る舞いを制限しながら，

251

第Ⅱ部　都市，社会性，脱工業化をありありと描写する

行為や思考のための選 択(オプションズ)を拘束する。
　後天的な習慣(アクワイアド・ハビツ)を核として形成されるか社会的に習得され条件づけられる身体化された性向の体 系(システムズ)によって構成された「ハビトゥス」と，実 践 的(プラクティカル・オア)か常 識 的 な 認 知(コモン・センス・コグニション)としてのその明示とのあいだの関係を見極めることで，個人の行為者性(インディヴィジュアル・エイジェンシィ)と構 造 の 決 定 性(ストラクチュラル・ディターミナシィ)とのあいだの妥 協 点(ミドル・グラウンド)が明らかになる。個人間の議論——人が共通に持つ物事または共有された理解（性向(プリーディスポジションズ)，性癖(テンデンシィズ)，傾向(インクリネイションズ)または気 質の体系）に関する——の分析を通して，特別に持たれているハビトゥスの属性が明瞭に決定させられる。何が当然と見なされるのか。どんな想 定(サポジションズ)が社会的な取 引(トランサクションズ)を支えているのか。生きられた経験の文化がどのように知覚され，理解されているのか。
　変動に対する反応を調べる際に私たちが興味を持ったことは，「意識されていない」ものが「意識される」ようになる度合い(イクステント)だった。ブルデューは，人々が何を，なぜそれをするかに関する人々の理解に接近する調査技法としての質的インタビューには，概して軽蔑的(ディスミシヴ)であった。だが，ブルデューは，大きな構 造 変 動(ストラクチュラル・チェインジ)の時代がハビトゥスを広げ，合理的な自 己 内 省(セルフ・リフレクション)を引き起こすことを認知していた。「主観的構造と客観的構造との慣例に従った一致(ルーティーン・アジャストメント)が突然に破られる危機の時代には，少なくとも合理的になるポジションにある行為者のあいだでは，『合理的選択(ラショナル・チョイス)』が優位を占める……環境ができあがる」(Bourdieu and Wacquant 1992:131=2007:174)。
　人々は，普段の方法で生活を送るあいだは，彼らがしていることに関して考えないが，物事が変動する時，世界の中で彼ら自身の特 別 な 場 所(パティキュラァ・プレイス)を内省せざるをえない。彼らはまた，過去に属した人々や現在と未来に今もなお属する人々の集合体(コレクティヴス)の場所を内省せざるをえない。この内省は，個人の活動と同様，社会的な文脈において見られる。つまり，アイデンティティに関する他人との対話の中で，人々はアイデンティティの問題を内省する。私たちの方法は，人々に変動について話してもらうことに基礎を置いた。イメージは，何であったのか，そして何であるのかを表現した。それらは変動を指し示した。
　社会調査においてイメージの利用を考える者たちのあいだでの

9　視覚的なものと言語的なもの

　一 般 通 念(カンヴェンショナル・ウィズダム)は，調査は，物事を記述する方法として書かれたテクストを用いて研究する人々(バイ・ピープル)によって，世界を理解する主要な方法がビジュアル・イメージを通じた人々(オン・ピープル)に関しておこなわれる，というものである。私たちは，イメージが変動の状況を描写する方法に特に興味があった。そして，かつてあったもののイメージ，そして物事の存在と同じように，物事の不在のイメージを用いたかった。それは，ごく近い過去の彼らの生活の変動の仕方について，彼らが感じたことを知るためだった。

写真とグループ

　調査の実際のやり方は，簡明直裁(ストレイトフォワァド)だった。私たちは12のグループ・ディスカッションを準備した。展覧会は，ハートン＆ウェストー炭鉱福祉事業団のスポーツ館でおこなわれた。私たちはグループを会場に招待し，形式ばらない方法で彼らに展示を見せた。次に，それらの展示が彼らに思いつかせたことを何でも話すよう求めた。「報告者(ラポゥタァズ)」の最後のグループは，このプロジェクトが基礎を置いたニューカッスルにあるノースイースト鉱山・機械技師協会だった。議論は録音され，文字に起こされた。私たちの調査は，提示したイメージの意義を私たち自身で再考したこととかかわらせて，トランスクリプションを分析したものに基づいている。

イメージ

　私たちの初めの直感は，イメージは，グループ・ディスカッションの基礎として何よりも役立つだろうということだった。イメージを用意する際，それらが変動のビジュアルな記録だからこそ，正しくそれら自身の価値(イン・ゼア・オゥン・ライト)によって重要な調査対象を表象するということを悟った。時を同じくして，私たちの1人(Byrne 1998を参照)は，社会科学にカオス／複雑系の理論(ケイオス／コンプレクシティ・セオリィ)を用いる考えに取り組んでいた。これらの視角(パスペクティヴ)の中心は，位相のずれの(フェイズ・シフツ)，非線形変換(ノン・リニア・トラァンスフォメイション)の考えである。アダム（Adam 1994, 1995）は，カオス／複雑系の理論の着想に明白な影響を受けており，私たちは彼女の時間に関する議論に頼ることができ

253

第Ⅱ部　都市，社会性，脱工業化をありありと描写する

た。イメージは，「石炭の時代(タイム・オブ・カウル)」の2つの概念に基づく理解の基盤として役立ち始めた。1つは石炭の時代全体のもので，サウスシールズの炭鉱雇用の歴史的変動における図解表現(ダイアグラマティック・リプレゼンテイション)によって例証された。この中には，第2次世界大戦後に始まる「近代的な石炭」の時代がある。この近代的な石炭の時代は，私たちが調査を始める前に持っていた概念ではなかった。この概念は，グループ・ディスカッションを刺激するために用意されたイメージを，私たち自身が「調査すること(リサーチング)」で浮かび上がったのである。私たちは，ウェストー炭鉱の時間順のイメージ配列を故意に用意した。だが，他のイメージは順序づけられ，実際に，単純な連続的な年代記(カンティニュアス・クロノロジィ)よりも多くのものを表象する固有の(イントリンジク・オーダー)順序があると，私たちははっきり理解した。調査準備が，それ自体で調査になった。つまり，イメージは質的調査の対象なのである。本章に掲載した図解(イラストレイションズ)（図版1～3）は，ウェストー炭鉱の一連の6枚のイメージのうち3番目，4番目，5番目である。それら6枚は，建設中，現存中，破壊されている時，破壊された後，むき出しで一掃された敷地，そして炭鉱の所在地(ロウケイション)を示す記念碑，を示していた。これは，40年近くを横断する6フレームで作ったとてもゆっくりとした動画(スロウ・ムーヴィ)であった。

もう1つの「不意に起きた(イマージェント)」特徴は，私たちがイメージと共に作業していた際，イメージが表象する「可視的な(ヴィジブル)」風景と「不可視な(インヴィジブル)」風景の違いをはっきり区別すべきだと悟ったことであった。この隠れた世界の最終段階の一連のイメージは展覧会のために用意されてはいたが，それがどのように隠れているかを私たちはまったく気づかなかった。とはいえ，写真が世界を描くからには，作者らはこの世界を両方「見てはいた」。しかしながら，たいていの人は，「近代的な」形態(フォーム)に対して隠れた世界を確実に見てはいなかった。私たちの回答者すべてが，石炭の可視的側面(ヴィジブル・サイド)を直接的に経験した。その可視的側面とは，彼らが生活する場所を文字通り浸食する，隠れた菌糸体(マイセラ)が結実した本体(フルーティング・ボディ)である（マッシュルームはずっと大きな有機体の目に見える部分でしかない。目に見えない残りの大部分，立坑の導抗の採掘所は，地下に広がっているものの断片(フラクション)を表象するにすぎない）〈訳者補注：マッシュルームに代表されるキノコも菌類だが，肉眼でとらえられ食

用に供されるものはキノコの子実体(しじつたい)であって、キノコの本体は菌糸の栄養源となる基質中に広がる肉眼ではとらえられない菌糸体である〉。彼らの多くにとって、「地下」のイメージは新しい経験との衝突(コンフロンテイション)を表象している。経験豊かな炭鉱夫でさえ、照明(ウェル・リット)のいい写真におけるイメージは、彼らが以前に見たものを超えていた。

グループ

12のグループは、①炭鉱福祉事業団を運営する元炭鉱夫の集団、②前の炭鉱官吏のグループ——サウスシールズ炭鉱で働いていた炭坑代理人と坑内監督、③サウスシールズの女性健康プロジェクトのグループ、④経営学コースの学生グループ、⑤アートに興味を持つ人々のグループ、⑥当該行政区からランダムに選ばれたグループ、⑦成人のアートコースのグループ、⑧地元のアートプロジェクトのグループ、⑨主にアマチュアのアーティストのグループ、⑩炭鉱福祉事業団の利用者から引き抜かれたグループ、⑪地元病院の守衛の友人グループ、⑫産業考古学保全事業計画(プリザヴェイション・スキーム)にかかわる人々のグループである〈訳者補注：丸数字は訳者が補った〉。最後に、他のフォーカスグループに参加し、再登場して私たちが考えたり見出したことについて私たちと議論することを望んだ人々から引き抜かれたグループ〈を別に用意した〉。この最後のグループは、このプロジェクトのさしあたっての再帰的な要素(リフレクシヴ・エレメント)だった。

フォーカスグループの執行

グループの多くは既存のものであったので、議論はフォーカスグループの現象学的な妥当性(フェノメロジカル・ヴァリディティ)の基礎と考えられる「自然な会話(ナチュラル・カンヴァセイション)」の形をあまねくとった。グループの1つは、「記録観察(リコウディド・オブザヴェイション)」の形をとった。そのグループは、「福祉事業団」利用者のグループの議論を記録することに専念した。イメージが展示された部屋で、彼らはスヌーカー〈訳者補注：手玉と的玉の間にあって邪魔になる玉〉の役割を演じ、彼らの自然で雑多な会話の一部によって元気づけられ、全体的に自発的(スポンテイニアス)な議論を引き起こした。この「グループ」は、私た

第Ⅱ部 都市，社会性，脱工業化をありありと描写する

図版 1〜3　クラウンタワーのシークエンス，ウェストー炭鉱。

9 視覚的なものと言語的なもの

ちによって多少なりとも手引きされてはいないが，調査現場で妥当な役目を果
たしているように思われた。それは，組織されたグループ・ディスカッション
と直接観察の境界を融合する類を表象する。
　既存グループを利用する強みはあるだろうが，このルールが
普遍的な地位を持っているわけではない。この論点を取り巻くフォーカスグ
ループ関連の文献における議論は統制と一般化にかかわるものであり，そ
こでは，フォーカスグループ分析の結果を因果関係の説明の組み立ての道具
として保証する，と述べられている。私たちはこの目標地点の妥当性を決して
退けない。私たちがかかわった諸グループの多様性に由来する彼らの代表的な
特性に関する仮定をもって，実際私たちは自らの分析に基づいて一般化した。
炭鉱産業とのかかわりの歴史を持つ人は，地域全体としての人口と「グループ
人口」を比較すると，はなはだ不釣り合いに多くを占める。だがそれは，非常
に荒い重みづけの原理と「層化」抽出の準備が整ったと，これを書き
留めそして考察するという点で，私たちは申し分なく幸運であった。同じよう
に，アートに興味がある人もはなはだ不釣り合いに多すぎる。重ねて，これも
一種の重みづけだ。イメージと炭鉱の交差を扱うこの実験的なプロジェ
クトにおいて，それらは快く参加してもらえるグループだった。私たちは意図
的に，炭鉱と／またはアートから識別された3つのグループに携わった。
ジェンダーによって識別された女性の健康グループ，世代によって識別された
経営学を学ぶ学生集団，そして「ランダム」に招待されたグループである。こ
の最後のグループは，招待に応じた数の点では期待を裏切るものだった。だが，
そのグループは，結果として「きわめて小さな」グループ，形として再び「自
然な」ものとなり，議論の質という点では大変生産的だった。

　議論とイメージの関係を理解するにあたって，私たちは，分析の段階で次の
点に到達する。
　○グループのまとめ役による最適な限られた介入があれば，イメージの
　　利用は概して議論の展開を可能とする。このことは，私たちが促したかっ

た議論に対する「非構造化(アンストラクチャァド)」手法を反映している。明らかなことは，イメージは概してそのような議論の流れを生むということである。
○「回想の流れ(ア・フロウ・オブ・レミニスンス)」（Caunce 1994 : 157）――オーラルヒストリー研究でよく理解されている用途――を開始させるイメージと現在の経験への内省を導くことには，重要な区別(ディスティンクション)がある。しかし，この区別は絶対的なものではない。現代(ザ・コンテンポラリィ)に関する内省の基盤として，そして未来に対する投影(プロジェクション)の基盤として回想がしばしば役立つことを，私たちは見出した。
○イメージに対する反応が，「ソシオスケープ(ソウシオスケイプス)」（Albrow 1997）間の興味深い識別(ディファレンシエイション)を可能にする。隠れたものと見えるものとの区別(ヒドン・アンド・ヴィジブル)は，個人回答者と回答者グループの経験を識別するだけでなく，視覚的経験が過去の性質を理解する様式をいかに形づくるかを私たちに知らせるという点においても，非常に考慮すべき重要性があることが分かった。これは，次第に，未来の可能性の理解の形成にとってとても重要になった。
○時間順(タイム・オーダァド)のイメージ――ひと続きの出来事を通して順序づけられた――の利用は，個人回答者によるそしてグループ・ディスカッションにおける変動の規模と特性に対する注意を引き出すように思われた。私たちの非常に遅い動画で表象された風景の転換(トラァンスフォメイション)の規模は，私たちが予期した「ハビトゥスの遮断」の特性をもたらしたようだった。
○「知らないこと(イグノランス)」は，イメージに対する重要で啓示的(リヴィリング)な反応を起こし得る。若い経営学を学ぶ学生集団は，サウスタインサイド地域から来ていたのだが，クラウンタワーが何であるかを知らず，それを工場の煙突だと勘違いした。「汚れと遺棄(ダート・アンド・デレリクション)」に関する彼らの論評(コメンツ)および彼らによって特徴づけられた過去の拒絶(リジェクション)は，感情の構造に対する世代的な経験の因果的(コーザル)な有意性(シグニフィカンス)を査定(アセシング)する際に大変重要だった。
○一般に，イメージは言葉を容易(イネイブル)にするように思われる。イメージと言葉――ビジュアルなもの(ザ・ヴィジュアル)とロゴス中心的なもの(ザ・ロゴセントリック)――の二分法(ダイカタミィ)を持ち出すことは間違っているだろう。一方が他方を容易にするのである。

9　視覚的なものと言語的なもの

理解モデル――ある例

　プロジェクトの素材は，NVIVO ソフトウェアパッケージを用いて処理された。このソフトウェアには，調査者が関係についての考えを視覚的な様態で表すことができるビジュアル・モデリング・ツールが入っている。私たちが研究の「結節点(ノゥド)」であると見極めたテーマは，「汚れと遺棄」だった。――それは，いくつかのグループで発せられる発話項目の範囲(レインジ)と集合(セッツ)のコーディングで浮かび上がってきた。ここで，私たちはとても重要な世代差(ジェネレイション・ディファレンス)を発見した。若い経営学を学ぶ学生を除いた全グループは，過去に，炭鉱を何か汚れと遺棄の全般的な空気で特徴づけられるものとして同一視していた。しかし，遺棄物としてのクラウンタワーという観念は，全グループ――経営学を学ぶ学生を除いた――が取り壊された(ディモォリッシュト)タワーと一掃された敷地(クリアド・サイト)に関連して言い表わしたものに過ぎなかった。彼らにとって，作動中のその複合施設は遺棄物ではなかった。それは何か「近代的な」ものを表象していた。経営学を学ぶ学生にとって，汚れと遺棄という過去の概念は，総じて昔の風景に対する彼らの理解を決定づけているようだった。このように，ポスト石炭世代にとっては，炭鉱に関連するすべてのものが過去のものであり，捨てられるべきものだった。それに対して，他のグループは，一方における汚れと危険を連想させる炭鉱のより古い時代や実際の地下での経験と，他方におけるクラウンタワーによって表象される炭鉱の新しい高度に近代的な技術とをはっきり区別した。フォーカスグループ・ディスカッションでは，元炭鉱夫と高齢者の双方が，日常経験から炭鉱の汚れを「取り除く(リムゥゥド)」立坑導抗の風呂の重要性について論評した。機械故障が引き起こされた時の，地下にいる交替組が古い聖ヒルダ換気抗を通って作業場を離れ，そして町を通ってウェストーの敷地にある立坑導抗の風呂へと歩かなければならなかったという特別なエピソードが，今では隠れてしまった汚れを「露わにする(リヴィリング)」ように論評された。ポスト石炭世代のグループにとって産業的なもの――彼らは，クラウンタワーを炭鉱業よりも製造業と結びつけた――は，すべて汚い過去に属しているのである。

　図１では，「理解」の方向が矢印の流れで表示されている。したがって，経

第Ⅱ部　都市，社会性，脱工業化をありありと描写する

```
        クラウン
         タワー
           ↑ ⋮
           │  ⋮
           │   ⋮ 経営学を
           │    学ぶ学生
     汚れと遺棄 ←┄┄┄
        ↑ ↑↑
        │ │└─ 過去の炭鉱
        │ │        ↑
   他すべての         ⋮
    グループ ─────→  地下
```

　　　──────→　他のすべてのグループ
　　　┄┄┄┄┄→　経営学を学ぶ学生

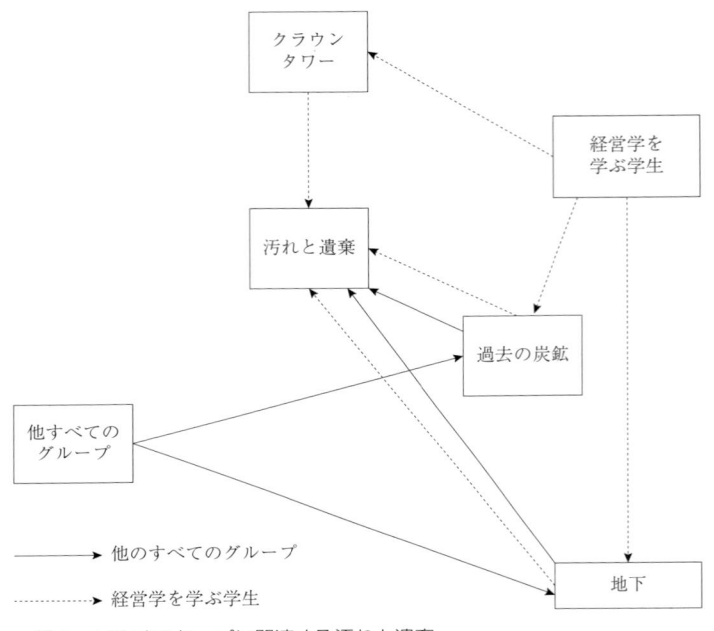

　　図1　ソシオスケープに関連する汚れと遺棄

営学を学ぶ学生は，炭鉱のすべての表象に汚れと遺棄——なくなってせいせいした過去——を結びつけたことを示している。一方，他のグループは，「近代的」なクラウンタワーのイメージというこの視点を持っていなかった。特筆すべきは，このような理解のビジュアルな情報源が，図1にある私たちが生みだしたモデルの視覚化を助けたと考えられることである。この種の描画モデル（ピクトーリアル）は，イメージの形態における表象とテクスト解釈（テクスチュアル・インタープリテイション）から生まれる因果関係の説明との間の有用な連結装置（リンク）だと考えられる。

　ソシオスケープの概念は，主に風景のビジュアルな表象に基づいた調査の成果についての理解を効果的に表現（アーティキュレイティング）する有用なツールである。私たちは，当プロジェクト全体を風景の重要性に取り組むものと判断した。これは，炭鉱の建造物の物理的な除去を通じて風景を転換することの「政策の重要性（ポリシィ・シグニフィカンス）」を表象する。ソシオスケープの概念はこのビジュアルな要素を含むことができ，私たち

は,「感情の構造ストラクチャア・オブ・フィーリング」との関連で,ビジュアルな日常の事柄マタァの経験がいかに変動するかを見ることができる。図1は,時間的次元テンパラル・ディメンションが,行為の基礎としての解釈の編成フォーメイションに対していかに決定的であるかを示している。——本質的に,ソシオスケープは,空間的な構築物であると同時に時間的な構築物でもあるに違いない。ポスト石炭世代のグループの論評は,炭鉱の建造物を除去した政策決定者ポリシィ・メイカが,石炭以上のアイデンティティの「再構築リーストラクチャリング」という彼らの目的を成し遂げたことを示唆している。私たちは炭鉱の建造物に関する直接的な意図が書かれた証拠書類ドキュメンタリィ・エヴィデンスを持ってはいないが,タイン&ウィア開発会社は,産業的な過去は去り戻ってこないことを明示する明確な意図を持って,サンダーランドの非常に近代的な造船所を取り壊すとはっきり述べた。さらに,イメージの時間秩序タイム・オーダリング——歴史性ヒストリシティ——は,フォーカスグループの成員が世界の複雑な理解を表現する——文字通り言いふらすギヴ・フォース——ことを刺激するひとつの方式を提供すると考えられる。

　私たちは,ここで述べられたアプローチの価値を主張することによって結論づけよう。当プロジェクトは,その方法の有効性ユーティリティを評価する手段として第1に資金を提供された。それは大変役立つと私たちは考える。

文　献

Adam, B. (1994) *Time and Social Theory*, Cambridge: Polity.(=バーバラ・アダム／伊藤誓・磯山甚一訳『時間と社会理論』法政大学出版局,1997年)
———— (1995) *Timewatch*, Cambridge: Polity.
Albrow, M. (1997) 'Travelling beyond local cultures: socioscapes in a global city', in J. Eade (ed.), *Living the Global City*, London: Routledge.
Bourdieu, Pierre and Wacquant, Loïc J. D. (1992) *An Invitation to Reflexive Sociology*, Chicago: University of Chicago Press.(=ピエール・ブルデュー,ロイック・J・D・ヴァカン／水島和則訳『リフレクシヴ・ソシオロジーへの招待——ブルデュー,社会学を語る』藤原書店,2007年)
Byrne, D. (1998) *Complexity Theory and the Social Sciences*, London: Routledge.
Caunce, Stephen (1994) *Oral History and the Local Historian*, London: Longman.
Doyle, Aidan (2001) *Aidan's Beamish Mining Photos Book*.
Harper, D. (1998) 'An *argument for visual sociology*', in J. Prosser (ed.), *Image-Based Research*, London: Falmer Press.

第Ⅱ部 都市,社会性,脱工業化をありありと描写する

Hudson, Mark (1994) *Coming Back Brockens: A Year in a Mining Village*, London: Cape.
Jenkins, R. (1992) *Pierre Bourdieu*, London: Routledge.
Kaye, H. J. (1991) *The Power of the Past*, Hemel Hempstead: Harvester Wheatsheaf.
Said, E. W. (1993) *Culture and Imperialism*, London: Chatto & Windus. (=エドワード・W・サイード/大橋洋一訳『文化と帝国主義』みすず書房,1：1998年,2：2001年)
Thompson, E. P. (1978) *The Poverty of Theory and Other Essays*, London: Merlin Press.

10　写真を使ったリンダ・ロードの口述史

アナ・マリア・マウアド
アリシア・J・ルーベロール
写真：セドリック・N・チャタレイ

　2002年5月，アリシア・ルーベロールは，セドリック・チャタレイと彼女の共著書『私は満足していたし，満足してはいなかった：リンダ・ロードの物語とペノブスコット鳥肉の終結』（Chatterley and Rouverol 2000）について議論する学会に招かれた。この本は，メイン州〈訳者補注；米国本土の最東北部に位置し，白人人口比率が全米一で，農林水産業や製紙・製材業が盛んな州。州都はオーガスタ，州内の最大都市はポートランド〉の最後のブロイラー処理工場の終結と，工場労働者の1人であるリンダ・ロードへの工場閉鎖の効果を，彼女の物語が形を変えて語られる口述史の文章と写真を使って探究している。(1)ルーベロールは，本から文章を読むことに加えて，リンダ・ロードの経験を描写するためにスライドを見せることを提案した。そして，この本にとってイメージがきわめて重要であったことから，このプロジェクトの写真家であり共著者であるチャタレイと共にロードにも参加してもらうように，学会組織者に招請を勧めた。学会組織者は，発表をいかにして既存の会議形式に合わせるのかと尋ねた。民俗学者としての教育を受けているルーベロールの労働者と工場閉鎖に関する調査のような場合，学術的な会議では通常，労働者と／もしくは社会史家と組み合わせられることになる。(2)結局，私たちのパネルは，他のスライドやビデオによる報告と並んで午後の部会の隙間を授けられた。主な理由としては，目に訴える形で進行される学術報告であるため，学会組織者がひどく当惑したようだ。というのは，歴史的な分析はその論旨を展開するためにビジュアルな資料による証拠固めを含んでいる——事実，確信を持って信頼さ

第Ⅱ部　都市，社会性，脱工業化をありありと描写する

れている——ので，この発表は「内容」もしくは分析のためではなく「映像」のために企画されたプログラム区分に格下げされた。

　私たちは，学会組織者を批判するためではなく，本章の基礎をなすテーマを押し立てるために，歴史的な研究を提供するビジュアル・メソッドは道理(レジメント)にかなっており，二義的ではなく，歴史的な解釈のための道具であるという要点(ポイント)を唱える。キャロライン・ノールズとポール・スウィートマンは，「ビジュアル・メソッドは，調査を定式化し，指揮し，普及させることのオルタナティブ(オータァーナティヴ)な手段を，そして——より格別に——一般と特殊，グローバルとローカル，社会と個人，伝記と場の間の繋がりをあぶり出し論証することを生産し呼び起こす手段を与える」と書き留めている（個人的なやりとりにて，2001年12月）。重要でないオルタナティブということではなく，単純に別種のものなのである。私たちがこの章で論じるように，文章とイメージは，まとめるとある種の特別な効果を持ち得るのである。「熟練した写真家でもある経験豊富な社会科学者が，ドキュメンタリーの範囲(リーチ)と美的感覚の上質(クオリティ)の両方を持ち合わせたイメージを生産しようとする時，これらは——言葉による文字列(ヴァーバル・テクスト)と組み合わされて——とても豊かな社会科学理解の一類型を生み出す」(Chaplin 1994：221-222)。さらにまた，文章とイメージを通じて，歴史家は歴史的な語りを，この事例においては「産業空洞化についての語り(ナラティヴ・オブ・ディインダストリアリゼイション)」を語ることができると私たちは論じるだろう。〈ここから〉浮かび上がってくることは，言葉（書かれた文章の分析と／もしくは口述史の文章）と写真との「対話(ダイアログ)」であり，そのいずれの表現手段(ミーディアム)も特権を与えられておらず，むしろ両方とも凝集性のある語り(コウヒーシヴ・ナラティヴ)を語るために集合的に組み立てられるということである。文章とイメージとのこの種の間テクスト性(インターテクスチュアリティ)を通して，歴史家，社会学者とドキュメンタリー制作者(ドキュメンタリアンズ)は，特別な洞察(インサイト)を得たり，新たな種類の知識や理解を生み出すことができる。

　私たちの章は，『私は満足していたし，満足してはいなかった——リンダ・ロードの物語とペノブスコット鳥肉の終結』でもたらされた歴史をつくる新たな方法を探究する。この本には，多声的(ポリフォニック)なアプローチにおいて，そして異なるより創造的な歴史的文脈の形式において，特別なケース——言葉と写真によっ

10 写真を使ったリンダ・ロードの口述史

て「語られた」、ある1人の女性労働者、リンダ・ロードの語りの軌跡——を通して大きなプロセスへと私たちの理解を運ぶ複合的な協働者(マルティプル・コラボレイタァズ)が含まれている。私たちは、ここで産業空洞化についての語りとして語られたリンダ・ロードの物語だけでなく、イメージが文章と結合して産業空洞化や他の社会・経済的な現象を「目に見えるようにする(ヴィジュアライズ)」ために使うことができる方法をも分析するつもりである。

規模の経済性(イコノミィズ)

1976年、イタリアの歴史家カルロ・ギンズブルグは、16世紀に宗教裁判で異端として有罪判決を受けたフリウリ地方(リージョン)の丘陵に位置する小コミュニティのイタリア農民、メノッキオの物語について書かれた本を書いている (Ginsburg 1976:309)。ギンズブルグは、非常に独創的な分析によってこの名もない農民を過去から救済した。メノッキオの有罪を決定した申し立ての事実(ファクト)の順序を組み立て直している間に、彼は教会が下す教義(ドグマ)によって秩序づけられ宗教戦争によって脅かされた世界における、人の物語、彼の信仰の経験、宗教に関する感性(リリジャス・センシビリティズ)を語った。この語りは、庶民(ザ・コモン・ピープル)の日常生活(デイリィ・ライフ)——恐れに直面した時の彼らの反応と信念の他の可能性を創造する彼らの能力——を明らかにしている。この研究のすべては、実質的な(サブスタンティヴ)資料による証拠固めと、歴史は異なった種類のものさし(スケィル)で扱うことができるという明確な感覚に基づいていた。イングランドの歴史家、エリック・ホブズボームは、「あなたが望遠鏡を使うか顕微鏡を使うかは大事ではなく、あなたは同じ宇宙を見ているのである」と解説している (Hobsbawm 1998:336)。ギンズブルグや、ジオバンニ・レビやエドワルド・グレンディのような他のイタリアの歴史家は、それを「微視的な(マイクロ・)歴史(ヒストリィ)」と呼んだ (Levi 1991:354)。彼らは、彼らのプロジェクトを歴史分析のためのオルタナティブなものさしとして正当化する。その歴史的一般化(ヒストリカル・ゼネラリゼイションズ)は、すべてのまれに見る事例(シンギュラァ・ケイスィズ)を含む不変の枠組み(イミュータブル・フレイム)としてではなく、特別な物語の特異性(スペイスフィシティ)を弁証的に(ダイアレクティカリィ)扱うべき次元(ディメンション)として考えられている。歴史家スティーブン・ビエルは、違う方向から要点を論じている。それは、私たちの歴史

265

的一般化にしばしば挑戦する,口述史を通して発掘された個人の物語(インディヴィジュアル・ストーリィズ)である (Biel 1995:704-709)。

『私は満足していたし,満足してはいなかった』において,チャタレイ,コール,そしてルーベロールは,米国経済における一般的問題——グローバル化した世界における産業空洞化のプロセスを扱ったプロジェクト——を展開した。このプロセスは,理論上社会的・集合的な事柄のようなそれらの力によって直面するであろう大きくて重い問題を表象(マッシヴ・リプレゼンティング)するので,メイン州のみならず国の他の多くの地方にも影響を及ぼす。彼らが失業統計(スタティスティクス・オブ・アンエンプロイメント)以上のものが欲しかったことを知っていたので,共著者として,量的な水準に関するこのプロセスを分析した。彼らは読者に,経済的アプローチによってだけではなく,諸個人——仕事を失い,恐れに直面し,生き残ろうとする労働者たち——の日常生活を探究することによっても「産業空洞化についての語り」を伝えたかった。

この問題に立ち向かうために,共著者たちは,テープ録音したインタビューと写真——写真の隠喩を使う「歴史のクローズアップ」——を通して,リンダ・ロードの物語を語ることによって規模を縮小させた。口述史は,歴史家にとってもはや急進的ではない。その方法論は,過去30年を越えて,社会史の不確定な事柄(プロブレマティクス)の中に集積化されてきた。今日,歴史的記憶(ヒストリカル・メモリィ),現代史(コンテンポラリィ・ヒストリィ)もしくは都市文化の歴史のような争点について,とりわけ間テクスト的なアプローチを通じたビジュアルかつ口述の源泉を扱うことなしに取り組むことは不可能である (Vilches 1992)。

調査の検討課題を展開するためのイメージの利用

『私は満足していたし,満足してはいなかった』とそのプロジェクトの始まりは,まさに注目に値する。なぜなら,イメージが最初から中心的な役割を果たしていたからである。

本書は,最初は1988年にステファン・コールとセドリック・チャタレイによって展開された控えめなドキュメンタリー・プロジェクトから生じた。ペノブ

10　写真を使ったリンダ・ロードの口述史

図版1　コンベアーからコンベアーへと鳥肉を移送する労働者たち

　スコット鳥肉株式会社──メイン州ベルファスト（人口6,200人）の屋台骨だった，メイン州で最後のブロイラー加工業者──は，まもなく閉鎖されようとしていた。コールは，このプロジェクトが，テープ録音したインタビューと同時に視覚的にも記録されるべきだと考えていた。ペノブスコットが閉鎖する10日前，彼らは卵の孵化場と穀物製粉所を見学し，1週間後には工場を見学した。チャタレイがこれらの2回に撮影した写真が，巡回展示とこの本の核となった。しかしあの時，今彼が述べるように，チャタレイは「まずは写真を撮り，後で考える」必要があった。それは張り詰めた時間(テンス・タイム)であった。少なくとも400人の工場労働者が職を失い，寒々しい将来の雇用を見通していた。[(3)]

　ペノブスコットが閉まる日，チャタレイは最後にもう1回撮影することを希望して，工場へと戻った。経営者側は彼に案内をつけなかったので，彼らは独自の見学をおこなった。チャタレイは，工場の裏口に忍び込んだ。彼は，そこがペノブスコットの食肉解体処理(スロータァリング)エリアの中心であることを彼自身で見出した。

267

第Ⅱ部　都市，社会性，脱工業化をありありと描写する

図版2　ペノブスコット鳥肉株式会社最後の日，「血のトンネル」で働くリンダ・ロード。1988年1月24日。

そこそこが，彼がリンダ・ロードを初めて発見した場所であった。彼女を撮った写真，工場が閉まるちょうど1時間前だったが，それが本の目玉となった。彼とスティーブがペノブスコットの閉鎖日の集まりに参加した時，彼らはその午後，ベルファストのローリーズ・カフェで彼女と会った。ロードはチャタレイに気づき，彼らを彼女のテーブルへ招いた。彼女は彼らに彼女の物語を語り，次の週に，インタビューを受けることに同意した。チャタレイの写真はすでに，彼らの主要な面接者へと彼らを導くプロジェクトの 推　進　力 となっていた。
　　　　チーフ・インタヴューイー　　　　　　　　　ドライヴィング・フォース

　1948年にメイン州ウォーターヴィルに生まれたリンダ・ロードは，食　鳥 に
　　　　　　　　　　　　　　　　　　　　　　　　　　　　ポウルトリィ
親密に関連のある家族の中で育った。彼女の父親は，メイン大学のひな白痢
　　　　　　　　　　　　　　　　　　　　　　　　　　　　　　　ポロラム
（食鳥の血液）試験員であり，産卵する雌鳥を飼育していた。

　「私は，血とかそういうのをね，何も苦にすることなく育ったタイプの子どもだった」とロードは述べた。「私は本当に田舎娘で，農場や雑多な代物に育てられたんだと思うわ。血は決して苦にならなかったし」。高校を卒業後，彼

女はペノブスコット鳥肉で仕事につき，そこで20年間働いた。ロードが工場で働きはじめた時，彼女は工場の機械化されたラインで食鳥をつり下げる「移送」(トランスファーイング)という場で働いていた。5 年経ち，彼女は「血のトンネル」(ブラッド・タナル)に移った。「移送」に付随した血の汚染という思わぬ危険だけではなく，〈「血のトンネル」の方が〉給料がずっとよかったからでもある。「当時は離婚する頃だった」と，彼女は言った。「だから，私は自分を養うのにたくさんのお金を得ようとしたの」。ロードは，仕事で右目を失明し，1984年には賃金や利益をあげるためのストライキに参加し，セクシャル・ハラスメントに直面し，そしてペノブスコット鳥肉で職を失っている最中に，彼女の病んで年老いた両親を世話するという難題(チャリンジ)にも取り組んだ（その後もずっと）ものだった。編集されたロードの口述史を通して，文章は彼女の物語に対する本書の中心的な伝達手段(ヴィークル)であり，写真はそのプロセスに不可欠であり続けた。ロードの経験のいくつかの側面は，ただビジュアルに「語る」しかない，もしくはそれが最良だろう。

文章と写真を通して語られた対照の物語

　　コール：あなたがペノブスコットで働いていた間，それでも不満だったことを言ってもらえますか？

　　ロード：私は本当に幸せではなかった。私が初めてあそこに働きに行った時，私の手は恐ろしくひりひりした。手は腫れ上がっていたわ。家に帰って，手を水に浸し，取り出し，動かすの。そして朝起きたら，手を動かし，ここに戻ってきて，また耐え抜かなければならないのよ。まあ，2，3か月我慢したかもしれないかな，しまいには慣れっこになったの。でもそれが仕事。その頃，この辺りじゃ，まあまあお金のいい仕事だったの。だから，何らかの点で，私は満足していたし，満足してはいなかった。

チャタレイのイメージがいかにリンダ・ロードの物語を「語る」のに役立ったかをよく理解することは，その本のいくつかの実質的な主張(サブスタンティヴ・アーギュメンツ)，すなわち，

第Ⅱ部　都市，社会性，脱工業化をありありと描写する

工場閉鎖による労働者への一般的な影響，産業の衰退(ディクライン)（あるいは「産業空洞化」）の社会的効果(ソウシャル・インパクト)の指摘(7)——実際にペノブスコット鳥肉が閉鎖すべきだったかどうかという問い，そしてペノブスコットでのリンダ・ロードの仕事に関する両義性(アンビヴァレンス)——を割りつけるのに有効かもしれない。ロードの「満足と不満足」は，労働史家のミカエル・フリッシュによる彼女の物語のその後の解釈と同様に，ルーベロールの分析の中心的な要点となった。写真の選択(セレクション)(8)と配置(プレイスメント)は，その解釈をもっぱら強固にする。

　その本は，ロードの経験を，労働者の経験をより広汎に映す窓（もしくは望遠鏡）として使用することを目指している。文章とイメージを通して，著者たちは，経済学者や歴史家がごく最近考えるようになった産業空洞化の社会的・人間的な費用を例証している。工場閉鎖をめぐるロードの経験を図表にすることによって，読者はペノブスコットの閉鎖が彼女に意味すること——それどころか，あらゆる工場閉鎖が一時解雇された労働者(レイド・オフ・ワーカァズ)にとって意味すること，を理解できる。工場の操業停止(シャトダウン)の影響は，最初の工場閉鎖それ自体から，一種の「扇状に広がる(ファニング・アウト)」影響を持っている。仕事を失うことに始まり，最低でも短期間の失業を生み出すことは，長期間の困難を導く。労働者は分かっているが，しばしば後の仕事は同等の収入が与えられるわけではない（Wallace and Rothschild 1998：19-20)。（ロードの事例においては，重大なことにペノブスコットでの右目の失明が，他の産業での仕事を手に入れる能力を傷つけた。だから彼女は，他の労働者よりも選択肢(オプションズ)がより少ない。）仕事の年功(シーニオーリティ)を失うことはまた，労働者に新たな仕事でとりわけ一時解雇を受けやすくさせてしまう。深刻な不景気(シヴィア・リセション)の間，もしくは雇用機会が少ない地域(エリアズ)——ペノブスコットが置かれていたベルファスト，メインのような——において，工場閉鎖はより重大な効果をいっそう与える。研究によれば，工場閉鎖によって影響をうけた人々の少なくとも3分の1が長期の失業を経験することが明らかになっている（Bluestone and Harrison 1982：51-53)。女性，解職された(ディスプレイスト)高齢の労働者，そして少数民族(マイノリティ)はとくに痛手をうける。チャタレイの写真は，ベルファストの相対的に貧しい周辺地区(インパヴリシュト・インヴァイランズ)を描き(9)，工場における多数の女性と高齢労働者を示していることからも，この点を強調

している。私たちは読者として，工場閉鎖が彼らの生活に重大な影響を及ぼすことを知る。

　ペノブスコット閉鎖後のロードの経験は，女性労働者に対する産業の衰退の特有な影響を例証する。彼女の職業再訓練コース——労働者が新規まき直しで始められる手段としてうるさく勧誘されたものだったのだが——は，脱産業の時代に向けてロードを簡単に再編（リトゥール）することができなかった。右目の失明ゆえに，彼女は彼女が登録していた石油ボイラーコースのための読書を持続することが十分にできなかった。同様に落胆させたことは，石油ボイラーの教育（インストラクション）のためにすべての生徒が寄せ集められている時に，クラスで男性によって文字通り押しのけられたという経験であった。ロードはコースを脱落して職探しを続けたが，彼女は高学歴でないことによって妨げられていると感じていた。彼の兄について彼女は言う。「彼は後で教育を受けたから，職を辞めてどこかで別の良い仕事を得ることができるでしょうね」。ロードがチャンピオン・ペーパー・カンパニーのあるテストについて話している写真は，女性労働者としてのロードの不利な立場（ディスアドヴァンティジ）を最も鋭く（モウスト・キンリィ）例証している。私たちは，彼女が男性によって囲まれているのを見る。最も目立つ位置（フォーグラウンド）には，その日の試験を管理する男性の大きくて印象的な肩があった。

　しかしそれでも，ロードは最初，統計データに反しているように思われたが，職を失って6か月以内に，30〜35人を雇用している地元のロープ製作工場での仕事を見つけた。退職手当（リタイアメント・ベネフィツ）はないものの，しっかりした医療手当対策（メディカル・ベネフィツ・パッキジ）があるので，職の不安定さ（インシキュリティ）（実情は，産業を守ることと繋がっている）にもかかわらず，ロードは労働状況（ワーク・シチュエイション）が改善したと感じた。仕事はほとんど掃除で，単価で支払われていたが，時給はより良かった。彼女は，「あなたには言うけど，ラインで鶏肉を注意して見る（ワチング）よりももっと速く10マイルのロープを眺めている（ルキング・アト）のよ」と述べた。最も重要なことであるが，ロードは，その仕事で故郷（ホウム・コミュニティ）に留まり家族を世話することができると感じている。チャタレイによるロードの新たなロープ製作の仕事の写真は，暗くて不明瞭（アンビギュアス）ある。特に1つの写真（仕事中のロードを描いているその本の最後のイメージ）は，ロープ製作機械をロー

第Ⅱ部 都市，社会性，脱工業化をありありと描写する

ドが凝視しているのを示しており，まるで彼女の未来をのぞき込み，彼女の新たな環境の不確定さを見る人に暗示しているかのようだ。

2001年，彼女の家は火災を被った——そして定住できるようになるまで諸々の友だちの家を転々とし，彼女が家を再建した——後，ロードは彼女の仕事を一時解雇された。彼女は地元の魚梱包の会社に雇われ，その後，改めて一時解雇された。2002年の3月，発作を起こし，それで彼女は1年以上リハビリをした。ロードは，彼女の人生において後に起こった出来事を，ペノブスコットの閉鎖のせいにしてはいない。だが，その閉鎖が，彼女にとって一連の不安定な雇用情勢をもたらしたことは疑いがない。

ペノブスコットが閉鎖を回避し得たかどうかは，本書で提起されるもう1つの重要な問題である。(10)〈閉鎖の原因の〉大部分は，燃料の高いコストや特に州に穀物を運ぶ支出と同様に，低賃金の労働者を南の市場から競争者へと提供してきたペノブスコットや産業の衰退に帰する。しかし，他の要因——貧しい経営，問題のある政府の政策，維持不可能なローン——もまた産業の失敗の一因となった。もし，ただ穀物の苦境だけが十分に処理されれば産業は生き残るかもしれない，とある人たちは論じている。他の主張としては，若い家族の成員が産業の前進を推し進めることにまったく興味がないというものもある。理由はどうであれ，産業は失敗した。もしくは批評家が主張するように，おそらくより「事業に好意的な」周辺地区へと州は現に逃れた。(11)ルーベロールがこの本で結論づけるように，ペノブスコット鳥肉の運命は資本移動の一例である。(12)

このことは，人間的・社会的な条件において何を意味するのか。リンダ・ロードやペノブスコットの他の工場労働者，実際に一時解雇に直面している工場労働者にとって何を意味していたのか。ペノブスコットとその後のロードの経験は，個人が変化，困難，そしてわずかな可能性しか生み出さない不確定な時代にどのように対処するのかを指し示す。おそらく最も重要なことに，彼女の物語はほとんどの人々が共有している挑戦や複雑なもののいくらかを明らかにする。いかにして，そしてなぜ彼女は地位を失ったのかの如何を問

10 写真を使ったリンダ・ロードの口述史

わず,ロードはペノブスコットでの仕事に関して無視できない両義性(カンシダァブル)をなおいっそう表現した。彼女が仕事についてそこで述べている「私は満足していたし,満足してはいなかった」というこのもっともらしい逆説(シィミング・パラドックス)が,ロードの物語の中心になることを証明した。インタビューの間,彼女は,様々な話題について逆説的(パラドクスィカル・タームズ)な言い方になると思われたことを頻繁に話していた。彼女の雇い主との関係,仕事に関する見方(パァスペクティヴ),だが最も特に仕事生活に対して感じること,そうした話題について,彼女は「満足していたし,満足してはいなかった」のである。ルーベロールは,彼女の仕事への結びつきに関するこの重要な問題に本気で取りかかるために,インタビューし,ロードとの対話を展開し続けた。〈こうして〉プロジェクトへの彼女の抜き差しならない関係(インヴォルヴメント)より強くすることを著者たちに可能にさせ,かつ最後の成果を形作ることを促進したので,ロードとのこの最後の協働(コラボレイション)がこの本の中心部となった(13)。「私は満足していたし,満足してはいなかった」は,この本のテーマを統一するようになっていった。最後のインタビューにおけるロードの見解は,「満足していたし,満足してはいなかった」が,一種の「分離した意識(ディヴァイディド・コンシャスネス)」ではなく,むしろロードの人生の経験のより完全な理解を反映している,という著者たちの評価を補強した。彼女の表面上矛盾した見方(シィミングリィ・コントラディクトリィ・パァスペクティヴ)は,実は統合されていた。ペノブスコットで働き故郷に留まろうとするロードの動機が明らかになってきた。それは,経済状態,ジェンダー,田舎の価値観,家族の変遷,家への拘束,家族への拘束,これらすべてが原因である。彼女の言葉(「私は満足していたし,満足してはいなかった」)は逆説もしくは矛盾を暗示する。しかし,彼女の物語(語りを通して彼女が私たちに語ったこと)は,同時に,複合的な脈絡と見方(マルティプル・スレッズ・アンド・パァスペクティヴ)を表現する多声(パリフォニィ)を暗示する(Rouverol 1995)。経験のすべての側面を包み込むロードの能力,必要と欲望(ニーズ・アンド・ディザイアズ),関心と興味(コンサーンズ・アンド・インタレスツ)が衝突する(コンフリクティング)ことを認める彼女の意志(ウィリングネス)は,私たちすべてにとって手本になるだろう。ペノブスコットでのロードの経験の幅——雇い主の不公平な振る舞いに対する怒りばかりでなく彼らへの感謝も——を提示することによって,著者たちは対話のすべての面(オール・サイズ)を伝えようとした。というのは,産業空洞化のような政治的・経済的危機に注意を

向けはじめることができるのはおそらく，対話を通してであるからだ。

そして，ロードの「満足と不満」や，労働者への産業空洞化の影響に関するロードのような著者たちの論点（ポインツ）をよく理解させるのは，まさに本書における文章とイメージとの対話を通してであった。チャタレイが撮った写真——そして，なおいっそう決定的（クリティカル）なのはそれらの選択と配置であるが——は，ロードの両義性のビジュアルな感覚を読者に与える。手がかりとなる例（キー・イグザンプル）は，閉鎖後の労働者のいろいろなものが混ざった見通し（プロス・ペクツ）に関するロードの文章とは反対に，光を背に暗闇の中に立っている現場監督のイメージの配置であろう（図版3を参照）。より広い意味で，ロードの工場での経験を描くそのイメージは，家やコミュニティにおける人生の写真との比較において，対照的な人生を例証している。それは，「血のトンネル」という不浄（ダーティネス）と，彼女の家やコミュニティの生活の相対的な調和（リラティヴ・ハァモニィ），一方で鶏の首をはね，他方でカントリー＆ウェスタンのバンドでドラムを演奏する，といったように。職を失うことのせいでロードが直面した特別な困難は，本の言葉とイメージを通して十分に例証された。同時に，文章と写真は，心配のないその後の仕事に奮闘し成功するロードを示している——見込みに反して（アゲインスト・ザ・オッズ）——ほんの少しの時間だけではあるが。

産業空洞化を視覚化する

イメージを選択し編集するプロセスは，インタビューと並んで本の語りを創り出すとはいえ，画像を切り取るまさしくその行為（ザ・ヴェリィ・アクト）はまた，写真によって何を価値のあるものとして示そうとしているのかを予期する。

1998年2月の寒くて澄んだ朝。口述史家のスティーブ・コールと工場経営者に同行して，私［チャタレイ］はペノブスコット鳥肉の隅から隅までを歩き，できるかぎり写真を撮った。カメラレンズから湯気をぬぐったり，フィルムを変える時だけ止まった。1週間前，スティーブと私は，一寸先も見えない吹雪（ブラインディング・スノウストーム）の真っ只中に，ベルファストの外側にある穀物製粉所，卵の孵化場，食鳥畜舎の1日ツアーをあてがわれていた。しかし，その工場

10 写真を使ったリンダ・ロードの口述史

図版3 ペノブスコット湾が見わたせる窓の隣に立っている現場監督

内での3時間のツアーの間中,何を見て聞くのかという準備などないままであった。人々はどこでも定まったリズムで歩いていた……。その動き,異音,血,そして悪臭は,その日の記憶にまざまざとこびりついて離れない(Chatterley and Rouverol 2000: xv)。

工場閉鎖の目撃者として,チャタレイの写真メッセージは矛盾した世界を明らかにする。ドキュメンタリー写真の固定した伝統との対話だけでなく,工場での彼の鮮やかな経験,そして労働者コミュニティからの感情,とりわけ(彼がインタビューした)ロードとの対話においても,チャタレイは,複合的なきらめきと感性を統合するビジュアルな語りを組み立てた。このことこそ彼の写真において,暴露や証言の感覚が,ロードの供述:「私は満足していたし,満足してはいなかった」によって表現された矛盾の強

275

第Ⅱ部　都市，社会性，脱工業化をありありと描写する

い印象(フィーリング)と混合されている理由である。まだその上に，彼らの表現性(イクスプレシヴネス)の全面的な意味(エンタイア・ミーニング)を捉えるのは，写真の内容のみならず，それらの場面を撮影した彼の方法でもある。

　本の表紙に用いられたイメージ（図版4）は，ロードが高校を卒業した時の画像を〈手に取って〉見せているものだが，それを含め，全体として57枚の写真をその本はとりあげた。記憶はこの写真に集約された。2つの異なる時間の対照が，語りの残された部分——工場を終結するプロセスとその閉鎖を取り巻く矛盾した感情——に対する最初の手がかりを私たちに与える。

　2番目の写真では，私たちは地方，その本がまさに語ろうとしている歴史の景色(シーナリィ)に入り込む。

　それは，語りの始まりの感覚をもたらす異国人の視点(フォーリナァズ・ポイント・オブ・ヴュー)である。前景(フォアグラウンド)には道があり，背景(バックグラウンド)には雪で覆われた野原と共に町の一般的な光景が続いている。私たちは外側からその町に遭遇する。だが語りが展開するに

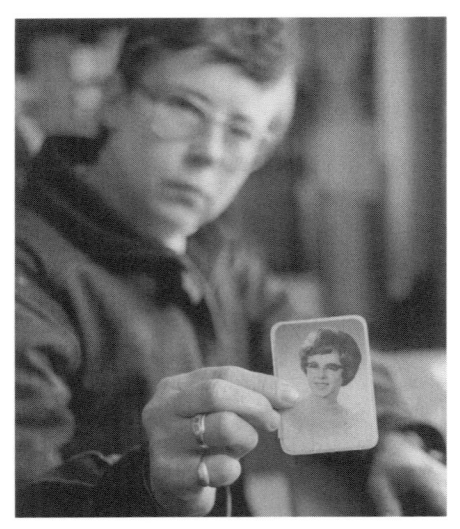

図版4　高校の卒業写真を持つリンダ・ロード——（米国）メイン州ベルファストのローリーズ・カフェにて。1988年3月15日。

つれて，私たちはだんだんと近くなる。そして写真は，私たちが見慣れていないものを見ることを，私たちに許す。

　続く34枚の画像はすべて，1988年3月に撮られた工場内部や機械化されたラインでの鳥肉労働に関するものである。プロセスのすべての段階——食鳥を括りつけた吊り金具〈訳者補注；生体の懸鳥〉，「血のトンネル」で作業するロード〈訳者補注；放血〉，脱羽機〈訳者補注；脱毛〉，数個の毛焼き機の火による残毛の除去〈訳者補注；残毛処理〉，鳥肉をコンベヤーからコンベヤーへ移送する労働者〈訳者補注；屠鳥の懸鳥〉，内臓を摘出するライン〈訳者補注；中抜き〉，さらに加工と包装〈訳者補注；製品化〉〈訳者補注；この間に，数回の検査・洗浄・湯漬け・殺菌・冷却・選別・解体・計量などの工程がこれ以外にもある〉——が，詳細に写真化された。それらの労働者誰もが仕事をしていたのは，ペノブスコットの終結日の最後の時間であった。その日のあいだ中，チャタレイは，労働だけではなく，人々が次に移ることをしゃべっている休憩時間や，終結日に去る前の混乱（コモウション）した動きも撮影した。

　ロードとのインタビューの結果から生じた21枚の写真のうち，2枚だけがメイン州ベルファストの風景であり，17枚がペノブスコット鳥肉を去った後の6か月間のロードの日常生活や，ロープ工場での新たな仕事に関するものであった。残る2枚の写真は，1992年の夏と1994年の夏という異なる期間に撮られたものである。これらの機会の両方とも，ロードは彼女の父の家（後に彼女の家となる）の庭にいた。この時，私たちはもはやよそ者（ストレインジャァズ）ではなかった。私たちは，彼女の感情の露見（イクスポウジァァ），新たな仕事を得るための闘い，政治に対する意見，楽しむ上での嗜好を得ていた。私たちは，彼女の言葉や，彼女が私たちに見ることを許したイメージから，ロードについてより多くを知った。語りはまた，産業空洞化のプロセスの別の側面に気づくことを，私たちに可能とさせた。

　57枚の写真のうちの63パーセントが工場で撮られたと述べているのは，興味深い。残りの写真は，ロードの物語の跡をたどる様々な場所のものである。労働に関係する場所は，大多数が清潔で広かった。ただ「血のトンネル」の写真だけが，狭くて汚れていた。人々の働く場所が，浪費（ウェイスト），退廃（ディジェネレイション）あるいは

277

第Ⅱ部　都市, 社会性, 脱工業化をありありと描写する

　分　裂(ディスオオガニゼイション)を映し出す(リフレクティング)ことは一度もなかった。機械類(マシーナリィ)または工場が時代遅れであり, あるいは労働者が十分に役目を引き受けていないことなどは一切示していない。彼らは皆よく働いていた。写真は, 工場の定まったしたリズムを示している。では, なぜ閉じるのか。この問いは, イメージの中に横たわっている。

　労働(レイバァ)は写真の主要な題材(メイン・サブジェクト)であり, 公表された(パブリッシュト)画像の74パーセントは, 仕事を探すあるいはブルックス消防署でボランティアとして働いているロードといった, 働いている人々や働いている状態に関するものである。それらの画像において, 男性と女性は平等に表象されており, イメージの真ん中の焦点に, 写真の45パーセントに男性が, 49パーセントに女性が現れている。今日, 労働の世界において, ジェンダーが重要な役割を果たし, しばしば男性と女性のために確保される仕事の種類を限定するが, リンダ・ロードが「血のトンネル」で働いている写真が示すように, そのような偏　見(プレジュディス)は往々にして払拭される。目的は仕事を得ること, 雇用されることである。彼女のインタビューにおいて, ロードは, 彼女を支え彼女の親を助けることを可能とする仕事を持つこと, コミュニティの日常生活で労働の重みを確かめること, そしてなぜこの種の　集　団　的　な　失　業(コレクティヴ・アニンプロイメント)がこのように精神的外傷を与える(トラマティク)のかを説明することの重要性を強調した。

　写真の大半は, 現代のフォトジャーナリズムのパターン——中　型(ミディアム・サイズド)の, 四角の(スクウェア), 瞬　間　の(インスタンテイニアス), 水平の(ホリゾンタル), 中心へ引き寄せられる(セントライズド), 地面に平行の(パラレル), 2つの平面と1つの平面との間を変化する, 輪郭で組織化された(ラインズ) 形　象(フィギュァズ)の平等な　配　分(ディストリビューション)を用いた, 明瞭に示された輪郭や光と闇の鋭い感覚(アキュート・センス)と共に焦点が合った全体的な景色を用いたパターン——を追求する。次に起こっていたことについての直接的なメッセージを表現するという選択や要点を正しく伝えるメッセージは, ある日雇用されていても次の日には失業しているとか, ある日熱心に働き, 次の日には好機を探し求めるといった矛盾を鮮明なイメージで示すことによって行われた。しかしそれらの写真のメッセージは, より安定し公平である労働の世界を欲する願　望(ディザイア)をも説明した。

10 写真を使ったリンダ・ロードの口述史

図版5 人生で初めて失業手当のために署名するリンダ——メイン州ベルファストの米国在郷軍人会第43支部にて。1988年3月1日。

結論

　その本のために選ばれたイメージは，著者たちも認めるように，読者の理解や認識（アンダァスタンディング・アンド・パァセプションズ）を変えるように企てられた。「機械化された死（メカナイズド・デス）」としての工場というチャタレイの先見性（ヴィジョン）は，彼の撮ったイメージを形作った。そして，著者たちが矛盾の物語を語る写真と文章を相互編集（インターエディティド）した方法は，その本の内に逆説という主題を際立たせた（Chatterley and Rouverol 2000）。写真は，ビジュアルな手段（ミーンズ）を通してのみ捉えられる産業空洞化の諸側面を例証した。イメージは，歴史的な語りを語ることに対して重要性を持つ——いくつかの事例では，必要不可欠でさえある。なぜなら，新しい種類の理解は，イメージと文章との対話を通して現れ得るからである。単にこれは，写真が歴史を読むことと作ることに近づきやすくする（メイク・アクセシブル）（そしてそれゆえに民主化する）ということではない。写真はまた，——複合的な物語（マルティプル・ストーリィズ），対照と矛盾，曖昧な表現（アンビギューイティズ）と不確定さ（アンサーテンティズ）を明らかにすることで——分析を豊かにし，私たちが言葉を通して語り得る物

279

第Ⅱ部　都市，社会性，脱工業化をありありと描写する

図版6　メイン州ディクモントのキャンプ場にてゴールデン・ナゲッツとドラムを演奏する。1988年6月。

語を深め，複雑にする。ロードの文章のようなその写真は，多声，見方の多重性(マルティプリシティ)を明らかにするよりも，対照と矛盾を含む——「満足し，満足していない」のように。ビジュアルの手段を通してロードの物語をこじあけたことで，著者たちは彼らの読者に挑戦することに狙いをつけたばかりでなく，いまや歴史の書き手や作り手に挑戦することにも狙いをつけている。すなわちそれは，新しい種類の知識(ナァリジ)を「視覚化する(ヴィジュアライズ)」ことであり，歴史の新しい形態を「視覚化する」ことである。

注
(1) その本のすべての共著者であるアリシア・J・ルーベロール，セドリック・N・チャタレイ，そしてステファン・A・コールの3人は，インタビュイーのリンダ・ロードを加えて，2002年5月17〜19日に開催された「鶏(ザ・チキン)——その生物学的・社会的・文化的・産業的な歴史」に関するイェール学会に参加した。ルーベロールは，プログラムのビデオ／フィルム部会での発表とする決定が，彼のあるいはリンダ・ロードの参加（学会組織者はしばしば公式の論文パネルにインタビュイーを置くことを避ける）と結びついているため，チャタレイの

名前も記している。本章の共著者であるブラジルの歴史家アナ・マリア・マウアドは,「私は満足していたし,満足してはいなかった」,あるいはプロジェクトの最初の調査の 創 生(クリエイション) にはかかわっていなかったことを記しておくべきである。マウアドは歴史調査における写真の使用を分析し,本書でイメージを使用することについて他の場で解説している (Mauad 2000を参照)。本論文の著者は,キャロライン・ノールズとポール・スウィートマンの編集の手助け,そしてセドリック・チャタレイの洞察に感謝している。

(2) ルーベロールは,これまでに口述史学会,女性史に関するバークシア会議,そして国際口述史学会で,この素材を発表している。すべての場で彼女は,論文発表に加えてスライドを見せている。しかしながら,口述史について濃密に描く会議は,ビジュアル・メソッドの使用についても,より開かれていたのかもしれない。

(3) 控えめに見積もっても,少なくとも1,000人以上の労働者が国の至る所で影響を受けていることを示唆している。

(4) 「血のトンネル」で,会社が自動首切り装置(彼女が有効であると認めたものだが)を導入するまで,ロードは手で鶏をさばいていた。1967年におけるペノブスコットでの彼女の初任給は,時給3.25ドルぐらいだった。20年以上が経ち,ペノブスコットが閉まる1988年,彼女は時給5.69ドルを稼いでいた。その時,工場では,トラック運転,計量,突き(リンダ・ロードの仕事)を含めて,最も高給の立場であった。

(5) ロードの物語——ペノブスコットでの彼女の仕事や,コミュニティでの彼女の役割についてのジェンダーに基づく差別生成の分析(ジェンダード・アナリシス)——は,他で非常に詳細に探究されている (Rouverol 2000, 1998を参照)。

(6) この本の中で著者たちは,複合的な「 声 」(ヴォイセズ)——ロードの口述史の文章,ルーベロールの歴史的・方法論的なエッセイ,鳥肉工場での仕事に関する作家キャロライン・ヒュートの文学的なエッセイ,コールの結びの言葉,そしてチャタレイの写真——を通して,ロードの語りを語ることに狙いをつけた。

(7) ブルーストーンとハーリソン (Bluestone and Harrison 1982) を参照。政治経済学者バリー・ブルーストーンは,産業空洞化を「産業基盤の系統的な衰退(インダストリアル・ベイス システマティク・ディクライン)」と定義する一方で,経済学者はますます,私たちの国の 製 造 基 盤(マニファクチャリング・ベイス) が失われる以上にはるか遠くまでを包囲する現象として理解する (1982:6)。米国では仕事は増えているので,その現象は単に職の損失が問題なのではない。むしろそれは,生み出される仕事の種類や,それらの地理的な舞 台(ロウカル) である。仕事の成長は,一般的にわずかな利益で低賃金を与える小売りやサービス部門において 優 勢(プリドミナントリ) である (Browne and Sims 1993:16, 18)。

(8) リンダ・ロードの物語における逆説の議論,そして彼女の 証 言(ティスティモウニ) の多声的性質(ポリフォニク・ネイチャア)については,チャタレイとルーベロール (Chatterley and Rouverrol 2000:特に125-128) を参照。リンダ自身の語りは,逆説的ではなく多声的であり,見方の幅を明らかにし,複合的なアイデンティティを暗示している。その本の序文で,フリッシュはこれを「多 価 性(マルチヴェイレンス)」もしくは「混乱,矛盾,もしくは逆説さえも暗示することなく,同時に異なる価値を保持する,多くの原子価,多数の 価 値(ヴァリューズ)」(2000:xxi) と呼んでいる。

(9) 女性たちは,職を失った後の1年に2回の失業があったようだ (Bluestone and Harrison 1982:54)。解雇された高齢の労働者はまた,長い失業期間に遭遇し,稼ぎの 軌 道(トラジェクトリィ) が傾く (Folbre et al. 1987:294)。

(10) 会社の歴史と州経済におけるその役割に関しては,チャタレイとルーベロール (Chatterley

and Rouverol 2000：95-116) を参照。メイン州は，鳥肉生産において決して国を先導することはなかったが，鳥肉は州経済の中心であり，ベルファストは長年，州の「ブロイラー資本」であった (Hanke et al. 1973：771；'Waldo Country' 1973)。ベルファストにとって，鶏は実際巨大な事業であった。産業が絶頂であった1970年代の初期まで，ペノブスコットやメープルウッド，町の他の主要なブロイラー処理場で，合わせて2,500人が雇用されていた (Barringer 1989：6；Caldwell 1971：9D)。

(11) チャタレイとルーベロール (Chatterley and Rouverol 2000：98-104) を参照。ルーベロールは，州における鳥肉の衰退は，事実上集団脱出(エクサダス)だったと論じている (Bailey 1981：3 や Brown 1980：23も参照)。この含意は，よりよい「事業の気象状態(ビジネス・クライメット)」(この用語は通例，事業を引き寄せるための気前のよい税優遇策(タックス・インセンティヴス)と同様に，低賃金で労働組合化しない労働者をもたらす環境を暗示している) を提供する地方への事業移転(ビジネス・リロウケイティング)の一般化された型(ジェネラライズド・パタン)に相応しい産業の衰退を伴う資本移動(キャピタル・マイグレイション)である。

(12) 資本移動をめぐる微妙な差異のある議論は，カウィー (Cowie 1999) を参照。彼の本『資本移動——低賃金労働を追求したRCAの70年』〈訳者補注；RCA は，1919～1986年の約70年間にわたって存続したエレクトロニクス部門を中心とする米国の大企業 Radio Corporation of America を指している。なお，RCA ブランドは健在する〉において，カウィーは，3つの州をまたぎ最後はメキシコに行きついた同社の，ラジオとテレビ製造の一連の配置転換(リロウケイションズ)と，「『グローバル時代』において私たちが聞きがちなこと以上に，資本移動の非常に長くてより複雑化した歴史を明らかにすること」を検討している。メキシコだけは，米国所有で輸出志向の組み立て工場（マキラドーラと呼ばれる）が劇的に増えているようだ。1968年に112しかなかったマキラドーラは，1992年までに2000以上となった (Browne and Slims 1993：21-2)。統計は，米国で生産された製造物輸出の市場占有率が1955年から1985年の間にずり滑り落ちる一方で，米国所有会社によって占められたグローバルな生産のパーセンテージは実際増えたことを示している (Kwan 1991：7)。米国の会社経営者はいまだ投資しているが，この国における基礎産業にはなっていない。資本移動は，基礎的条件(ファンダメンタル)となるベーシックな製造業から増大する利益を生みだす部門への投資の変更と共に，コストを下げるための枢要な戦略(キー・ストラテジィ)となっている (Bluestone and Harrison 1982：15-19)。

(13) このプロジェクトの協働的(コラボレイティヴ)な特質(ディメンション)の検討については，ルーベロール (Rouverol 2000：66-78) を，協働的口述史に関するより広い議論については，ルーベロール (Rouverol 2003) を参照。

文献

Bailey, Denise (1981) 'The great poultry failure', *Maine Times* 17 July, pp. 1-7.
Barringer, Richard E. (1989) 'Waldo County: historical profile', unpublished manuscript.
Biel, Steven (1995) 'The left and public memory', *Reviews in American History* 23：704-709.
Bluestone, Barry and Harrison, Bennett (1982) *The Deindustrialization of America: Plant Closings, Community Abandonment, and the Dismantling of Basic Industry*, New York: Basic Books.
Brown, Dennis O. (1980) 'Poultry firm is "forced" to expand in Southland', *Bangor Daily News* 17 January, P. 23.

Browne, Harry and Sims, Beth (1993) *Runaway America : U. S. Jobs and Factories on the Move*, Albuquerque: The Resource Center.

Caldwell, Bill (1971) 'Belfast's battle of chicken guts', *Maine Sunday Telegram* 12 September, p. 9D.

Chaplin, Elizabeth (1994) *Sociology and Visual Representation*, London: Routledge.

Chatterley, C. and Rouverrol, A., with Cole, S. (2000) *'I Was Content and Not Content' : The Story of Linda Lord and the Closing of Penobscot Poultry*, Carbondale: Southern Illinois University Press.

Cowie, Jefferson (1999) *Capital Moves : RCA's Seventy-Year Quest for Cheap Labor*, Ithaca: Cornell University Press.

Folbre, N., Leighton, J. and Roderick, M. (1987) 'Legislation in Maine', in Paul D. Staudohar and Holly E. Brown (eds.), *Deindustrialization and Plant Closure*, Lexington, Mass.: D. C. Heath.

Ginsburg, Carlo (1976) *Il formaggio e i vermi : il cosmo di un mugnaio de '500*, Turin: Giulio Einaudi Editore.（＝カルロ・ギンズブルグ／杉山光信訳『チーズとうじ虫――16世紀の一粉挽屋の世界像』みすず書房，1984年）

Hanke, O., Skinner, J. and Florea, J. (eds.), (1973) *American Poultry History, 1823-1973*, Madison, Wis.: American Poultry Historical Society, Inc.

Hobsbawm, Eric (1998) *Sobre História*, São Paulo: Ediotra Companhia das Letras（＝エリック・ホブズボーム／原剛訳『ホブズボーム歴史論』ミネルヴァ書房，2001年)。

Kwan, Ronald (1991) 'Footloose and country free: mobility key to capitalists' power', *Dollas & Sense* (March).

Levi, Giovanni (1991) 'About micro-history', in Peter Burke (ed.), *New Perspectives on Historical Writing*, Oxford: Basil Blackwell.

Mauad, A. M. (2000) *Commentarios sobre o painel 'Identidade da classe trabalhadora em uma ecconomia global'. Historia Oral : desafios para o seculo XXI*, Rio de Janeiro: Editora Fiocruz/Casa de Oswaldo Cruz/CPDOC-Fundacao Getulio Vargas.

Rouverol, A. (1995) 'The story of Linda Lord and the closing of Penobscot Poultry: an ethnography in process', master's thesis, University of North Carolina at Chapel Hill.

――― (1998) 'The closing of Penobscot Poultry and the story of Linda Lord: one woman's experience of deindustrialization', *Journal of Applied Folklore* 4:5-21.

――― (2000) '"I was content and not content": oral history and the collaborative process', *Oral History* 28(2):66-78.

――― (2003) 'Collaborative oral history in a correctional setting promise and pitfalls', *Oral History Review* 30(1):61-85.

Vilches, Lorenzo (1992) *La lectura de la imagen : Prensa, cine, televisión*, Barcelona, Ed. Paidós Ibérica, 4th edn.

'Waldo County: an area where industry, agriculture, recreational industries complement each other' (1973) *Maine Sunday Telegram*, 4 March.

Wallance, Michael and Rothschild, Joyce (1988) 'Plant closings, capital flight, and worker dislocation: the long shadow of deindustrialization', in Michael Wallance and Joyce

第Ⅱ部　都市，社会性，脱工業化をありありと描写する

Rothschild (eds.), *Deindustrialization and the Restructuring of American Industry, Research in Politics and Society,* vol. 3, Greenwich, Conn.: JAI Press.

あとがき
―― 証拠としての写真術（フォトグラフィ），説明としての写真（フォトグラフス）

ハワード・S・ベッカー

　人類学者と社会学者は，両学問分野（ディシプリン）の始まりから写真を使ってきた。しかし，イメージがまさに，どのように，あるいはどういう目的で使われるべきかについては，決して意見を一致させることができなかった。写真を使うのは何となく良いことであり，他のすべての人がおこなっていることで私たちもしなければならないことだと，私たち社会科学者は感じているようである。しかし，厳密にどういう理由で，またどういう具合でそうなのかを，私たち自身にも他の人たちにもはっきり伝えることができない。本書の各章は，この問題について様々な方法で語っている。

　社会学の初期においては，写真は，うまくいっていない社会を改良するための学問のプロジェクトの不可欠な一部分だった。それらは，悪いことの具体的で「客観的な（オブジェクティヴ）」証拠であると私たちが認識したものを，認識不十分の時代に供給した。つまり，貧困者を悩ます標準以下の住居，「精神障害のある（メンタリー・ディフェクティヴ）」人々の間で見られる近親交配の有害な帰結，児童労働の悪質な状態，あるいは移民の状況である。人類学的な使用は，典型的には社会改革志向のものではなく，最も多くの場合，観察された社会に関する人類学的な説明の真正性（オーセンティシティ）を保証するという役割を果たした。その場に研究者が物理的に存在したことの証拠であり，提出された報告の信頼性を提供したからである。人類学者は，社会学者よりもはるかに様々な方法で写真を用いた。彼らの写真を用いた研究は，しばしば研究対象である人々や，人工物の物理的な外観をただ記録しただけのものから成り立っていたに過ぎなかった。ビジュアル社会科学の主要な業績であるベイトソンとミードの『バリ島人の性格』（Bateson & Mead 1942）は，1940年代前半に著され，理論的にも方法論的にもはるかに野心的であったが，基本的には人類学の内部でも外部でも無視された。私たちの研究にビジュアル資料を用

いるという可能性を示したこの驚くべき実例に対して，誰もどう反応すればよいのか分からなかったのだ。

社会学者は，社会改革から科学的な一般化へと関心を移していったので，改革論者による写真術の使用には興味を失った。写真術の地位は，社会改革の「非科学的な」仕事とかかわったために低下し，社会学の論文や著書に写真が添えられることはほとんどなくなった。人類学者は，同業者たちの写真がエキゾチックな場所を撮る旅行者の写真と変わらず，素人写真以上に役に立つところはないと不平をこぼした。

この同じ時期に，自然科学，つまり生物学と物理学の両方において，彼らの研究の多くがビジュアル・イメージに頼るようになったことを考慮すれば，社会科学が画像の使用に目を向けなかったのは一層驚くべきことだった。望遠鏡を通して撮られた写真がなければ，天文学は，歴史的事実通りには継続されえなかっただろう。生物学者は，実験の結果を評価するために日常的にビジュアルな検査に頼ってきた。核物理学は，原子に粒子を衝突させた時に何が起きたかを写真によって記録しなければ存在不可能だっただろう。これらの可能性を無視し，これらの資源を上手に使用しそこねたのは，哀れな後ろ向きの分野である社会科学だけだったのだ。

1960年代に始まったのであったが——以下の展開は大まかにこの期間と算定できる——，ビジュアル志向の新世代の社会科学者たちが，ビジュアル資料は何を達成できるのかについて，新しくより野心的な考えを持って登場した。彼らは，自身の関心とも重なり合う，写真家や映画監督による広範囲な仕事について従来よりも精通しており，ビジュアル資料を記録・分析したり扱ったりする方法が既に存在していたことを示した。社会科学者は，そのようなものを〈新たに〉考え出す必要がなかったのである。この世代の社会科学者の多くは，プロの写真家や映画監督として働いていたり，あるいは長いあいだ真面目な写真屋であったりして，ビジュアル・ワークの経験を有していた。彼らはこの分野に対して二重の感性を持ちこんだ。彼らは，ビジュアル・ディシプリンは社会についての複雑な考えを欠いており，社会科学のディシプリンは

あとがき

「ビジュアル・リテラシー」と呼ばれるものをまったく欠いていると考えた。本書の寄稿者の何人かは、このジャンルの仕事に貢献した。

　これらの新しいビジュアル社会科学者の登場は、ビジュアルな芸術家の出現と同時期だった。彼らの作品は、いかなる慣習的な意味でも社会科学ではなかったが、階級、人種やその他の社会科学の関心、社会の複雑な思考に関するビジュアルな表象の問題点に対する感性を伝えるものだった。これらの作品のいくつかは、間接的、また潜在的に社会科学の概念に接近した。その中のロバート・フランクの『アメリカ人』(Frank 1969) は、私の好きな作品である。より社会科学に似ている作品もあり、それらは社会学や人類学の専門的な学術誌に発表可能な類のものではないが、社会科学者が精通していた思考に明示的に取り組んだものである。ここで私が思い浮かべているのは、ジョン・バージャーとジャン・モーア (Berger & Mohr 1982a, 1982b) の明確に政治的で理論的な作品群である。

　こうした展開は、社会学と人類学において持続性のある専門的な組織を生み出した。それらの組織は、学術誌を出版し、学会長を選出し、年次大会を開いた。特に、学術誌は、真剣にビジュアル・ワークをしたいと思っている専門の学者にとっての慢性的な問題を解決するのに役立った。そうした学術誌により、彼らがおこなったビジュアル・ワークは、主要な社会学・人類学の学術誌に発表されていた従来の社会科学の分析とはまったく異なるものであったが、学術的業績として真剣に受け入れられるようになり、また同業者や管理職がおこなう恒常的な業績評価で「勘定に入れられる（カウンティング）」ようになった。写真で埋められた論文、またはフィルムは、職業上の安定性を高めるだろうか、あるいは給料を上げる助けになるだろうか。ビジュアルな表象に関する理論的・方法論的な著作物の多くは、これらの心配を根底に有しているようだった。

　この目論見と職業的不安のごた混ぜの中に、ポストモダンの関心の高まりがあちら側へと導く大通り（アヴェニュー）をもたらした。私見では、不幸なことに、この大通り（アウェイ）はイメージ作成から遠ざけ、また、作成したイメージを社会科学の伝統的な関心との対話に持ち込むことにかかわる諸問題を真剣に考察することから遠ざけ

てしまった。厳密に経験的な仕事(エンピリカル・ワーク)をしていただろう人たち（そう，私の偏見が明らかになるが）は，大半は仮説的なデータの，あるいは他の人によって作られたビジュアル資料の，詳細な解釈に専念することになった。そのように，社会科学者は，大衆映画(ポピュラァ・フィルムズ)や大衆雑誌(ポピュラァ・マガジンズ)に載っている写真を分析することによって，現代社会の病を診断したのである。

　私は，これらの仕事のすべてをけなすつもりはない。ゴッフマン（Goffman 1979）がしたように，ジェンダー関係を解明するのに広告写真を使うことは可能だった。しかし，写真家やイメージの作成を監視する広告取扱人(パブリシスツ)の職業的な標準や関心の影響を，常に考慮しなければならなかった。なぜなら，あなたがそこで見たものは，彼らの仕事に関連する関心を表すに過ぎないかもしれないからだ。

　だが，既に存在する画像(オーレディ・イグジスティング・イミジリィ)の分析は，自然科学が指し示した道に至るようにはビジュアル資料を十分に使用してはいない。私たちは今や，他の形態のデータ——そして，私たちが知っていることを示す他の方法——と同じように，自然であり，同業者にも受け入れやすいビジュアルな画像の使用方法を見出すべきである。しかし，その幸福な状態の邪魔をするものがある。これらの問題のいくつかは，すべての種類のデータ収集と表象を悩ますものであり，ビジュアル資料に限ったものではないということを頭に留めておく必要がある。

　写真を撮る時の不可避的な選択に伴う「主観性」は，多くの人を悩ませている。このことは疑いようがない。この主題に関する論文は，いずれも選択（フレーミング，フィルム，フォーカスなど）を忠実に列挙し，これらの選択が忠実に「科学的な」方法によっておこなわれたのではないと告白しているからだ。すべて正しいのだが，サーベイ調査，それを表にした統計的なリポート，インタビューやフィールド観察，その記録，転写，解釈などの場合に関しても，適切な言い換え(トランスレイションズ)があれば，同様に正しい。こう言うからといって，これらの問題に取り組まなければならないのが免除されるわけではない。他のメソッドを用いている同業者よりも多くの重荷を感じる必要はない，ということである。

　ビジュアル資料を使って仕事する多くの人たちは，必要とされる本物の技能

あとがき

があり，公的なプレゼンテーションのために調査し準備することを学び，練習し，常に頭に入れておかねばならないことに気がついていない。統計的な方法を用いて仕事をするほとんどの人たちは，彼らがおこなっていることについて学習する。もっとも，その方法を誤って用いて，データの必要条件を満たし損ねるといったようなこともよくあるのだが。多くの人たちは，曖昧さを避けて明晰に書くことや論理的に議論することのメカニズムを習得できていない（ここでは，文学的な美文のことではなく，自分では分かっているつもりのことを他人に誤解されないように述べることについて言っているに過ぎない）。社会科学雑誌の編集者に聞いてみるとよい。また，同様に，ほとんどの人たちは，言わんとすることを明確に伝えるビジュアル・イメージをどのように作ったらよいかをわかっていない（図形表示に関するエドワード・タフテの著書［Tufte 1983, 1990］を参照）。また，確かに，そのようなイメージの多くの側面をどのように管理したらよいかもわかっていない。ジェイ・ルビー（Ruby 1973）が何年も前に，著作物中に写真を用いる人類学者についてこぼした通り，私たちの多くは休日写真や家族写真を撮っているに過ぎず，そこにはもっと多くのものがあるということに気づいていないのである。

　ビジュアル資料を再現する(リプロデュースィング)ことは長く続く問題である。きちんと見えるように写真を印刷するのは高価であり，ほとんどの社会科学の学術誌はそれらをしかるべく扱うための設備がない。資料を動画映像で示すことは，もちろん，さらに困難である。問題解決の可能性は，写真やビデオ・クリップを言葉による(ヴァーバル)プレゼンテーションに取り込むことができるほどの大きなメモリーとスピードを持つコンピュータの入手可能性にある。パワー・ポイントには責任を取るべき罪があるが，ビジュアルな証拠と説明を取り込むための単純で効果的な方法を提示している。

　しかし，技術および組織にかかわる短期的問題が解決しても，永続性のある核となる問題がまだ残っている。すなわち，議論を精緻にするために写真や映像をどのように使うか，しようと思う議論の証拠としてそれらをどのように示すかという点である。

初めに私たちは，これらの議論を展開する完璧な方法がないということを認識しておく必要がある。社会科学の結論を支持するいかなる形態の議論も，それに向けられるかもしれないあらゆる理論的，認識論的，実践的な議論に対して抵抗することはできない。仕事をおこなうすべての方法(ウェイズ)――議論を提示し，それを裏づける証拠を挙げるといった――には，欠点がある。であるにもかかわらず，私たちはそれらを使用し続ける。私たちがそれらを使うのは，それらの方法を作成し使用する私たちのすべて，あるいはそうした人々の中の意味のある一部分が，認識論的にあれこれと思いを巡らせるにしても，私たちの仕事を推進させるのによく，信頼が置けて，十分に実行可能であるものとして扱うことに同意しているからだ。そして，議論し証拠を提示する私たちの方法は有効である。つまり，それらは，少なくともしばしの間，知識の災害をもたらさない程度には信頼可能な結果を生み出すのだ。

　もちろん，このような幸福な状態はいつまでも続かない。そしていつかは，私たちが無視することを決めた欠点が私たちに仕返しをし，問題を生み出す。私たちの仮説は確認されておらず，私たちはもはや私たちの理論を信じることもできず，同業者たちにそれを信じるように説得することもできない。私たちは，その他すべての困難を経験するのである。そして次に，信じるに値する仕事がどのようになされるべきかについての，新しい暫定的なコンセンサスを生み出す思考や議論をおこなう時が来る。これが，科学の生命であり，マックス・ウェーバー（Weber 1946），トーマス・クーン（Kuhn 1970），ブルーノ・ラトゥール（Latour 1987）といった同業者が描いたものである。

　以上のことが示唆するのは，ビジュアル資料の問題は，私たちがまだ最小限の合意を見つけていないということである。最小限の合意とは，仕事をはかどらせ，私たちがビジュアル社会科学の産出物を生み出し消費する時に，私たちが従い，私たち自身を導くことができるガイドラインを提供するものである。私たちが今持っているのは，理論的な論文や方法論的な議論の形態，それらは私たちの注意力と張り合う磨きを掛けた仕事の構成要素として最も重要なのだが，を前面に出す様々な提案である。

あとがき

　私の考えでは——単なる試案だが——，今後進むべき道は，方法論的な基準から結論を下すことではなく，私たちが生み出したいと考えるような著書や論文を見て，そしてそれらが厳密(ラィト)な方法でおこなったものを成し遂げることである。私は既に，そのような分析の候補，つまりビジュアル社会科学の仕事を厳密な方法でおこなっている業績，に言及した。ベイトソンとミードの『バリ島人の性格』であり，ジョン・バージャーとジャン・モーアによる著書，特に『セブンス・マン』である。ダグラス・ハーパーの『実用的な知識』(Harper 1987)もリストに加えたい。また，彼ら自身が社会科学者を標榜することはないであろうが，私たちの同業者としてかまわないであろう写真家の作品も見れば益するであろう。ロバート・フランクの『アメリカ人』(Frank 1969)とウォーカー・エバンスの『アメリカン・フォトグラフス』(Evans 1975)は，明らかに，ここで選択されるべきものである(私たちが分析的なカテゴリについて学ぶことができる導入として，私はエバンスの本で第一歩を踏み出した。Becker 1998-99を参照)。

　本論文を始める時に言ったように，ビジュアル社会科学は写真術と同じぐらい古くからあるのだが，私たちはまだ始まったばかりのところにいるのであり，今後すべき仕事は多々ある。

文　献

Bateson, Gregory and Mead, Margaret (1942) *Balinese Character : a Photographic Analysis*, New York : New York Academy of Sciences. (＝グレゴリー・ベイトソン，マーガレット・ミード／外山昇訳『バリ島人の性格——写真による分析』国文社，2001年)
Becker, Howard S. (1998-1999) 'Categories and comparisons: how we find meaning in photographs', *Visual Anthropology Review* 14 : 3-10.
Berger, John and Mohr, Jean (1982a [1975]) *A Seventh Man*, London : Writers and Readers Publishing Cooperative.
——— (1982b) *Another Way of Telling*, New York : Pantheon Books.
Evans, Walker (1975 [1935]) *American Photographs*, New York : East River Press.
Frank, Robert (1969 [1959]) *The Americans*, New York : Aperture.
Goffman, Ervin (1979) *Gender Advertisements*, Cambridge, Mass.: Harvard University Press.
Harper, Douglas (1987) *Working Knowledge*, Chicago : University of Chicago Press.

Kuhn, Thomas (1970) *The Structure of Scientific Revolutions*, Chicago: University of Chicago Press. (=トーマス・クーン／中山茂訳『科学革命の構造』みすず書房, 1971年)

Latour, Bruno (1987) *Science in Action*, Cambridge, Mass.: Harvard University Press. (ブルーノ・ラトゥール／川崎勝・高田紀代志訳『科学がつくられているとき――人類学的考察』産業図書, 1999年)

Ruby, Jay (1973) 'Up the Zambesi with notebook and camera or being an anthropologist without doing anthropology ⋯ with pictures', *PIEF Newsletter* 4:12-14.

Tufte, Edward R. (1983) *The Visual Display of Quantitative Information*, Cheshire, Conn.: Graphics Press.

―――― (1990) *Envisioning Information*, Cheshire, Conn.: Graphics Press.

Weber, Max (1946) 'Science as a vacation', in H. H. Gerth and C. Wright Mills (trans. and eds.) *From Max Weber: Essays in Sociology*, New York: Oxford University Press.

監訳者のことば

　本書は，Caroline Knowles and Paul Sweetman (eds.), *Picturing the Social Landscape: Visual Methods and the Sociological Imagination*, London: Routledge, 2004 の全訳である。
　本書が刊行されるまでの経緯や背景，本書が放つ魅力やビジュアル調査法の今後の展開可能性などについて，少し説明を加えておきたいと思う。

〈1〉

　編者の2人は，「執筆者に関する覚書」にもある通り，〈英国〉サウザンプトン大学の同僚であったが，キャロライン・ノウルズはその後，ゴールドスミス・カレッジ（ロンドン大学）に移り（共著者のレス・バックの同僚となった），現在，社会学部教授，都市・コミュニティ研究センター（CUCR）のセンター長を務めている。近著に，Knowles & Harper (2010) や Knowles & Alexander (2005) があり，前者に関しては本書22ページで関連するプロジェクトに言及している。ポール・スウィートマンも，2011年1月にキングス・カレッジ（ロンドン大学）に移り，現在，人文科学部文化・メディア・創造産業学科で上級講師を務めている。最近の業績としては，Sweetman (2009) が注目される。P. ブルデューのハビトゥス概念やブルデュー自身の写真実践・写真論をベースにして，写真によるビジュアル調査法を多数の調査研究事例を交えながら検討しており，本書第3, 5, 6, 8, 9章の事例にも詳しく言及している。

〈2〉

　書名については，メインとサブを入れ替えて『ビジュアル調査法と社会学的想像力——社会風景をありありと描写する』としたが，「ビジュアル・メソッド(ズ)」ではなく「ビジュアル調査法」としたことについては若干の補足説明が必要だろう。

「序論」で詳しく論じられていることだが、編者の言う「ビジュアル・メソッド」とは、実質的に「ビジュアルな社会調査の方法（＝「ビジュアル調査法」）」を意味しており、現地調査を伴わない「既に存在するビジュアル資料〔マテリアル〕」を用いての「記号論的な読解」や「内容分析」は外側に置かれることになる。編者はこれを「ビジュアル文化の社会学」と呼んで、一線を画す。「データの一形態であれ、さらなるデータを生み出す手段であれ、あるいは『結果〔リゾルツ〕』を表す手段であれ、ビジュアル・メソッドが調査過程〔プロセス〕の不可欠なパートであり、ビジュアル資料を生み出し利用する調査することの方法〔ドゥーイング・リサーチ〕」として位置づけるのである。図式的に（単純化して）整理すれば、ビジュアル・メソッドには、〈A〉「文化の社会学」的研究の1パートとして既存のビジュアル・イメージ（映画やTV番組やビデオや写真や絵画等々）それ自体をデータとして「分析・解釈・読解する方法」と、〈B〉データ収集を促進するための調査のツールとしてカメラを使う（調査のプロセスで写真やビデオを撮影する）「調査の方法」とがある。ノウルズとスウィートマンは、〈A〉と〈B〉とを明確に分かち、調査で収集したイメージを解釈するために〈A〉を用いることがあるにせよ、〈B〉を基礎に置いてビジュアル・メソッド（より広くビジュアル社会学）を組み立てるという立場を採っている。

　こうした、ビジュアル・メソッドを社会調査の方法としてどのように使用するのかを探究し、ビジュアル・メソッドの持つ「概念的で分析的な可能性」の幅を拡張するために、それに相応しい優れた調査研究事例（他の調査技法との組み合わせの多様なあり方を含めて）を集成して1冊の本にまとめ上げていることこそが、本書最大の特徴点であり魅力でもある。タイトルに「ビジュアル調査法」と明示することにした主たる理由である。なお、visualの訳語としては「視覚」ないし「映像」を充てることが多いが、両者にはニュアンスの相異があるので、本書ではそれらを包含して「ビジュアル」と表現することを基本に据えた。

〈3〉

　原著が出版されたのは2004年5月であり，今となっては古くさい内容も含まれている。執筆者の多くが使っていた銀塩フィルム・カメラはデジタル・カメラに完全に取って代わられ，第1章で「スポンサーになってもらうよう努力しよう！」とチャップリンに言わせた「あの」コダックは，2012年1月に経営破綻してしまった。このたった8年の間に，コンピュータに限らずAV機器までが，ダウンサイジング（小型・軽量・高密度・低価格化）とデジタル化とネットワーク（他の機器類やコンピュータソフトなどとの連携）化を一気に進め，利用環境が激変した。にもかかわらず，「日本語版への序文」で編者が力説している通り，本書の輝きは少しも減じていない。それは，本書がビジュアル調査法を指南する実用書／ハウトゥものではなく，社会調査方法論と社会理論を深くかつ多角的に探究している本であるからに他ならない。編者が明確に打ち出している，ビジュアル調査法／「見ること」によって社会理論をより豊かなものにしていこうとする強い志向性，「言葉とイメージの組み合わせ／パートナーシップ／錬金術」によって社会分析をおこなおうとする方向性，ビジュアル調査法を再帰的転回・言語論的転回・視覚的転回などといった近年におけるパラダイム転換の諸潮流に関連づけて論じようとする姿勢や視点は，各論文に色濃く反映されており，このことが本書に幅と厚みを与えているのである。

　加えて，ビジュアル・メソッドが社会学的想像力を活性化させる（特殊なこと・局所的なこと・個人的なこと・普通なこと・当たり前なことの中に隠されている社会的なメカニズムを明らかにする）技法のセットからなっているという本書を貫く言わば「第1のテーゼ」，ビジュアル・ワークが大学教員に，よりよい授業を展開させる効果を有すると同時に，学生との協働的な調査研究プログラムを育むというグラディのエキサイティングな「結論」，「ビジュアル社会科学は写真術と同じぐらい古くからあるのだが，私たちはまだ始まったばかりのところにいるのであり，今後すべき仕事は多々ある」というベッカーの再度の「事始め宣言」が，私自身を大いに励まし勇気づけてくれたことにも触れておきたい。というのは，私が1994年より学部のゼミナールで学生と共に取り組んでいるプ

ロジェクトの成果を作品や論文にして発信してきたことを，本書が裏打ちし，補強し，後押してくれると実感したからである。

　私と学生との協働的なプロジェクトとは，「写真の中の『細部に宿る神』『細部に現れる啓示』を汲み取って，『社会学すること』(ドゥーイング・ソシオロジー)に学生たちが内発的・積極的に取り組める，学部生（主にゼミ生）を対象とする『社会学の教育・実習プログラム』として構想」した"写真で語る：「東京」の社会学"と題するものである（後藤 2009a：43）。具体的には，今日(こんにち)の「東京」や「東京人」のありようが先鋭的・象徴的に現れていると考える場面を視覚的にとらえて（1枚の写真に収めて）データ化し，適切なタイトルを掲げるとともに，そこから見出した「！」や「？」を社会学的に分析・解釈して400字程度の解説を加えて作品化し，毎年20～30点の作品（イメージとテクストで構成される）を展示発表しウェブ上でも公開している。1994～2011年度の18年間で，既に427点の作品と8本の論文・講演録（後藤1996, 2000, 2005a, 2005b, 2009a, 2009b, 2010a, 2011a）を発表してきた。最初の3年は，何の手本もなく，ビジュアル調査法やビジュアル社会学を意識することもなく，学生たちと試行錯誤／手探りを繰り返しながら実践を重ねた。当時は，ただ写真を見て読み解こうとしていたので，「ダイレクト・オブザベーション（直接観察法）」と位置づけていた（後藤 1996）。プロジェクト開始後4年目の1997年度を転機として，写真に写り込んでいる現場に立ち降りてマルチメソッドによるフィールドワークをおこなうようになったことで，初めて「ビジュアル調査法」へと脱皮した。

　一定の理論武装をした上で，私はこれを「集合的写真観察法」と称するようになり，「社会調査」の教科書でも取り上げて解説するようになった（大谷・後藤ほか 1999, 2005, 2013；後藤 2010b）。曰く，「肉眼ではとらえきれない都市の意識や無意識が写り込む写真を凝視・観察して『小さな物語素』を引き出し，社会学的想像力を働かせて写真の背後に隠れている『より大きな社会的世界』を読み込み，フィールドワークを行い，データを収集・整理・加工・分析して，それまで見えていなかった『社会のプロセスや構造』を可視化・可知化すること（集合表象の結晶化）によって，社会的世界に関する新たな知見を提示する方

法である」(後藤2010b:200)。

　この「集合的写真観察法」をめぐっては，文化人類学の関根康正氏による「そこには，近代知への反省が込められており，現場を歩きながら，方法の発見と対象への参与的把握とを同時に連動して展開していくような，新しい知のあり方を探求する意義が認められる」(関根2004:512，2011:20-21)，表象文化論の田中純氏による「タイトル・東京の写真・解説文の三つの要素からなる作品群は，寓意画集を連想させるとともに，東京という都市から抽出された社会学的な『パタン・ランゲージ』であると言ってよいかもしれない」(田中2007:249)などといった論評が加えられ，利用／応用されるようになっているが，社会学の領域においては，いくつかの例（大倉1996；川又2001など）を除きほとんど広がりが見られない。

　「ビジュアル社会学」が社会学の1領域として確立した時期については諸説あるが，D.ハーパーによれば，1960年代に現れ，70年代に社会学用語として定着したという (Harper 1998:28-30)。「国際ビジュアル社会学会（IVSA）」が創設された1981年以降に限っても，欧米では既に30年の歴史を有することになる。ところが，日本においては，記号論や表象文化論，視覚文化論に代表される「ビジュアル文化の社会学」には相当な厚みがあるものの，ビジュアル調査法に基づく社会学的研究は依然として低調である。

　こうした状況を打破して，ビジュアル調査法やビジュアル社会学の持つ豊かな可能性（別言するならば，ベッカーの言う「新しくより野心的な考え」）を我が国においても切り開いていくべく，私は何本かの矢を次々に放った。好井裕明氏（筑波大学大学院人文社会科学研究科教授，2012年4月より日本大学文理学部社会学科教授）と企画した，日本社会学会の『社会学評論』第60巻第1号（2009年）での特集「『見る』ことと『聞く』ことと『調べる』こと——社会学理論と方法の視聴覚的編成」（7本の論文中5本がビジュアル関連），高木恒一氏（立教大学社会学部教授）と企画した，2010年の日本都市社会学会大会でのシンポジウムとそれを基にした『日本都市社会学会年報』第29号（2011年）での特集「映像フィールドワークと都市社会学」（6本すべてがビジュアル関連），今田高俊氏（東

京工業大学大学院社会理工学研究科教授）と企画した，一般社団法人社会調査協会の『社会と調査』第 8 号（2012年）での特集「データ・アーカイブと二次分析の最前線」（7 本中の 2 本がビジュアル関連）が，それである。詳細については，後藤・好井（2009），石田（2009），山中（2009），後藤（2009a），安川（2009），好井（2009），後藤（2011b），倉沢（2011），山中（2011），丹羽（2011），谷（2011），高木（2011），後藤・今田（2012），原田（2012），石田（2012）を参照されたい。

本書の出版が，こうしたビジュアル調査法やビジュアル社会学に関する「ささやかなムーブメント」の一環に位置づけられることは，言うまでもない。

〈4〉

私が原著を初めて手にしたのは，2005年 8 月だった。タイトルに惹かれて amazon で購入したのだが，表紙を飾るアントニオ・ジャンコが撮った，ノビーと彼の愛犬スヌーピーの写真が醸し出している「ただならぬ物語性」に魅せられ，本文中に多数掲載されている「読むことのできる」多種多様な写真の面白さにも感じ入り，加えて収録されている論文のタイトルやジョン・グラディ〈IVSA の元会長であり，ドキュメンタリー映画のプロデューサー・監督でもある〉，エリザベス・チャップリン〈社会学の世界で視覚表象利用の可能性の幅を大きく押し広げた1990年代の代表的著作である Chaplin（1994）の著者〉，ダグラス・ハーパー〈ベッカーをして，「シカゴ社会学のふさわしい後継者」と言わせしめた人物。IVSA 創設と学会誌の創刊にあたって大きな役割を果たし，Harper（1987, 2001, 2006）などのビジュアル社会学関連の著作は，日本語以外の多言語に翻訳・出版されている。また，そのものずばり，*Visual Sociology* と題する単著（Harper 2012）が2012年 7 月に刊行されることにもなっている〉，ハワード・ベッカー〈ネオ・シカゴ学派の代表的人物。アメリカ社会学会の元会長。ご存知『アウトサイダーズ』（Becker 1963）の著者であり，社会学と写真の切っても切れない関係性をテーマ化し真正面から論じた，この分野における「古典」と言うべき論文（Becker 1974）も著している〉といったビッグ・ネームが並ぶ執筆陣にも目を奪われた。その時に抱いた，この本を翻訳・出版すれば，日本の社会学・社会科学界に小さくない衝撃波が走るかもし

れないという予感は，その後少しずつ読み進めていく中で確信に変わっていった。

　縁あって出版企画をミネルヴァ書房に持ちかけ，編集者の下村麻優子氏と私の研究室で打ち合わせをおこなったのは，2009年3月末のことであった。同年5月に出版社の企画会議で正式に承認されたことを受け，版権を取得してもらうとともに，翻訳の方針・進め方と分担を固め，2011年秋に出版することを目指して，2009年7月中旬に訳出作業を一斉に開始した。すべての完成原稿を編集者に手渡すことができたのは，それから約2年半が経った2012年3月，出版が2012年9月の見込みなので，結果的に当初の計画よりも1年近く遅れてしまった。第1～10章の10章分を新進気鋭の5人の研究仲間に（1人で2章分ずつ），それ以外を後藤が分担して訳文の草稿（第1次稿）を作成し，相互にチェックし合うなどして，小幅な修正を何度か重ねていった。2011年の夏期休暇をまるまる費し，後藤が，「厳格な監訳者」の役割を果たすべく原文と訳文のすべてを綿密に読み直し添削した。訳語の揺れを最小限に留めたり，いくつもの章で使われている重要な用語を確定したり，ルビを振ったり，訳者補注をつけ加えたりなどといったことも含めて，全ページがコメントや加筆修正による赤字で埋まるほど大幅に手を加えた。このことによって，遅まきながら訳出作業に「質的な転換」が起こり，全員の本気度が一気に高まった。その後も監訳者と共訳者とのやり取りが繰り返され，各章とも第10次稿くらいまで改訂が重ねられた。また，キャロラインとポールには，急な依頼であったにもかかわらず，2012年1月末に短文ながら実に的を射た「日本語版への序文」を執筆していただいた。

　訳出を開始してから，随分と時が過ぎ去ってしまった。作業を進めることができない時期も長くあった。ひとえに私の対応の遅さ・まずさに原因があったことは，言うまでもない。しかし，ともかくここまでたどり着くことができたのは，共訳者である渡辺彰規・山北輝裕・松橋達矢・林浩一郎・後藤拓也の諸氏，並びにミネルヴァ書房の下村氏と戸田隆之氏の並々ならぬご支援とご尽力に負うところが大きい。記して謝意を表したい。なお，訳出の分担は以下の通

りであるが,文責はすべて監訳者が負っている.

後藤範章：はしがき・日本語版への序文・執筆者紹介・謝辞・序論・グラディ
　　　　　論文・あとがき
渡辺彰規：5章・8章　　山北輝裕：2章・10章　　松橋達矢：3章・6章
林浩一郎：1章・9章　　後藤拓也：4章・7章

〈5〉

　最後に,私的なことで恐縮だが,2012年9月より,私が所属する日本大学文理学部社会学科の「映像社会学」という専門科目を,これまで数年にわたって担当してこられた牛島巖氏（筑波大学名誉教授）に代わって,初めて担当することになった.映像民族誌の第一人者であり「日本映像民俗学会」代表でもある牛島氏による「民族誌映像を根気と情熱を持って視る」をテーマとされた「映像人類学」的な授業から,「ビジュアル社会学とビジュアル調査法のフロンティア——『見る／撮ること』による社会調査と社会学」をテーマとする「ビジュアル社会学」の授業に大転換するために,本書を教科書にし関連するビジュアル資料をふんだんに活用しながら"社会学的想像力が働く多様性(ダイヴァーシティ)"を伝えられるように組み立てるつもりである.果たして,受講生に新鮮な驚きと小さな喜びを毎回感じてもらえるかどうか,今からワクワクドキドキものである.
　本書と共に,新たな一歩を力強く踏み出したいと思う.

2012年3月　東京にて

後藤範章

注
(1) 「表象文化論」や「視覚文化論」もこれに該当するだろう.その一方で,「既に存在する画像の分析」（288ページ）の代表的な研究例として,ゴッフマンの『ジェンダー広告』（Goffman 1979）が本書のあちこちで言及され,参照すべきビジュアル・メソッドとして積極的に位置づけ評価する寄稿者も含まれており,「ビジュアル・メソッド＝ビジュアル調査法」という図式が前提となっているとは必ずしも言い切れない.この点は,ビジュアル・イ

メージに対する理論的アプローチが多様であり，本書全体に１つの理論的な視角を適用しないと編者が述べている（実際のところ，理論的立場は寄稿者によってマチマチである）点にも通じることであると受け止めておきたい。

文　献

Becker, H. (1963) *Outsiders : Studies in the Sociology of Deviance*, New York : The Free Press. ＝ハワード・ベッカー／村上直之訳『アウトサイダーズ──ラベリング理論とはなにか［新装版］』新泉社，1993年
──── (1974) 'Photography and sociology', *Studies in the Anthoropology of Visual Communication* 1 (1).
Chaplin, E. (1994) *Sociology and Visual Representation*, London : Routledge.
Goffman, E. (1979) *Gender Advertisements*, London : Macmillan.
後藤範章 (1996)「マルチメソッドとダイレクト・オブザベーション──リアリティへの感応力」(日本都市社会学会『日本都市社会学会年報』第14号）
──── (2000)「集合的写真観察法──都市社会調査の新地平」日本大学社会学会『社会学論叢』第137号。
──── (2005a)「都市を観る，都市を読む──写真で語る：『東京』の社会学」有末賢・内田忠賢・倉石忠彦・小林忠雄・和崎春日編『現代都市伝承論──民俗の再発見』岩田書院。
──── (2005b)「『集合的写真観察法』に基づく教育実践」札幌学院大学社会情報学部『社会情報』Vol. 15, No. 1。
──── (2009a)「ビジュアル・メソッドと社会学的想像力──『見る』ことと『調べる』ことと『物語る』こと」日本社会学会『社会学評論』第60巻第１号，有斐閣。
──── (2009b)「ビジュアル調査法の展開と可能性：集合的写真観察法」社団法人　新情報センター『新情報』Vol. 97。
──── (2010a)「地域資源の発掘と情報共有システムの構築をめざして──民学官による連携・協働の仕組みづくりの試み」せたがや自治政策研究所『都市社会研究』第２号，東京都世田谷区。
──── (2010b)「ビジュアルな記録を利用する」谷富夫・山本努編『よくわかる質的社会調査　プロセス編』ミネルヴァ書房。
──── (2011a)「その『まち』らしさを新／再発見するビジュアル調査法の可能性」松山大学総合研究所『地域研究ジャーナル』第21号。
──── (2011b)「特集解題：映像フィールドワークと都市社会学」日本都市社会学会『日本都市社会学会年報』第29号。
後藤範章・好井裕明 (2009)「特集に寄せて」日本社会学会『社会学評論』第60巻第１号，有斐閣。
後藤範章・今田高俊 (2012)「特集の言葉」一般社団法人社会調査協会『社会と調査』第８号，有斐閣。
原田健一 (2012)「地域の映像をアーカイビングする」一般社団法人　社会調査協会『社会と調査』第８号，有斐閣。
Harper, D. (1987) *Working Knowledge : Skill and Community in a Small Shop*, Chicago : University of Chicago Press.

―――― (1998) 'An argument for visual sociology', in Jon Prosser (ed.), *Image-based Research*, London: Falmer Press.
―――― (2001) *Changing Works: Visions of a Lost Agriculture*, Chicago: University of Chicago Press.
―――― (2006) *Good Company: A Tramp Life*, Update and Expanded Edition, Boulder: Paradigm Publishers.
―――― (2012) *Visual Sociology: An Introduction*, London: Routledge.
石田佐恵子（2009）「ムービング・イメージと社会――映像社会学の新たな研究課題をめぐって」日本社会学会『社会学評論』第60巻第1号，有斐閣．
―――― (2012)「ビジュアルデータ・アーカイブズを用いた二次分析の可能性――テレビ番組・CMアーカイブを中心に」一般社団法人　社会調査協会『社会と調査』第8号，有斐閣．
川又俊則（2001）「短大生による社会学の実践――写真観察法レポートの試み」立教女学院短期大学『立教女学院短期大学紀要』第32号．
倉沢進（2011）「映像都市社会学の構想に向けて――私的経験から」日本都市社会学会『日本都市社会学会年報』第29号．
Knowles, C. and Alexander, C. (eds.) (2005) *Making Race Matter: Bodies, Space and Identity*, Basingstoke: Palgrave Macmillan.
Knowles, C. and Harper, D. (2010) *Hong Kong: Migrant Lives, Landscapes and Journeys*, Chicago: University of Chicago Press.
丹羽美之（2011）「交差する映像と学術――映画・テレビ・デジタルメディア」日本都市社会学会『日本都市社会学会年報』第29号．
大倉健宏（1996）「社会学的視点の構築のために」福島女子短期大学『研究紀要』第26集．
大谷信介・木下栄二・後藤範章・小松洋・永野武編著（1999）『社会調査へのアプローチ――論理と方法』ミネルヴァ書房．
大谷信介・木下栄二・後藤範章・小松洋・永野武編著（2005）『社会調査へのアプローチ――論理と方法［第2版］』ミネルヴァ書房．
大谷信介・木下栄二・後藤範章・小松洋編著（2013）『新・社会調査へのアプローチ――論理と方法』ミネルヴァ書房．
関根康正（2004）「〈『東京』を人類学する〉ための覚え書き」関根康正編著『〈都市的なるもの〉の現在――文化人類学的考察』東京大学出版会．
―――― (2011)「フィールドワークへの招待――写真観察法」日本文化人類学会監修，鏡味治也・関根康正・橋本和也・森山工編著『フィールドワーカーズ・ハンドブック』世界思想社．
Sweetman, P. (2009) 'Revealing habitus, illuminating practice: Bourdieu, photography and visual methods', *The Sociological Review* 57(3).
高木恒一（2011）「特集総括：社会調査の中の映像」日本都市社会学会『日本都市社会学会年報』第29号．
田中純（2007）『都市の詩学――場所の記憶と徴候』東京大学出版会．
谷富夫（2011）「映っていないものが見えてくる。見たいものしか映らない？」日本都市社会学会『日本都市社会学会年報』第29号．

山中速人（2009）「社会調査におけるマルチメディア利用の実践と展望——フィールドワークにおける映像データの取り扱いをめぐって」日本社会学会『社会学評論』第60巻第1号，有斐閣。
――――（2011）「コリアタウン（大阪市生野区）の映像記録の方法と実際——防振ステディカムを使用した映像フィールドワークの試み」日本都市社会学会『日本都市社会学会年報』第29号。
安川一（2009）「視的経験を社会学するために」日本社会学会『社会学評論』第60巻第1号，有斐閣。
好井裕明（2009）「映画を読み解く社会学の可能性——『日常の政治』へのエスノグラフィーへ」日本社会学会『社会学評論』第60巻第1号，有斐閣。

索　引

（注）イタリックの頁数は，図表関連を意味する。

ア　行

アーリ，ジョン　Urry, John　174
アイデンティティ：権威的な権威　identity: authorial authority　86
　：アイデンティティと自尊心　self-esteem　129
　：アイデンティティに関する内省　reflection on　252
　：クィア　queer　14, 18, 73, 92-3
　：社会的アイデンティティ　social　123
　：世帯の人工物　household artefacts　102, 105
　：ハウスシェア世帯が有する集合的アイデンティティ　collective identity of shared households　110
　：ビデオ日記　video diaries　73, 74-6, 79, 81
　：「自己」も参照
曖昧さ　ambiguity　19, 20, 130-1
アッシュ，ティム　Asch, Tim　3
アダム，バーバラ　Adam, B.　253
アドルノ，テオドール　Adorno, Theodor　197
アバウト・ザ・ストリート・プロジェクト　About the Streets Project　16, 195-215
アフマド，サラ　Ahmed, Sarah　87
アムステルダム　Amsterdam　16, 217, 219-22, 225-32, 227-30, 234-9, 242注6
アメリカ社会学雑誌（AJS）　American Journal of Sociology　4
アラン，グレアム　Allan, Graham　111
アリ，モニカ　Ali, Monica　201

E2肖像写真　E2 Portraits　205, 213
意思疎通　communication　129-30, 133-4
イシャーウッド，バロン　Isherwood, Baron　92

痛み／苦しさ　pain　93, 133, 135
移動性　mobility　174
意味　meaning　30, 69, 70
　：意味の社会的な構築　social construction of　251
　：記憶と結びつけられたモノ　mnemonic objects　121-2
　：記号　signs　131
　：触れることのできない意味　intangible　133
　：「解釈」「多声性」も参照
イメージ　images　8, 9, 29-30, 250-1
　：イメージからの洞察　insight from　40-2
　：イメージと社会科学　and social science　27, 28, 33-4, 47, 286, 287
　：イメージの客観的／主観的性質　objective / subjective nature of　27, 69, 288
　：イメージの文脈化　contextualization　130-2
　：感情的な共振　emotional resonance　133, 136
　：社会過程　social processes　11-2
　：社会学的な使用　sociological use of　286
　：人類学的な使用　anthropological use of　285
　：石炭採掘イメージ　coal mining　246-9, 253-5, 258
　：多義性　polysemy　69
　：触れることのできない概念　intangible concepts　134, 134-5
　：文章との「対話」　'dialogue' with text　264, 274, 279
　：変動のイメージ　of change　246, 251-4
　：「写真術」「描画表象」も参照

インゴルド, ティム　Ingold, Tim　186
インターアクション　interaction　2
　;「相互作用」も参照
インターネット　internet　19
インタビュー:日記写真・日記インタビュー法
　interviews: diary-photo diary-interview
　method　181, 185-7, 190
　　;写真誘出インタビュー　photo-elicitation interviewing　109, 218, 220, 223, 250
　　;深層インタビュー　in-depth　179, 180, 182
　　;ハウスシェア(世帯)　shared households　100, 102
　　;ビデオに撮影されたインタビュー
　　videographed　38
　　;「フォーカスグループ」も参照

ウィダー, D・ローレンス　Wieder, D.　181, 182, 184, 185
ウィリアムソン, ビル　Williamson, Bill　5
ウェーバー, マックス　Weber, Max　290

英国大量観察プロジェクト　British Mass Observation Project　181
英国の構成主義　British Constructivism　59, 70注2
エスノグラフィー　ethnography　2-3, 83, 88, 130
　　;映画監督　filmmaker　28
　　;観察者　the observer　251
　　;自己反省性　self-reflexivity　91
エバンス, ウォーカー　Evans, Walker　291
エバンズ, ニコラ　Evans, Nicola　196, 199, 208-9
エミッソン, マイケル　Emmison, Michael　6, 7
MMS　→「マルチメディア・メッセージ・システム」

オークランド　Auckland　16, 176-9, 181-4, 187-8
教えること　teaching　28

男らしさ/男性性　masculinity　15, 18, 142

カ行

ガーフィンケル, ハロルド　Garfinkel, H.　172, 174
階級　class　→社会階級
解釈:調査者による　interpretation: by researcher　89
　　;イメージの　of images　30, 69
　　;構築物　constructions　126-7
　　;社会理論　social theory　2
　　;「屈折」の観念　notion of 'refraction'　95
　　;「意味」も参照
解釈学　hermeneutics　130
街路沿いのショッピング・モール　strip shopping malls　232, 235, 236, 237, 238
カウィー, ジェファーソン　Cowie, Jefferson　282
カウンターベイル展　The Countervail Collective　60
カオス理論　chaos theory　253
科学的実在論　scientific realism　7
　　;「実在論」「現実性」「リアリズム」も参照
学術誌　journals　287, 289
家族　family　148-50
語り:日記写真・日記インタビュー法
　narratives: diary-photo diary-interview method　185-7
　　;リンダ・ロードの物語　Linda Lord's story　264-6, 269, 274-5, 276-7, 279
価値:文化的な　values: cultural　102
　　;記憶と結びつけられた価値　mnemonic　120
　　;象徴の構築物　symbolic constructions　128
　　;都市的ロマン主義　urban romanticism　219
家庭内の空間:審美的な配列　domestic space: aesthetic arrangement of　15
　　;シェア生活　shared living　15, 18, 97-116

索引

;「世帯」も参照
カトリック教会 Catholic Church 135
カバァソス, アナスタシオス Kavassos, Anastassios 200
カメラ cameras 27-9, 43-4, 53, 58, 66, 249
　; 35mm 35mm 66, 224
　; 大判 large format 224
　; コンパクトカメラ compact 66
　; 中判 medium format 147, 224
　; 使い捨て disposable 22, 103-6, 115, 184-5
　; デジタルカメラ digital 67, 70注1
　; ビクトリア朝のカメラ Victorian 197, 200
　; ビデオ video 74, 76
カルチュラル・スタディーズ cultural studies 2, 5, 24, 60, 69
観客:ビデオ日記を撮る者たちのアイデンティフィケーション audience: diarist identification with 79-80
　; 多様な解釈 multiple interpretations 94-5
観光産業/観光 tourism / tourist 236, 242注6
監視 surveillance 8
感情:ハウスシェア世帯における緊密さと結合 emotions: closeness and cohesion in shared households 15, 102, 109, 115
　; 共感 empathy 133, 136
　; 写真による叙述 photographic depiction of 20-1
感情の構造 structures of feeling 246, 258, 261
間テクスト性 intertextuality 81, 264, 266

記憶 memory 119-22, 127, 129, 133
記憶と結びつけられたモノ mnemonics 121-2
記号 signs 126, 127, 131, 134
　;「記号論」も参照
記号論 semiotics 8, 9, 60-1
技術:ボウリング場 technology: bowling alley 155
　; デジタル digital 47
　; 表象に関する技術 representational 45
　;「ソフトウェア」も参照
ギデンズ, アンソニー Giddens, Anthony 10
ギブソン, ジェイムズ Gibson, James 32
客観性 objectivity 27, 69
キャプションをつけること captioning 68
教室で教えること classroom teaching 28
共有というメタファー sharing metaphor 90
許可 permission 44, 67, 103, 111
虚偽意識 false consciousness 85, 89
ギリシャ正教会 Greek Orthodox Church 134-5
キリスト教:カトリック教会 Christianity: Catholic Church 135
　; ギリシャ正教会 Greek Orthodox Church 134-5
儀礼:洗礼 rituals: baptism 134-6
　; ボウリング bowling 156
ギンズブルグ, カルロ Ginsburg, Carlo 265
近代 modernity 85

クィアのセクシュアルアイデンティティ queer sexual identity 14, 18, 73, 79, 93-4
クーン, トーマス Kuhn, Thomas 290
屈折 refraction 74, 94
グラウンデッド・セオリー grounded-theory 146, 220, 222, 239, 242注2
グラディ, ジョン Grady, John 13, 24, 27-48
クリーバー, エリザベス Cleaver, Elizabeth 7, 15, 18, 24, 97-116
クリフォード, ジェームズ Clifford, James 215
苦しさ/痛み pain 93, 133, 135
グレンディ, エドワルド Grendi, Edoardo 265
グローバル化 globalization 16, 17, 237, 266

ケイ, H. J. Kaye, H. J. 246
経験 experience 121-2, 125-30, 136, 246-7
経済的な評価変更 economic revalorization 235-6, 237, 240
携帯電話 mobile phones 70注1

307

現実性 realism 76
　：「実在論」「リアリズム」も参照
「言説的な富裕層」概念 'discourse rich' concept 84-5, 89, 95
現像 film processing 58, 67-8
権力関係 power relations 80, 83, 87

行為者性 agency 135, 252
　：「作用」も参照
公共空間 public spaces 13, 41
広告とジェンダー advertising, and gender 36-7, 288
口述史 oral history 263, 264, 266, 282注2
構成主義 Constructivism 58, 70注2
構造 structure →社会構造
交友関係 friendship 110
　：「友情」も参照
コード化 coding 37, 39-40, 223-4
コール,ステファン Cole, Stephen 266-7, 269, 280注1・6
国際ビジュアル社会学会（IVSA） International Visual Sociology Association 4, 22
国際ビジュアル社会学雑誌 *International Journal of Visual Sociology* 4
告白 confession 77-80, 82
個人と社会の関係 individual-society relationship 17
コッブ,ジョナサン Cobb, Jonathan 142
ゴッフマン,アーヴィング：服装 Goffman, Erving: clothes 62
　：ジェンダーと広告 gender and advertising 4, 36, 37-8, 39, 288
　：社会性 sociality 172-5
　：習慣的な行動 routine behaviour 54-5
　：体系的なアプローチ systematic approach 11
　：ビジュアル・リテラシー visual literacy 20
コマロフスキー,ミラ Komarovsky, Mirra 141-2
コミュニティ：創り出す community: creating 171
　：選択的なコミュニティ elective communities 177
　：炭坑コミュニティ mining communities 246, 248
コミュニティ・スタディーズ community studies 5
　：ジェントリフィケーション／高級住宅地化 gentrification / gentrified 217, 218-9, 231
娯楽 recreation 228, *230*, 232
コリアー,ジョン Collier, John 3, 223
コリアー,マルコム Collier, Malcolm 3, 223
コント,オーギュスト Comte, Auguste 3
ゴンバーグ, W. Gomberg, W. 141, 166注3
コンピュータ技術：インターネット computer technology: internet 19
　：NVIVOソフトウェア NVIVO software 259
　：パワーポイント・ソフトウエア PowerPoint software 1, 289

サ 行

サイード,エドワード・W. Said, E. W. 246
再帰性 reflexivity 65, 74, 83-4, 91, 94
再帰的転回 reflexive turn 2
採掘 mining 19, 245-61
再-撮影 re-photography 240
サヴァルタン subaltern 87-8, 89
撮影台本 shooting scripts 39, 45, 46, 220-1, 223, 224
作用 agency 12, 17-8, 129
　：「行為者性」も参照
左翼知識人 left-wing intellectuals 214
サルガド,セバスティオ Salgado, Sebastio 203, 205
産業空洞化 deindustrialization 19, 270, 273-4
　：産業空洞化についての語り narrative of 264, 266, 277
　：産業空洞化の定義 definition of 281注7
　：産業空洞化を目に見えるようにする visualization of 265, 280
　：「ダーラム炭鉱の閉鎖」も参照

索　引

参与観察　participant observation　174, 179, 180, 251

シェア生活　shared living　15, 18, 97-116
ジェームス, デビッド・E.　James, David E.　82
ジェリー・スプリンガー　*Jelly Springer*　77
ジェンキンス, R.　Jenkins, R.　246
ジェンコ, アントニオ　Genco, Antonio　196, 202, 209, 212
ジェンダー：広告　gender: advertising　36-8, 288
　：雇用　employment　278
　：写真に影響する　influence on photography　139
　：「フェミニスト」「男性性／男らしさ」「女性」も参照
ジェントリフィケーション　gentrification　16, 217-42
シカゴ　Chicago　16, 217-22, 224-5, 227, 230-9, 233, 235, 237, 238
時間地理学　time-geography　182, 183, 184, 186
時空間経路　time-space paths　174, 184
自己：自己の流用　self: appropriation of　74, 88-9, 90-1, 93-4
　：近代　modernity　85
　：個別的で個人的な責任　individual and personal responsibility　129
　：再帰性　reflexivity　83-4, 91, 94
　：自己陶酔的　narcissistic　80
　：自己を消費する視点　consumption view of the　90, 92
　：社会学的想像力　sociological imagination　12-3
　：「アイデンティティ」も参照
自己意識　self-consciousness　76
自己承認　self-recognition　122-3, 135, 136
自己陶酔　narcissism　80
自己表象　self-representation　73, 75, 93-4
自己を消費する視点　consumption view of the self　90, 92
自叙伝／自伝　autobiography　2, 14, 65, 85

　：「伝記」「日記」も参照
自然科学　natural sciences　286, 288
自然主義　naturalism　215
自尊心　self-esteem　129
失業　unemployment　266, 270, 278, *279*, 281注9
実在論　realism　8, 9, 20, 215
　：「科学的実在論」も参照
　：「現実性」「リアリズム」も参照
質的方法　qualitative methods　22
質問原則　interrogatory principle　222-3
資本移動　capital mobility　272, 282注11・12
資本家／資本主義　capitalism / capitalist　235, 246
ジャーナリズム　journalism　33
　：「フォトジャーナリズム」も参照
社会移動　social mobility　142
社会改革　social reform　3-4, 285-6
社会階級：ジェントリフィケーション　social class: gentrification　15-6, 217-43
　：写真に影響する　influence on photography　139
　：「中産／中間階級」「労働者階級」も参照
社会科学：問いを定義する　social science: defining questions　34-5
　：欠点があるメソッド　flawed methods　290
　：社会科学とイメージ　and the image　27, 29, 34, 47, 286, 287
　：社会性　sociality　179
　：写真　photographs　4, 54-5, 69
　：深層インタビュー　in-depth interviews　179
　：洞察　insight　40-2
　：ビジュアル社会科学の仕事　works of visual social science　291
　：ビジュアル日記　visual diary　64, 65
　：変数を操作化する　operationalizing variables　35-7
　：方法論　methodology　37-40
　：「人類学」「社会学」も参照
社会学：映画監督　sociology: filmmaker　28
　：社会改革　social reform　3-4

309

：社会学理論　theory　11
：社会性　sociality　172-3
：写真術　photography　285-7
：都市変化　urban change　240-1
：日記回答者　respondent diaries　181-2
：ビジュアル社会学　visual　3, 4, 8, 46, 139
：労働者階級についての研究　studies of the working class　140-4, 166注3
：「社会理論」も参照

社会学的想像力　sociological imagination　12-3, 17, 40

社会過程　social processes　12, 13, 18, 19, 21, 28, 82

社会関係　social relations　15, 130
：移動性　mobility　174-5
：世帯の人工物　household artefacts　101-2
：ビデオ媒介　video mediation of　82
：ボウリング場でのケーススタディ　bowling alley case study　152, 154

社会構造：作用　social structure: agency　12, 17
：社会性　sociality　173
：ハビトゥス　habitus　251

社会性　sociality　172-6, 180, 186-7

社会的相互作用　social interaction　→「インターアクション」「相互作用」

社会的な評価変更　social revalorization　234, 237, 240

社会的(な)文脈　social context　127-30

社会統制　social control　8-9, 41

社会理論　social theory　2, 10, 11
：「社会学」も参照

写真撮用用の機材　photographic equipment　43-4, 147, 224

写真術　photography　7, 135, 285-91
：アバウト・ザ・ストリート・プロジェクト　About the Streets Project　16, 195-215
：再-撮影　re-photography　240
：実践　practice　130
：社会改革　social reform　3-4

：社会学と写真術　sociology and　3-4, 5
：社会統制　social control　8-9
：写真からの洞察　insight from　40-2
：日記写真・日記インタビュー法　diary-photo diary-interview method　181, 185-7, 190
：写真の手仕事　craft of　43-4, 47
：精神医学　psychiatry　21
：石炭採掘写真　coal mining　249
：都市空間のジェントリフィケーション　gentrification of urban spaces　16, 217-42
：都市風景　urban landscape　16
：ハウスシェア（世帯）　shared households　100, 102, 110, 116
：ビジュアル日記　visual diary　14, 53-71, 56, 59, 60, 63
：触れることのできない人間の活動の要素　intangible dimensions of human activity　119
：文脈化（記号の）　contextualization (of signs)　131
：ボウリング場でのケーススタディ　bowling alley case study　139, 146-8, 154, 155-7, 161
：目録　inventory　223, 225, 228-30, 232, 234-6, 239-41
：リンダ・ロードの物語　Linda Lord's story　263, 264-5, 266, 269-74, 277, 279-80
：「イメージ」「肖像写真」も参照

写真目録　inventory, photographic　223, 228, 229, 232, 239, 240

写真誘出インタビュー　photo-elicitation interviewing　109, 114, 218, 220, 223, 250

シャロウ・グレイヴ（映画）　*Shallow Grave* (film)　98, 101

住宅供給／住宅／居住　housing　220, 222, 225, 226, 227-8, 228-9, 231-2, 233, 234-5, 236, 237-8, 240, 242注4

自由連想　free association　40, 41

主観性／主体性　subjectivity　15, 27, 69-70, 91, 115, 176, 288

索　引

ショアー（映画）　*Shoah*（film）　92
商業開発　commercial development　232, *233*, 235-6
証拠　evidence　8, 27-8, 40, 65, 67, 68-9, 102, 103, 136, 198, 226, 237, 285, 289-90
省察　reflection　122, 139, 140
　：「内省」「反映」も参照
肖像写真　portraits　195-215
　：ジャッキー　Jackie　*206*, 208
　：ドナ　Donna　*207*, 208-9
　：ノビー　Nohhy　*211*, 212
　：バリー　Barry　*203*, *204*-05
　：ビル　Bill　209-13, *210*
　：ボウトン牧師　Reverend Bowton　*198*, *199*
　：ムスリム女性　Muslim women　*201*, *202*
象徴性　symbolism　125, 131
象徴体系　symbolic systems　124, 127-9, 133
象徴的相互作用論　symbolic interactionism　175
証人、証人としての被調査者　witness, respondent as　92, 93
消費社会　consumer society　74, 129
消費ゾーン　consumption zones　232, 236
消費のゾーン　zones of consumption　236, 240
ショスタク　Shostack, A.　141, 166注3
女性：広告　women: advertising　37-8
　：女性イメージのエロチック化　eroticization of female image　39
　：失業　unemployment　281注9
　：調査上の　research on　86-8
　：ペノブスコット鳥肉工場閉鎖　Penobscot Poultry plant closure　270-1, 278
　：労働者階級についての研究　studies on the working class　141-2
　：「フェミニズム」「ジェンダー」も参照
ショッピング・モール　shopping malls　232, *235*, 236, 237, 238
人工物　artefacts　15, 101-3, 109-10, 115, 218
　：「モノ」も参照
深層インタビュー　in-depth interviews　179, 180
審美性　aesthetics　4, 15, 46, 54-6, 69-70, 101
人文地理学　human geography　10, 24, 172, 182
ジンマーマン、ドン・H.　Zimmerman, D.　181, 182, 184, 185
ジンメル、ゲオルグ　Simmel, G.　172
人類学：写真術　anthropology: photography　285-7, 289
　：実在論者のパラダイム　realist paradigm　8
　：社会性　sociality　172
　：象徴体系としての社会　society as symbolic system　128
　：日記回答者　respondent diaries　181, 182
　：ビジュアル・メソッド　visual methods　3, 6
　：ビジュアル日記　visual diary　53, 57, 61

スウィートマン、ポール　Sweetman, Paul　1-25, 264
ズーキン、シャロン　Zukin, Sharon　236
スーシャール、チャールズ　Suchar, Charles　16, 24, 217-42
スコッチポル、シーダ　Skocpol, Theda　42
ストライカー、ロイ　Stryker, Roy　39
ストロボと補助光／ストロボ　flash photography　147, 224, 249-50
スピヴァク、ガヤトリ　Spivak, Gayatri　87
スミス、フィリップ　Smith, Philip　6, 7

政治：写真術　politics: photography　4-5
　：都市再開発　urban redevelopment　234, 236
　：労働者階級　working class　143, 145, 152-3
政治的な正しさ　political correctness　85
精神医学　psychiatry　21
精神分析　psychoanalysis　78-80
世界観　world-views　127
世界を構築する　world-building　175-6

311

石炭採掘　coal mining　19, 245-62
セクシュアリティ　sexuality　14, 15
世帯：物質上のモノ　households: material objects　15, 123
　；シェア生活　shared living　15, 18, 97-117
　：「家庭内の空間」も参照
窃視　voyeurism　57, 65
セネット　Sennett, Richard　142
セレブ崇拝　celebrity, cult of　5
選択的なコミュニティ　elective communities　176
洗礼　baptism　*134*
相互作用　interaction　122
　；社会性　sociality　172
　；世界を構築する　world-building　175-6
　；文脈　context　174
　：「象徴的相互作用論」も参照
　：「インターアクション」も参照
ソシオスケープ　socioscape　258, *260*
ソフトウェア：NVIVO　software: NVIVO　259
　；パワー・ポイント　PowerPoint　1, 289

タ行

ターナー, トマス　Turner, Thomas　53
ターナー, V. W.　Turner, V. W.　126
大学年鑑　college yearbooks　34-5, *36*
対抗文化　counterculture　182
大衆文化　mass culture　1
大衆文化　popular culture　5, 42
　：「テレビ」も参照
多価性　multivalence　281注8
多義性／多義的な性質　polysemy / polysemic nature　19, 20, 69
　：「意味」も参照
ダグラス, メアリー　Douglas, Mary　92
ダゲール, ルイ　Daguerre, Louis　3
多声性　polyphony　264, 273, 280, 281注8
タッグ, ジョン　Tagg, John　4, 8-9
磔刑　crucifixion　135

脱工業化(の／した)　post-industrial　13, 16, 220-1, 225, 231
タトゥー　tattoos　22, *23*, *207*, 208-9
ダバート, ルドビック　Dabert, Ludovic　21
タフテ, エドワード　Tufte, Edward　289
多様性　diversity　13, 47, 93, 226, 235, 257
ダラム炭鉱の閉鎖　Durham coal mining closures　17, 244-262
男性性／男らしさ　masculinity　15, 18, 142
チクセントミハイ, M.　Csikszentmihalyi, M.　123
チャタレイ, セルドリック・N.　Chatterly, Cedric N.　17, 263, 266-71, 274-5, 277, 279, 280注1・6・8・10・11
チャップリン, エリザベス　Chaplin, Elizabeth　22, 24
　；ビジュアル日記　visual diary　14, 53-71
　；ビジュアル・メソッドの歴史　history of visual methods　3, 4
　；文字列と組み合わせる　images combined with text　264
中産階級／中間階級　middle class　4, 178, 246
　：「社会階級」も参照
抽出／標本抽出　sampling　37-9, 223, 257
調査：流用　research: appropriation　88-92
　；イメージの使用　use of images　30
　；協働的な調査　collaborative　48
　；再帰性　reflexivity　83
　；住まいにおける「部外者」の地位　outsider status of researcher in domestic spaces　111, 114
　；調査者／被調査者の関係　researcher / respondent relationship　85-87, 91, 93-4
　；ビジュアル・メソッド　visual methods　1-10, 18-22, 24-5, 264-5
　；ビジュアル・メソッドの限界　limitations of visual methods　19-20
　：「フォーカスグループ」「インタビュー」「方法論」「社会科学」も参照
超視覚文化　hyper-visual culture　1

索　引

地理学：人文　geography: human　10, 172, 182
　；時間地理学　time-geography　182-4, 183, 187
　；ビジュアル戦略　visual strategies　5

ディス・ライフ（人気テレビ番組）*This Life*　101
DPDIM　→日記写真・日記インタビュー法
ディルタイ, W.　Dilthey, W.　122-3, 127, 130, 136
データ　data　1, 7-8, 20-1, 30-1, 33
テレビジョン／テレビ　television　6, 42, 74
　；トークショー　talk-shows　77, 88
　；ハウスシェア（世帯）shared households　100
テクスト：積極的な創造　texts: active creation of　94
　；イメージとの「対話」'dialogue' with images　264, 273-4, 279
　；イメージの文脈化　contextualization of images　130-1
　；再帰性　reflexivity　91
　；写真日記　photo-diaries　185-6
　；「間テクスト性」も参照
伝記　biography　264
　；個人誌　personal biography　178, 189
　；「自(叙)伝」「日記」も参照

ドイル, アイダン　Doyle, Aidan　7, 17, 24, 244-61
トークショー　talk-shows　77, 88
ドキュメンタリー・スタディーズ　documentary studies　139
匿名性　anonymity　19, 116
都市　cities　→都市空間
都市空間　urban spaces　16
　；アバウト・ザ・ストリート・プロジェクト　About the Streets Project　16, 195-216
　；再開発　redevelopment　217-22, 226-32, 234-9
　；時空間経路　time-space paths　183-5, 186-90
　；ジェントリフィケーション　gentrification　13, 16, 217-42
都市的ロマン主義　urban romanticism　219
トムスン, エドワード・P.　Thompson, E. P.　247
トリシャ（人気テレビ番組）*Trisha*　88

ナ　行

内省　reflection　70, 252, 258
　；「省察」「反映」も参照

日常生活　everyday life　2
　；社会性　sociality　172-3, 180
　；都市空間　urban spaces　16
　；「ルーティン」も参照
日記　diaries　178-86
　；日記写真・日記インタビュー法　diary-photo diary-interview method　181, 186-7, 190
　；都市生活　urban life　178-9, 181
　；ビジュアル日記　visual diary　14, 53-71, 56, 59, 60, 63
　；ビデオ日記　video diaries　14, 53, 73-95
　；「自(叙)伝」も参照
日記写真・日記インタビュー法（DPDIM）diary-photo diary-interview method (DPDIM)　181, 186-7, 190

ネットワーク, 世界を構築する　networks, world-building　175-6
ネルソン, トプシー　Nelson, Topsy　87-9

ノウルズ, キャロライン　Knowles, Caroline　1-25, 92, 191, 264

ハ　行

ハーカー, R.　Harker, R.　128
バージャー, ジョン：写真と意味　Berger, John: photographs and meaning　68-9
　；啓示　revelation　135
　；作品　works by　5

313

：視覚化 visualization 1, 2
　　：存在 presence 198
ハート, ベティー Hart, B. 105
ハーパー, ダグラス Harper, Douglas 24, 28, 291
　　：協働的な仕事 collaborative work 22
　　：写真誘出法 photo-elicitation 250
　　：主観性 subjectivity 114, 115
　　：被写体 photographic subjects 114
　　：ビジュアル・メソッドの歴史 history of visual methods 3, 4
　　：ボウリング場での事例研究 bowling alley case study 15, 18, 139–66
バーバラ・ストーリー Barbara Story 70注5
バーマン, マーシャル Berman, Marshall 214
パール, レイ Pahl, Ray 5, 173
バーン, デビット Byrne, David 7, 17, 24, 244–61
ハイン, ルイス Hine, Lewis 3
裸であること nudity 39
バック, レス Back, Les 16, 19, 24, 195–215
バトラー, T. Butler, T. 120
ハビトゥス habitus 74, 251–2, 258
　　：トルステン, ヘーゲルストランド Hagerstrand, Torsten 174, 182, 184
パフォーマティビティ performativity 73, 75
パフォーマンス performance 2, 76–7, 82
バリェホ, セサル Vallejo, Cesar 208
ハリディ, ポール Halliday, Paul 195
　　：ハナーズ, ウルフ Hannerz, Ulf 175
バルト, ロラン Barthes, Roland 208
ハレ, デビット Halle, David 143
パワー・ポイント PowerPoint 1, 289
反映 reflection 74, 75, 84, 94
　　：「省察」「内省」も参照
バンクス, マーカス Banks, Marcus 5–6

ヒース, スー Heath, Sue 7, 15, 18, 24, 97–116
ビーミッシュ博物館 Beamish Museum 246, 248
ビエル, スティーブン Biel, Steven 265
東ロンドン（ロンドンのイースト・エンド）East End of London 16, 195–216
ビジュアル日記 visual diary 14, 53–71, 56, 59, 60, 63
ビジュアル・モデリング visual modelling 259
ビジュアル・リテラシー visual literacy 5, 20, 24, 287
ビデオ日記 video diaries 14, 53, 73–93
秘密性 confidentiality 19
ヒューズ, エヴェレット Hughes, Everett 40, 41
ヒューズ, マルコム Hughes, Malcolm 70注2
「評価変更」 'revalorization' 222, 226, 229, 230, 234–7, 240
　　：経済的 economic 235–6, 237, 240
　　：社会的 social 234, 237, 240
描画表象 pictorial representation 7, 19–21, 260
　　：「イメージ」も参照
標本抽出／抽出 sampling 37–9, 223, 257
ピンク, サラ Pink, Sarah 6–7, 20, 86

フィッシャー, クロード・F. Fischer, C. 171
フィルム：人類学 film: anthropology 3
　　：映画監督 filmmaker 28
　　：プレゼンテーション presentation of 288–9
フィンカップ, トニー Whincup, Tony 15, 18, 24, 119–36
風景：炭鉱の閉鎖 landscape: coal mining closures 17, 245, 247, 254
　　：社会風景 social 10, 11, 12, 13, 14, 15, 195
　　：ソシオスケープ socioscape 258, 260
　　：都市風景 urban 13, 16, 19, 35
フーコー, ミシェル Foucault, Michel 64, 77–8
フェミニスト feminist 39, 57, 85–9
　　：「ジェンダー」「女性」も参照
フェルマン, ショシャナ Felman, Shoshana 92
フォーカスグループ focus groups 250–1, 255, 257, 259, 261

314

索　引

フォトジャーナリズム　photo-journalism　3,
　8, 47, 220, 278
複雑系理論　complexity theory　253
ブラックマー, フランク　Blackmar, Frank　4
フラッシュ写真　flash photography　147, 224,
　249
フランク, ロバート　Frank, Robert　287, 291
ブリコラージュ　bricolage　185, 186, 187
ブリック・レーン　Brick Lane　195–215
フリッシュ, ミカエル　Frisch, Michael　270,
　281注8
ブリンドレイ, ティム　Brindley, T.　102
ブルーストーン, バリー　Bluestone, Barry
　281注7
ブルーナー, E. M.　Bruner, E. M.　126
ブルデュー, ピエール　Bourdieu, Pierre　5,
　123, 128, 251-2
フレーミング　framing　132, 134, *134*
ブレット, サイモン　Brett, Simon　82
フレンズ (人気テレビ番組) 　*Friends*　101
プロッサー, ジョン　Prosser, Jon　6
プロビン, エルスペス　Probyn, Elspeth　85,
　91
文化：消費社会　culture: consumer society
　74
　：可視性　visibility of　92
　：象徴体系としての文化　as symbolic
　　system　128
　：大衆文化　popular　5, 42
　：ハビトゥス　habitus　251-2, 258
　：文化に関する左翼の著作　left-wing
　　writing on　213
　：文化の共有　sharing of　90-2
　：労働者階級の文化　working-class　139,
　　144, 148, 154, 166注3
文化資本　cultural capital　84, 85
文脈：日記　context: diaries　185
　：イメージを見る文脈　viewing of an
　　image　55-7
　：エスノグラフィックな理解　ethno-
　　graphic understanding　130
　：参与観察　participant observation　179
　：時空間図解　time-space diagrams　190

　：社会的相互作用　social interaction　174
　：象徴体系　symbolic systems　127-9
　：深層インタビュー　in-depth interviews
　　180
文脈付け／文脈化　contextualization　57, 130-
　1, *132*, 136

ベイトソン, グレゴリー　Bateson, Gregory　2,
　285, 291
並列　juxtaposition　131, 134, *136*
ベッカー, ハワード　Becker, Howard　4, 20,
　24, 25, 38, 285-91
ヘニー, レオナード・M.　Henny, Leonard M.
　4
ペノブスコット鳥肉　Penobscot Poultry plant
　263, 264, *268*, 269-77
ベルガー, ベネット　Berger, Bennet　143, 166
　注3
ベルガラ, カミロ・ホセ　Vergara, Camilo Jose
　240
ベル, ダイアン　Bell, Diane　87, 89
ベルリンの壁　Berlin wall　57
変数を操作化する　operationalizing variables
　34, 35-7
ベンヤミン, ヴァルター　Benjamin, Walter
　196, 215

「包囲光配列」 'ambient array'　32
方法論　methodology　12, 14, 18, 21, 34, 37-40,
　241, 266, 285, 287, 290-1
　：参与観察　participant observation　174,
　　179-80, 251
　：質的方法　qualitative methods　22
　：日記写真・日記インタビュー法　diary
　　-photo diary-interview method　181,
　　190
　：抽出, 標本抽出, サンプリング　sampling
　　37-9, 223, 257
　：ドキュメンタリー写真　documentary
　　photography　220, 222, 240-1
　：ビジュアル日記　visual diary　65, 66
　：ビデオ日記　video diaries　73, 74-6, 83
　：文脈　context　174

315

；マルチテクニック法　multitechnique methods　186
　；「フォーカスグループ」「インタビュー」「調査」も参照
ボウリング　bowling　15, 18, 139-40, 143-52, 155-65
ホール，スチュアート　Hall, Stuart　85
「ホールテーブル・プロジェクト」'Hall Table Project'　62, 63
「ポストカード・ラック」'Postcard Rack'　59-61
ポスト構造主義　poststructuralism　8, 84
ポストモダン　postmodern　136, 246, 287
ホブズボーム，エリック　Hobsbawm, Eric　265
ホリデイ，ルース　Holliday, Ruth　7, 14, 18, 15, 73-95
ホワイト，ウィリアム　Whyte, William　35
香港　Hong Kong　22, 23

マ 行

マウアド，アナ・マリア　Manuad, Ana Maria　15, 17, 263-82
マスコミ　the mass media　55
　；「テレビ（ジョン）」も参照
マッコノキー，K. R.　McConnochie, K. R.　128
マフェゾリ，ミシェル　Maffesoli, Michel　171, 173
マルチメディア・メッセージ・システム（MMS）　multimedia message system（MMS）　70 注 1
漫画　cartoons　42

ミード，マーガレット　Mead, Margaret　3, 285, 291
ミッチェル，ジェラルド　Mitchell, Gerard　196-7, 204-5, 209, 211, 213
ミラー，S. M.　Miller, S. M.　141
ミルズ，C. ライト　Mills, C. Wright　11-2, 17
民営化　privatization　237

ムスリム女性　Muslim women　202
ムンロ，ローランド　Munro, Roland　89, 92

メイ，ティム　May, Tim　86
メディア・スタディーズ　media studies　6
メンツェル，ピーター　Menzel, Peter　241

モール　malls　232, 235, 236, 237, 238
モーレイ，デイビット　Morley, David　6
モーア，ジャン　Mohr, Jean　5, 135, 287, 291
モーガン，サリー　Morgan, Sally　131
モノ：モノへの愛着　objects: attachment　119, 122, 126-8
　；解釈的な構築物　interpretative constructions　119, 125-8
　；記憶と結びつけられたモノ　mnemonic　121-2
　；主体と客体〈モノ〉の関係　subject relationship　125-6
　；象徴体系　symbolic systems　124, 127-9, 133
　；「住まい」の（物質的）対象　in the home　15, 101-2, 123
　；モノのグループ分け　groupings of　122-3, 135
　；「人工物」も参照

ヤ 行

友情　friendship　89, 150, 152, 173, 180
　；「交友関係」も参照

ヨルダーン，アムステルダム　Jordaan, Amsterdam　217, 219, 221-3, 224-31, 227-30, 234-37, 240, 242注3-6, 242注8

ラ・ワ行

ラトゥール，ブルーノ　Latour, Bruno　290
ラパポート，A.　Rapoport, A.　129
ラバン，ジョナサン　Raban, J.　171
ラモント，ミシェル　Lamont, Michele　166注2

リアリズム　realism　186, 190
　；「実在論」「現実性」も参照
リーガー，ジョン　Rieger, Jon　240
リース，ジェイコブ　Riis, Jacob　3
リースマン，フランク　Riessman, Frank　141

索引

リッキー・レイク（人気テレビ番組）Rikki Lake 77, 88
リテラシー literacy 5, 20, 24, 287
リプセット, シーモア Lipset, Seymour 141
理論 theory 10-1
理論的サンプリング theoretical sampling 223
リンカーン・パーク, シカゴ Lincoln Park, Chicago 217-9, 221-4, 227, 230-40, 233-7
リンド, ロバート Lynd, Robert 39

ルーティン：エスノグラフィー routine: ethnography 251
　；調査方法の限界 limitation of research methods 179
　；ビジュアル日記 visual diary 53-5, 57, 61, 65
　；「日常生活」も参照
ルービン, リリアン Rubin, Lillian 141-2
ルーベロール, アリシア・J. Rouverol, Alicia J. 15, 17, 263-82
ルビー, ジェイ Ruby, Jay 289
ルマスター, E. E. LeMasters, E. E. 143

レイサム, アラン Latham, Alan 7, 16, 24, 171-91

歴史 history 264-6, 279-80
レノフ, マイケル Renov, Michael 77-9
レビ, ジオバンニ Levi, Giovanni 265
連帯 solidarity 171, 173

労働者階級：ボウリング・チーム working class: bowling team 140, 144-7
　；「言説的な貧困層」としての労働者階級 as 'discourse poor' 84-5
　；都市ジェントリフィケーション urban gentrification 217
　；労働者階級についての研究 studies of 140-4, 166注2・3
　；「社会階級」も参照
ロード, リンダ Lord, Linda 17, 263-81, 281注4・8
ロックバーグ＝ハルトン, E. Rochberg-Halton, E. 123-4
ロンドン London 13, 16, 19, 195-215

若者, ハウスシェア young people, shared households 15, 97-116

〈共訳者紹介〉

渡辺彰規（わたなべ・あきのり）
1975年　愛知県生まれ。
　　　　東京大学文学部行動文化学科（社会学専攻）卒業，東京大学大学院人文社会系研究科社会学専攻博士後期課程単位取得退学。文学修士。
現　在　大学非常勤講師。
主　著　「ミシェル・フーコーの「言説分析」再考」（『社会学史研究』，2015年）ほか。

山北輝裕（やまきた・てるひろ）
1979年　京都府生まれ。
　　　　愛知教育大学教育学部卒業，関西学院大学大学院博士課程後期課程社会学研究科社会学専攻満期退学。博士（社会学）。専門社会調査士。
現　在　日本大学文理学部准教授。
主　著　『社会調査の基礎』（共著，放送大学教育振興会，2015年），『路の上の仲間たち』（単著，ハーベスト社，2014年），『社会的抱摂／排除の人類学』（共編著，昭和堂，2014年）ほか。

松橋達矢（まつはし・たつや）
1979年　青森県生まれ。
　　　　法政大学社会学部社会学科卒業，日本大学大学院文学研究科社会学専攻博士後期課程修了。博士（社会学）。専門社会調査士。
現　在　日本大学文理学部准教授。
主　著　『モダン東京の歴史社会学――「丸の内」をめぐる想像力と社会空間の変容』（単著，ミネルヴァ書房，2012年，第33回日本都市学会賞［奥井記念賞］受賞），「『都市づくり』におけるポリティクスの審美化――『景観』の複数性はいかにして浮上するか」（『日本都市学会年報』第44号，2011年，第4回日本都市学会論文賞受賞），「『丸の内』をめぐる『景観』論争の系譜」（『関東社会学会年報』第18号，2017年）ほか。

林浩一郎（はやし・こういちろう）
1980年　東京都生まれ。
　　　　慶應義塾大学経済学部経済学科卒業，首都大学東京大学院人文科学研究科社会行動学専攻博士後期課程修了。社会学博士。専門社会調査士。
現　在　名古屋市立大学人文社会学部准教授。
主　著　「多摩ニュータウン開発の情景――実験都市の迷走とある生活再建者の苦闘」（『地域社会学会年報』20号，2008年，第3回日本都市学会若手奨励賞受賞），「多摩ニュータウン『農住都市』の構想と現実――戦後資本主義の転換とある酪農・養蚕家の岐路」（『日本都市社会学会年報』28号，2010年，第5回地域社会学会奨励賞受賞），「『リニア・インパクト』を見据えた都市戦略」（『都市計画と中部』26号，2016年）ほか。

後藤拓也（ごとう・たくや）
1985年　埼玉県生まれ。
　　　　一橋大学社会学部卒業，一橋大学大学院社会学研究科地球社会研究専攻修了。社会学修士。専門社会調査士。㈱三菱総合研究所海外事業研究センター研究員を経て，
現　在　三菱商事㈱勤務。
主　著　『激動のトルコ――9.11以後のイスラームとヨーロッパ』（共著，明石書店，2008年）ほか。

〈監訳者紹介〉

後藤範章（ごとう・のりあき）
1956年　長野県生まれ。
　　　　日本大学文理学部社会学科卒業，日本大学大学院文学研究科社会学専攻博士後期課程満期退学。文学修士。専門社会調査士。日本大学文理学部助手・専任講師・助教授，英国サリー大学客員研究員を経て，
現　在　日本大学文理学部教授。日本都市社会学会理事，一般社団法人社会調査協会理事。
主　著　『新・社会調査へのアプローチ』（共編著，ミネルヴァ書房，2013年），『よくわかる質的社会調査　プロセス編』（共著，ミネルヴァ書房，2010年），『現代社会学のアジェンダ［増補改訂版］』（共著，学文社，2009年），*Tradition and Change in the Asian Family*（共著，East-West Center，1994年）ほか。

　　　　　　　　ビジュアル調査法と社会学的想像力
　　　　　　　　──社会風景をありありと描写する──

2012年10月15日　初版第1刷発行　　　　　〈検印省略〉
2018年2月10日　初版第2刷発行
　　　　　　　　　　　　　　　　　　　定価はカバーに
　　　　　　　　　　　　　　　　　　　表示しています

　　　　　　監　訳　者　　後　藤　範　章
　　　　　　発　行　者　　杉　田　啓　三
　　　　　　印　刷　者　　江　戸　孝　典

　　　　　　発　行　所　　株式会社　ミネルヴァ書房
　　　　　　　　　607-8494 京都市山科区日ノ岡堤谷町1
　　　　　　　　　電話(075)581-5191／振替01020-0-8076

　　　©後藤範章ほか，2012　　　　共同印刷工業・新生製本

　　　　　　ISBN978-4-623-06394-9
　　　　　　　　Printed in Japan

谷　富夫・芦田徹郎 編
よくわかる質的社会調査　技法編　　　　　本体2500円

谷　富夫・山本　努 編
よくわかる質的社会調査　プロセス編　　　本体2500円

S. B. メリアム 著／
堀　薫夫・久保真人・成島美弥 訳
質的調査法入門　　　　　　　　　　　　　本体4200円
　　──教育における調査法とケース・スタディ──

S. B. メリアム・E. L. シンプソン 著／
堀　薫夫 監訳
調査研究法ガイドブック　　　　　　　　　本体3500円
　　──教育における調査のデザインと実施・報告──

大谷信介／木下栄二／後藤範章／小松　洋／ 編著
新・社会調査へのアプローチ　　　　　　　本体2500円
　　──論理と方法──

─────── ミネルヴァ書房 ───────
http://www.minervashobo.co.jp/